취업승진
합격**논술**

취업/승진 논술에서 모범답안은 어떻게 작성하는가?

취업 승진 합격 논술

김정엽
지음

글라이더

시간과 사원이 충분하지 않은 환경에도 취업과 승진을 준비하는 많은 분들에게 응원과 격려를 보냅니다. 이 책은 여러분을 합격의 길로 인도하는데 큰 도움이 될 것입니다. 일반인의 취업 논술과 승진 논술은 도움을 주는 매체도 부족할뿐더러 스스로에게 적합한 콘텐츠가 많지 않아서 준비하기가 어렵습니다.

그래서 이 책은 실제적인 도움을 주기 위해서 2010년 이후의 취업 · 승진 논술 강의와 최신 5년간(2015~2019)의 주요 공사 · 공기업 취업(승진) 논술의 기출문제를 토대로 만들었습니다. 공사 · 공기업의 취업, 승진 대비 논술 시험은 2015년을 기점으로 크게 변화했습니다. 그 이전에는 작성자의 역량(필력)을 평가하고자 했다면, 최근 문제는 출제기관의 역량을 높여서 요구하는 문제를 잘 따라서 쓸 수 있도록 반영하고 있습니다.

논술문제도 시기의 유행과 선호하는 문제의 유형이 있습니다. 그래서 2020년 이후 시험을 준비하는 독자 분들이 변화된 유형을 따라갈 수 있도록 책의 내용을 구성했습니다. 제가 가장 많이 받는 질문 중에 하나는 "새로운 논술 유형이 까다로워진 것 같은데, 어떤 점을 보완해야 쓰기 연습이 제대로 될까요?" 입니다.

논술 시험을 마치고 "까다로워졌다"고 평가하는 기준은 다음과 같습니다.

① 난이도가 어려워졌다.

② 제시문의 유형이 달라졌다.

③ 답안지를 작성해도 잘 썼는지에 대한 평가 기준이 모호하다.

④ 이유는 모르겠지만 문제를 잘 못 쓴 것 같다.

모두 맞는 말입니다. 문제에서 요구하는 것이 달라졌고, 문제도 유형이 달라졌으므로 답안지가 바뀌었으니, 연습 과정(노트)도 그 내용이 달라지는 것이 당연합니다. 최근의 문제를 작성하려면 상세개요와 구성계획이 반드시 필요합니다.

논술 문제의 유형이 바뀌었다는 것은 기존 문제의 접근 방식에 의존하면 낭패를 볼 수 밖에 없습니다. 취업 및 승진 논술의 현재 트렌드(Trend)는 논리적인 개요와 구체적인 답안지 구현에 있습니다. 논술 문제를 읽고 분석하는 방법, 답안지 작성방법이 모두 달라졌습니다. 이전에는 단기기억력과 배경지식으로 한 번에 통합적 서술을 해도 합격할 수 있었습니다. 그런데 필력에 의지하는 답안지는 이제 더 이상 통용되지 않습니다.

최신 경향의 문제는 목적에 맞게 읽을 수 있어야 하고, 분석할 수 있는 구성력과 개요를 답안지에 구현해야 합니다. 그 내용을 토대로 답안지를 작성하는 능력이 필요해진 겁니다. 이 책의 취지와 목적은 단 하나뿐입니다. 최근 공사 · 공기업 논술에 의한 취업과 승진에서 "기간과 투자비용" 두 가지 모두 부족한 상황이기 때문에, 실질적으로 쓰기에 도움이 될 만한 교재가 필요하다는 점에서 기획되었습니다. 이 책은 취업과 승진 논술에서 시행착오를 줄일 수 있도록 도와줄 것입니다. 그리고 여러분은 최근 논술 답안지의 경향에 맞지 않는 답안을 공개하는 '양치기 답안'을 피해야합니다. 아직까지도 다양한 매체에서 수필 형식의 모범 답안지가 한 편의 잘 쓴 모범 답안의 기준으로 공유되고 있는 것은 참 안타까운 일입니다. 이제 더 이상 수필방식의 답안지는 채용 혹은 승진의 평가 기준에서 적합하지 않습니다.

너무 오래된 답안지 작성 방식의 연습은 참고하지 않기를 당부 드립니다. 접근방법만 올바른 방식이라면, 제한된 시간은 생각보다 길고, 구성과 개요, 논리 판별, 작성 및 퇴고의 과정을 거치면 적절한 시간입니다. 시간 싸움이 아닙니다. 시행착오만 없다면 충분히 고민하고 준비에 필요한 시간이 충분합니다.

이 책에서 사례를 통해 연습할 수 있도록 준비한 문제 접근방식은 시간과 노력의 매몰비용을 줄이고 답안지를 작성하는데 필요한 기회비용을 확보할 수 있는데 도움이 될 것입니다. 그리고 어떤 문제에도 유연하게 대처할 수 있도록 "모범적인 답안지는 어떻게 작성하는가?"에 집중해서 내비할 수 있노록 제작된 실용서입니다. 부디 많은 분들이 최근 논술의 취지와 답안지 작성방식을 익히고 연습해서 좋은 결과를 얻을 수 있기를 바랍니다.

차례

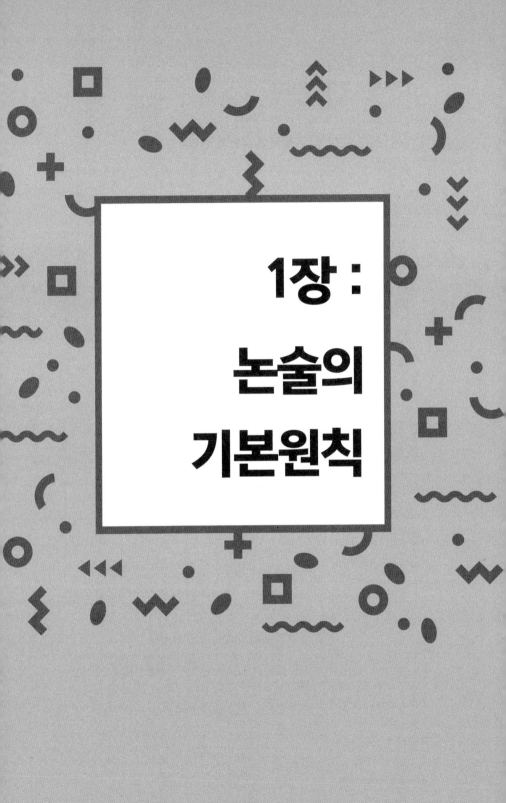

1장 :
논술의
기본원칙

1. 이 책의 구성과 활용법

1-1. 최근 5년간의 논술문제 유형의 변화

취업과 승진 논술은 지난 5년간 많은 변화가 있었다. 2014년 이전의 논술문제 유형은 수험자의 필력을 중심으로 평가하는 자유기술 형식이 대부분이었다. 2015년 이후의 문제와 평가요소는 출제기관이 제시문이나 주제를 요구하면, 작성자가 주어진 문제에 충실하게 이행하는 논술유형으로 변화했다.

최근 문제의 형식은 전형적인 제한 형식 논술 문제이다. 제시문을 활용할 줄 알고, 요구하는 바를 답안지에 작성해야 한다. 기사문, 수치나 표, 통계의 해석능력과 분석능력이 중요해졌다.

《최근 공사, 공기업이 원하는 논술 유형의 변화》

2014년 이전의 문제 유형과 평가항목	변화 기준	최근 문제의 평가 항목
지원자의 필력을 강조	평가	구성력
논리성의 평가	점수반영	문제의 취지에 대한 수행력
통일성/ 논리적 서술/ 유기적 연결성	가산점의 영역	문제의 충실성, 해결능력과 논리성
작성자의 역량	문제에서 중요시하는 것	문제에서 요구하는 문제 해결
잘 작성된 답안지	작성목표	요구에 맞게 충실하게 작성하는 것

《논술 문제 변화(2015년)의 이전과 이후》

2014년 이전의 문제	2015년 이후의 문제
우리나라는 평균 여성의 급여가 남성 급여에 70%에 해당한다. 이에 논하시오.	다음의 글을 읽고 육아휴직의 실효성에 대해서 서술하시오.

비정규직 문제 해결 방안에 대해 서술하시오.	비정규직의 정규직화에 따른 장, 단점을 분석하고, 해결방안에 대해 논술하시오.
일과 가정의 양립에 대해서 본인의 견해를 논하라.	최근 '워라벨'의 가치에 대한 관심이 높아지고 있는 추세이다. 일과 생활의 양립의 뜻을 가지고 있는 내용을 참고해서 이 문화에 대한 장점과 단점을 분석하고, 자신의 견해를 논리적으로 서술하시오. (1,800자 내외)
국가적 안보, 규제에 대한 향후 비확산 정책의 방향에 대해 서술해보세요.	인도적 대북지원 정책에 대한 찬성의 입장과 반대의 입장을 모두 기술하고, 인도적 대북지원 정책의 성공적 이행을 위한 구체적인 방안을 논하시오. (1,200자)
야구경기에서의 비디오판독의 순기능과 역기능을 선택하여 논하라.	비디오판독시스템(VAR)의 장단점을 사례를 참고해서 서술하고, 이에 대한 자신의 견해를 논리적으로 논술하시오. (1,800자 내외)
금융은 빛의 속도로 발전한다. 현재 변화하는 금융환경에서 은행이 해야 할 도전과 과제는 무엇인가?	
국가 정책 시행과 민간사업의 협약, 왜 그리고 어떻게 해야 하는가?	공유경제에 대한 긍정적인 면과 부정적인 면을 모두 기술하고, 이에 대한 본인의 생각을 논하시오. (1500자 내외)
'김영란 법'과 관련하여 자신의 입장을 논술하시오.	대학교육이 최근(향후) 고령화 사회 현상에 의해서 나타날 수 있는 사회문제를 분석하고, 대학의 교육을 활성화 시킬 수 있는 방안에 대한 자신의 의견을 제시하시오.
지속적(존속적) 혁신 기업이 생존할 수 있는 전략에 대해 논하시오.	

위의 문제 사례를 보면, 변화 이전에는 제시하는 문제에서 작성자의 역량을 얼마든지 돋보이게 쓸 수 있고, 자유도가 높은 서술방식을 택하고 구성해서 작성할 수 있었다. 하지만 변화이후의 문제 사례를 보면 제한이 많고, 문제에서 요구하는 전제가 다수 존재한다. 전형적으로 문제에 충실해야 하는 형식이다. 따라서 이전의 방식대로 답안지를 작성하면 문제의 취지와는 다른 방향으로 내용이 구성

되고, 의도에 접근하기 힘들다는 점을 알 수 있다. 따라서 최근 문제 유형에서 볼 수 있는 제한 형식의 논술문제에 맞추어서 준비해야한다. 이 책은 공사·공기업의 출제경향에 맞추어서 더 이상 출제되지 않는 작성자의 역량 지향형 문제를 배제하고, 최근의 논술문제 경향에 맞추었다.

취업과 승진 논술의 준비 과정은 지식(knowledge)으로 접근하면 백전백패(百戰百敗)다. 훈련(training)의 방식으로 준비해야 한다. 변화한 논술유형에서 요구하는 것은 작성자의 필력이 아니라, "우리의 문제에 얼마나 충실하게 이행하는가?"이다. 따라서 논술을 준비하는 목적을 답안지 작성에 필요한 필력(筆力)을 높이는 일에 두어선 안 된다. 글의 구성(composition)을 연습하는데 힘써야 한다. 충분한 훈련이 없이 논술에 필요한 정보와 지식을 채우고 시험에 응시하면 막상 실제시험에서 작성 못하는 일도 일어난다. 지식적으로 접근해서 알고도 못 쓰는 일이 벌어지는 사례이다. 취업이나 승진에서 논술 전형 준비를 안 하면 모르되 지원한다면, 최소 연습량은 충족해야 한다.

최근 논술 문제의 취지는 필력 평가가 아니다. 필력보다 문제가 요구하는 논리성에 얼마나 충실한지 평가하기 때문에 내용을 작성하는 연습을 하는 것이 준비과정의 필수 과제이다. 최근 논술이 요구하는 바를 살펴보자. 구성력, 논리성, 수행력, 문제해결 능력과 충실성을 강조하는 추세다. 이러한 문제를 어렵다고 보는 관점도 있지만, 오히려 쉽다고 평가하는 분도 있을 것이다. 쉽게 말하면 '문제가 요구하는 것'을 충실하게 충족하면 되기 때문이다.

이 책에서는 각각의 문제에서 '문제가 요구하는 것'과 필수적으로 답안지에 작성해야 하는 것을 명시했다. 각 문제들을 연습하면서 문제의 분석에 해당하는 부분을 스스로 연습하고 답안지 구현에 필요한 개요 작성을 연습하면 충분히 문제에 따라 요구하는 것은 무엇인지 파악할 수 있을 것이다.

1-2. 내용과 방향

이 책에서 다룬 문제는 모두 2010~2020년 기준에서 출제비율이 높으며, 유사한 문제가 출제될 가능성이 높고, 활용도가 높은 문제를 대상으로 하였다. 한번만 나온 문제는 배제하고 유사문제로 수 차례 출제된 문제를 선정했다. 그리고 작성 방식은 요구하는 바를 충실하게 따르는 2015년 이후의 최근 작성 방식에 충실하게 따랐다.

(1) 활용할 수 있는 공식을 토대로 연습할 수 있도록 구성했다.

실제 시험에서 믿고 의지할 만한 공식이 필요하다는 전제하에, 보편적인 공식에 대입하는 방식을 적용했다. 공식이라고 하니 매우 중의적이다. 공식의 범위를 명시하고자 한다.

《이 책의 방향과 가장 거리가 먼 공식 개념》

잘못된 공식개념	공식 = 나올 확률 높은 문제 = 족집게 = 모범 답안 = 외우기만 하면 취업과 승진을 보장해주는 문제와 같은 공식

《이 책의 방향과 가장 거리가 가까운 공식 개념》

올바른 공식개념	공식 = 나올법한 문제 = 다양한 문제에 적용할 수 있는 기본개요 + 상세개요 = 유사한 방식으로 대비할 수 있는 연습할 수 있는 공식

이 책에서 강조한 핵심 영역은 "어떻게 쓸 것인가?"(How)의 영역이다. "무엇을"(What)은 문제가 제공한다. 시간이 부족한 분들이 취업에 접근할 수 있도록 개요 작성 + 답안지 작성방법으로 이 책을 구성했다. 이 책은 온전히 "어떻게 쓰는가?"에 대한 책이다. 문제 유형 별로 다양한 접근 방식을 제시하는 목적에 집중해서 기획하고 작성했다.

"도대체 어떻게 모범답안은 작성되고 논술문제의 답안지를 쓰는 과정은 어떠한가?"에 대해서만큼은 시중 교재와 모든 매체 중에서 가장 거리가 가깝다고 할 수 있다.

(2) 남의 답을 외우는 것은 실제적인 도움이 되지 않는다. 접근 방식을 연습하자.

실제 도움이 되지 않는 오답작성 사례는 기준이 되기도 힘들 뿐더러, 논술의 동향과도 맞지 않다. 타인의 글을 칼럼이나 기사문이나 가져다가 필사를 하다가 결국 임박한 시간에 나올법한 문제를 선정해서 외우는 경우가 많다. 그래서 이 책은 기업이 원하는 답안을 올바르게 작성하는 과정을 설명해 주는 방식을 따랐다.

(3) 최근의 출제빈도 높은 기출문제로만 작성했다.

모범답안을 공개하는 과정에서는 "자주 출제되는 문제는 무엇이고, 이 답안은 어떻게 쓰는가?"에 대한 질문이 가장 많았다. 출제빈도가 높으면 그 이유가 있다. 최근 기업이 강조하는 것이다. 최근 문제는 4차 혁명(산업)이나 그 활용 방식, 빅 데이터, 사회 이슈 해석문제, 위기에 대한 대안제시, 의사소통(사례)에 대한 대응방식 등이 자주 문제에서 등장한다.

모든 수험생이 나올법한 문제를 외워서 좋은 결과를 얻는다면 모르나, 논술을 준비하는 과정 중에서는 가장 악수(惡手)라고 할 수 있다. 기본서(지침서)를 옆에 두고, 외울 부분은 외우고 참고할 부분은 참고하며, 내가 작성한 답안지를 비교 분석하는 것이 한번 배우면 오래 쓸 수 있는 유익한 기술이다. 그리고 이 과정을 거치는 것이 가장 정확한 방법이다. '어떻게 쓰는지'에 대한 과정을 연습하고 준비하는 분들에게 이 책은 틀림없이 도움이 될 것이다.

(4) 이 책은 실용서(實用書)이다.

이 책의 목적은 완성도 높은 답안지를 작성할 수 있도록 실제적인 도움을 주기 위한 책이다. 합격(승진)이라는 목적에 가장 빠르고 정확하게 접근하는 목적에 충실하고자 했다. 실용서의 정체성은 전문적인 내용을 담는 것이 목적이 아니다. 현실(취업과 승진)에 직접적인 도움이 되는 점에 집중한 책이다. 이 책만 가지고 연습을 한다면 스스로의 힘으로 취업과 승진 논술을 준비할 수 있다.

2. 취업(승진)논술, 내용에 충실해야 한다

A : 지하철 타려면 어디로 가야하나요?
B : 지하철 입구로 들어가시면 됩니다.

위의 대화를 보면 비논리적이다. 분석해 보면 다음과 같다.

상황	대화에 구현되지 않은 담론	구현(具現)된 발화
지하철 역 근처에서	이 근처 지하철을 이용해야 하는데	지하철 타려면 어디로 가야하나요?
	나는 초행길이라서	
	가까운 역의 위치와 가는 방법을 물어보려고	
	나도 이 근처 사는 사람이 아닌데	지하철 입구로 들어가시면 됩니다.
	택시 기다리는 중에 질문을 받으니	
	그런데 왜 이 사람은 당연한 걸 묻는 건가	
	정체불명의 사람이 질문하는데	

위와 같은 대화는 매우 비논리적이고, 질문과 답변의 내용이 모두 적절하지 않다. 질문자는 이 근처에 있는 지하철역의 이름을 거론하지 않았다는 점. 답변자는 스스로 자신이 거주자가 아니고, 초행길임을 밝히지 않은 점 등을 위반하고 있다. 논리적으로 맞지 않는 위의 대화의 상황은 논술문제 답안지에서 흔히 일어나는 상황이다. 예를 들어보자.

Q. 설악산 케이블카 설치에 대해 찬성과 반대의 입장을 각각 분석하고 하나의 입장을 선택해서 자신의 견해를 구체적으로 서술하시오.

– 2019 교직원 채용 기출문제

상황	문제에서 제시한 내용	문제에서 제시하지 않았지만 답안지에 써야하는 내용 (담론)
설악산 케이블카 설치에 대해서	① 찬성의 입장 분석	찬성 입장의 근거와 배경
	② 반대의 입장 분석	반대 입장의 근거와 배경
	③ 하나의 입장을 선택	선택을 반드시 해야 함(제한)
	④ 당위성과 견해 서술	선택한 관점의 당위성, 그리고 견해. 단, 작성 시 구체적으로 작성해야함

이 표를 보면 문제에서 요구하는 내용을 알 수 있다. 문제에서 제시한 내용 이외의 내용은 뒷받침 문장이나 부연설명으로 사용할 수 있지만 답안지의 중요내용에서는 필요 없다. 이 점을 간과하면 이 답안지는 논리적이라고 해도 잘못된 글쓰기이다.

이 제한된 논술 문제를 제대로 읽었다면 개요의 항목 내에서만 구성하고 작성해야 한다. 이것이 논술의 기본 원칙이다. 논술문제는 분량이 많고 적음이나 창의적인 아이디어나 의견제시 여부가 중요하지 않다. 문제에서 제시하는 내용을 얼마나 충실하게 통일성과 논리성을 지키면서 서술하는가에 달려있다.

3. 답안지 작성 요령

(1) 단어군의 설정 : 상위어를 피하고 하위어를 활용하는 것이 좋다.

논술 시험에서 저득점자의 유형은 크게 두 가지이다.

첫째, 출제자의 의도를 파악하지 못해서 문제 분석이 안 된 답안지.

둘째, 범위가 너무 넓은 추상적인 답안지.

답안지 작성을 위한 단어군(單語群)을 설정할 때, 범위가 넓은 상위어를 주제로 설정하면 작성 후에도 틀렸는지 알 수 없다. 반대로 맞는 표현도 알 수 없다. 그리고 서술내용이 상위어에서 빠져나올 수 없다. 예를 들면 안전, 평화, 사랑, 공존 등등의 관념어, 추상어를 택하는 경우가 상위어로만 작성한 답안지이다.

> 원자력연구소의 물리적 방호에 대한 방안에 대해 자신의 견해를 구체적으로 서술하시오.

사례를 통해 상위어와 하위어의 차이점을 살펴보자. 이 중에서 상위어는 '물리적인 방호체계'이다. 이 중에서 가장 하위어는 물리적인 방호체계의 가장 일반적 사례인 '콘크리트 벽'이다. 이 핵심어를 설정했을 때 그 이후의 서술내용을 비교해보자.

《'물리적 방호'와 같은 상위어를 기준으로 작성했을 때의 서술방향과 개요구성의 예시》

① 방호의 중요성	② 보안의 중요성	③ 사례 제시	④ 중요성 강조	⑤ 강조와 확인
서론	본론			결론

이와 같이 상위어를 설정하면 여간 답안지 서술에 익숙하고 필력이 높지 않은 이상 자세한 내용을 다루기 어렵다. 그리고 논리적인 비약이 나타난다. 이 문제는 물리적 방호의 개념을 묻는 것이 아니다. 오히려 방호는 왜 중요한가? 그리고 물리적인 방호시스템을 갖추기 위한 실효성, 기대효과 등의 담론이 포함되어 있다. 상위어로만 구성하면 구체적인 내용은 답안지에 작성하기 어렵다.

《하위어인 '콘크리트 벽'으로 설정을 했을 때 구체화 된 개요》

콘크리트 벽	철조망	2중 방호의 효과	장점과 경제성	단점과 보완체계	대안제시	효율성
기존방호체계 강화	긍정기능	당위성		시행배경과 시사점	실효성의 논리	경제성/효율성/당위성
서론	본론				결론	

하위어로 설정을 하면 내용이 이와 같이 구체적이다. 작성도 쉽기 때문에 상위어의 설정과 하위어의 설정은 매우 중요하다. 흔히 기업이 원하는 답안지를 작성할 때, 너무 포괄적이거나 상위어의 개

넘을 사용하면 오히려 작성이 어렵고, 하위어를 사용해서 작성하면 구체적이다.

취업(승진) 논술의 벽(경쟁률, 문제의 난이도, 제한 등)을 극복하기 위해서는 다채롭고 구체적인 내용을 구성에 맞게 잘 정리한 한 편의 답안지를 작성해야한다. 최근 취업(승진) 논술은 논(論)을 서술하는 글재주를 보려는 것이 아니다. 평가의 기준에 맞게 작성하기 위해서는 하위어를 활용해서 구체적으로 작성할 수 있어야 한다.

(2) 문제를 최소한 4번을 읽고 숙지하자. 문제는 한 번 읽어서는 접근할 수 없다.

논술은 입시부터 취업, 승진이나 이직에서 필요하다. 문제를 목적에 맞게 읽지 않는다면 답안지에 접근할 수 없고, 의도에 맞게 답안지를 구성하면 목표에 접근할 수 있다. 문제를 읽는 시점은 다음과 같다.

첫째, 문제를 받았을 때.

둘째, 개요를 작성할 때.

셋째, 개요를 바탕으로 답안지의 내용을 구성 할 때.

넷째, 서론이 끝났을 때.

다섯 째, 마지막으로 퇴고할 때이다. 답안지를 작성하기 위해서는 문제를 총 5회는 읽어야 한다.

문제와 개요와 글의 내용(답안지)이 모두 같은 주제를 다루어야한다. 문제-개요-답안지가 모두 일치해야 비로소 '통일성 있는 글이 완성되었다'고 한다. 문제에서는 짧던 길던 문제에는 답으로 접근할 수 있는 소스(source)를 제공한다. 짧은 문장을 읽을 때도 문제에서 내포된 취지와 담론을 읽는 것이 중요하다. 문제를 통해 소스를 파악하는 방식을 살펴보자.

> 원자력연구소의 물리적 방호에 대한 방안에 대해 자신의 견해
> 를 구체적으로 서술하시오.
>
> – 2019년 하반기 기출

위와 같은 문제에서는 아래와 같은 소스를 제공하고 있다.

문제		문제가 내포한 전제
원자력연구 소의 물리적 방호	범위의 전제	이 문제는 원자력연구소에서 제출한 문제입니다.
	단어의 제한	(상위어 피할 것 전제) 물리적 방호가 이 문제의 핵심어입니다.
구체적으로 서술하시오.	구체적 논술 요구	방호에 따른 방안을 제시하되, 이를 자세하게 서술
	객관적이고 논리 적인 견해로 한정	자신의 견해를 작성할 때 유의할 것
문제 자체의 전제		물리적 방호의 개념을 알고 있어야 합니다.

이와 같이 문제에서 다양한 전제와 소스를 제공하고 있다. 답안지
를 작성할 때 문제를 숙지하고, 그 문제에 대한 통일성에서 벗어나
선 안 된다. 이 분야에 대해서 스스로의 경험치가 높고 전문지식이
있다고 하더라도 문제에서 제시한 전제를 벗어나지 않도록 유의해
야 한다. 문제의 전제와 범위 등을 꼼꼼하게 확인해서 논술시험에 응
하는 쓰기의 준비자세가 필요하다.

(3) 너무 지나친 비판은 피해야 한다.

지나친 비판형(批判形)답안지라고 한다. "내가 이 문제에 대해서는
매체를 통해 충분히 알고 있고, 논술을 준비하면서 이 뉴스에 대해

자세하게 읽어보았다"는 취지에서 과도한 비판의 답안지를 작성한 유형이다.

대개 이러한 문제를 내는 제출한 기관의 입장에서 생각해 보자. 충분히 사내 교육을 통한 문제점의 보완(대안)을 알고 있고, 대비책을 마련하고 있는 실정에서 우리 원의 문제점을 작성하는데 지나치게 많은 분량을 비판에 할애하는 답안지를 원하지는 않을 것이다. 이 문제의 취지는 분석력을 평가하기 위한 취지이다. 문제의 지적, 비판보다는 문제에 대한 대안과 해결책에 좀 더 지면을 할애해서 작성하는 것이 좋다. (본문 전체의 7:3의 비율이 적절하다)

《비판형으로 치우치기 쉬운 문제에 대한 논리적 개요 사례》

악성댓글에 대해 포털이 댓글기능을 폐지한 사례를 통해 댓글의 사회적 문제점을 지적하고, 대안을 제시하시오. (1,500자)

− 2017, 2019년 기출

《문제에서 요구하는 답안지 작성요령에 따라 구성한 기본 개요》

구성	내용	글자수	상세
서론	댓글문화 의미와 개관	150자 내외	본래의 취지와 순기능 역기능 소개
본론	악성댓글의 사회적 사건 사례	300자 내외	대표적인 사건 사례 제시
	댓글 문화 문제점의 분석	300자 내외	댓글문화의 파급력과 현행법상 기준, 문화 해석
	문화개선의 방향 (대안)제시	400자 내외	개선에 필요한 인식과 제도적 방안
결론	댓글문화 변화에 필요한 요소	200자 내외	개선 요소와 필요성 강조

이 문제의 취지는 '문제점에 대해서 알고 있는가? 이 문제에 대해 자신의 경험과 관련성을 토대로 앞으로의 방향에 대해 제시해 보시오'의 취지이다. 결국 문제점을 정확하고 명료하게 지적하고, 그 문제에 대한 해결책을 논리적으로 제시하는 것이 좋은 답안지이다. 답을 쓰지 않거나(회피(回避)형), 지나친 비판형(비판(批判)형)에 치우치지 않아야 한다.

(4) 문제에서 선택을 요구할 경우, 선택해야 한다.

'알이냐 닭이냐' 유형의 문제다. 양론(兩論)을 제시하고, 그 양론에 대해서 선택을 한 후에 논리적으로 서술하는 답안지를 요구하는 문제이다. 문제에서 선택을 요구하면 타협점을 제시하거나, 적절한 선을 제시하는 방식의 답안지는 피해야 한다. 이를 '질문의 양론에 대해 선택하지 않는 유형'이라고 한다.

※ 선택하시오. 지지하시오. 비판하시오의 서술어가 있다면 답안지에서 응답해야만 한다.

> 설악산 케이블카 설치에 대해서 찬성과 반대의 입장을 선택한 후에, 자신의 견해를 구체적으로 서술하시오.
>
> – 2019년 상반기

이와 같은 문제는 분석력, 논리성과 명료성을 평가하고자 하는 문제이다. 이 문제와 같이 선택형 문제에 대해서는 절대로 이것, 저것도 아닌 양비론형(兩非論形)의 서술은 피해야 한다. 따라서 찬성의 입장에서 수험자가 작성할 수 있는 소스, 그리고 반대의 입장에서 스스로 작성할 수 있는 소스를 먼저 개요에 정리해보자.

찬성과 반대 입장 내용을 정리해 보면, 더 많은 재료가 준비된 측면으로 선택하자.

개요를 완성해서 수험자가 자신 있는 관점에서 작성하는 것이 좋다. 글은 많이 아는 측면의 논제가 쓰기 좋은 논제다. 선택에 대한 감점이나 가점은 없다. 답안지 서술에 대한 논리성과 타당성이 점수(평가)에서 가감(加減)의 영역이다.

(5) 지식자랑 형식의 답안지는 피해야한다.

많이 아는 것도 중요하지만, 대부분의 서술이 지식자랑에 편중되어있는 답안지는 타당하지 않다. 배경지식, 기사, 관련 보도 자료 등의 서술에 치중해서 작성하다가 글자수와 시간이 모두 소모되기 쉽다. 이와 같이 지식자랑형의 답안지는 전문가면서 논술준비가 부족하고, 자신 있는 전문 분야에 대한 문제가 출제 된 경우에 가장 많이 나타난다.

전문가로서 지식(아는 내용)은 쓰기 쉽고, 서술하기 좋은 논제이기도 하지만 지식자랑을 피해야 하는 이유는 논술의 취지가 많이 아는 자를 승진시키거나 채용하는 것이 목적이 아니기 때문이다. 전문가로서 역량은 많이 쓰는 것이 아니다. 오히려 적재적소에 사용되는 핵심 단어, 단어의 배치와 적절한 구성, 읽기 쉽다고 해도 의견의 표현이 군더더기 없는 답안지가 오히려 가산(加算)점을 받을 수 있다. 간결하고 간단하며 읽기 쉬운 답안지에서 전문가의 경력과 노하우가 드러난다.

만일 논제에 대해 전문가의 지식을 가지고 있다면 본문의 1/3분량(전체 분량의 1/4)은 충분히 전문가임을 분석과 해석을 통해서 밝히고, 구성을 통해서 적절한 배분, 논리적인 서술에서 전문가로서의 역량을 드러내도록 연습하는 것이 중요하다.

(6) 피동표현이나 불필요한 표현을 남용하지 말자.

언어에도 심리학적 측면은 있다. 피동표현을 남용하는 이유는 스스로 내용이나 지론, 주장에 대해 책임을 지지 않으려는 표현이다. 논술에서는 능동, 주동 표현을 매우 선호한다. 피동이나 사동표현은 필요하다면 쓰되, 적절하게 사용해야한다. 답안지를 작성할 때 논제에 대한 개인적인 경험이 있는 경우도 있지만, 경험이 없는 내용을 작성하기도 한다. 그리고 시험당일 심리적으로 위축되고 긴장한 상태에서 서술하는 경우도 있다. 그래서 다음의 표현과 같은 피동표현은 답안지에서 어렵지 않게 찾을 수 있다.

《자주 답안지에서 볼 수 있는 어색한 표현들》

어색한 표현	올바른 표현
생각한다. 보여진다.	볼 수 있다. 타당하다.
생각되다(된다).	사실이다.
보여지다.	보이다/볼 수 있다.
다양한 의견이 나를 갈등에 빠지게 했다. (어색한 사동표현)	나는 다양한 의견으로 인해 갈등에 빠졌다.

이러한 어색한 표현은 '틀린 표현'이다. 논술의 평가 요소에 위배되므로 정확한 어법사용에 따라 작성해야한다. 어법이 틀린 부분은

감점에 해당하기 때문에 쓰지 말아야 한다.

(7) 작성시간은 40분 내외로 길지 않다. 개요작성에 투자하는 시간을 반드시 할애하자.

※쓰는(작성) 시간은 생각보다 길지 않고, 구성하는 생각보다 길다. 물리적 시간을 측정해보자.

시험을 대비하면서 물리적 시간을 얼마나 작성하는지에 대해 스스로 시간을 인식하지 못하는 경우가 많다. 작성시간은 길게 산정(算定)해도 50분내외이다. 논술 시험시간은 객관식을 혼용하는 경우도 있고, 논술작성시간이 따로 준비된 형태로 나오기도 한다.

《일반적인 논술시간과 필답시험의 배분유형》

분리형 시험		통합형 시험(120분)	
1교시 필기(필답)시험	2교시 논술	필기(필답) 고사	논술
60분	90분		

논술시험에서 중요한 것은 시간의 배분이다. 실제 한 장 분량으로 1,000자 내외의 경우 작성시간은 약 30분가량이며, 1,500자의 경우 40~45분이 실제 작성시간이다. 즉, 논술 문제에 대해 개요를 작성하고 내용을 구성하는 시간이 필요하다.

스스로 작성하는 시간은 얼마나 걸리는지 측정해 봐야 한다. 여유시간은 얼마나 확보할 수 있는지, 자신이 쓰기를 멈추고 소요되는 시간은 어느 정도인지 스스로 알고 써야 한다. 그래서 모의 논술을 해봐야 한다. 모의시험을 통해서 꼭 파악해야 하는 것은 다음과 같다.

①실제 작성시간

②개요를 쓰고 내용을 설계하는데 소요되는 시간

③작성 후 퇴고에 걸리는 시간

이 세 개의 물리적 시간을 측정해야만 시간 배분을 구성할 수 있다. 시간 배분이 된다면 자신의 글을 작성하기 위한 개요를 작성하는데 시간을 할애하는 시간을 과감히 투자를 해야 한다. 보통 개요를 작성하기 위해 투자하는 시간은 그리고 20분~30분이 사용할 수 있는 시간이다. 정확한 개요가 설계되면 오히려 답안지 교체, 휴지(休止)시간을 소비하지 않고 계획에 따라 작성할 수 있기 때문에 훨씬 수월할 것이다.

4. 문장의 확장

(1) 문장의 확장 방식 : 단어를 활용해서 분량을 늘리는 방법

문장을 확장시켜야하는 경우는 어떤 상황일까. 글자 수에 맞는 답안지를 작성해야 하는데 글자 분량이 부족한 경우이다. 어떤 논술 기준은 1,000자 내외, 또 어떤 기준은 1,500자, 분량을 정하지 않은 글자 수를 요구하기도 한다.

기준 글자 수를 맞추려면 분량을 늘려야 하는데, 어떻게 내용을 추가하는지에 대한 질문이 많다. 내용은 부실한데 글자 수만 늘이는 것은 큰 감점요인이다. 따라서 글자 수는 처음부터 개요를 작성할 때 필요한 글자 수를 맞추는 것이 가장 좋으므로 최선책이라 할

만 하다. 그 다음은 글자 수를 맞추기 위해서 단어(재료)를 추가하는 방법이 차선책이며, 가장 해로운 방법은 말만 늘려서 글자 수를 채우는 것이다. 말만 늘려서 작성하면 글자 수는 맞출 수 있겠지만 점수를 얻을 수 없다.

이런 상황이라면 소스. 즉 내용과 단어를 추가해서 문장을 확장하는 방식을 추천한다. 그렇다면 소스를 늘리는 방식은 어떤 방식인지 문장의 확장 방식을 통해서 알아보자.

확장이전의 기본문장 (주어+서술어)
- 홍길동전은 소설이다. (10자)

시기의 기준을 반영하면 다음문장으로 확장할 수 있다.

홍길동전은 소설이다.
- 홍길동전은 고전소설이다.

고전소설의 시대적인 기점을 반영하면 다음의 문장으로 확장가능하다.

홍길동전은 소설이다.
홍길동전은 고전소설이다.
- 홍길동전은 **1894년 이전의 작품이므로** 고전소설이다. (28자)

작품의 특성을 추가하면 다음의 문장을 쓸 수 있다.

홍길동전은 소설이다.

홍길동전은 고전소설이다.

• 홍길동전은 **개인의 작품으로 볼 수 없는 소설이며, 현대소설과 고전소설의 시기적 구분에 의해 1894년 이전에 쓰였**으므로 고전소설이다. (75자)

홍길동전의 의의와 특성을 추가해서 다음의 문장으로 확장할 수 있다.

홍길동전은 소설이다.

홍길동전은 고전소설이다.

홍길동전은 1894년 이전의 작품이므로 고전소설이다.

홍길동전은 개인의 작품으로 볼 수 없는 소설이며, 현대소설과 고전소설의 시기적 구분에 의해 1894년 이전에 쓰였으므로 고전소설이다.

• 홍길동전은 **최초의 한글소설이다. 그 당시에는 구전되던 이야기를 저자 허균이 각색 및 첨가, 삭제 등의 과정을 거쳐서 완성한 소설이다. 그러므로** 개인의 작품으로 볼 수 없는 소설이며, 현대소설과 고전소설의 시기적인 구분에 의해 1894년 이전에 쓰인 소설이므로 고전소설이다. (150자)

홍길동전의 시기적인 특징과 주제를 첨가하면 다음과 같은 문장으로 쓸 수 있다.

홍길동전은 소설이다.

홍길동전은 고전소설이다.

홍길동전은 1894년 이전의 작품이므로 고전소설이다.

홍길동전은 개인의 작품으로 볼 수 없는 소설이며, 현대소설과 고전소설의 시기적 구분에 의해 1894년 이전에 쓰였으므로 고전소설이다.

홍길동전은 최초의 한글소설이다. 그 당시에는 구전되던 이야기를 저자 허균이 각색 및 첨가, 삭제 등의 과정을 거쳐서 완성한 소설이다. 그러므로 개인의 작품으로 볼 수 없는 소설이며, 현대소설과 고전소설의 시기적인 구분에 의해 1894년 이전에 쓰인 소설이므로 고전소설이다.

● **홍길동전이 쓰인 조선시대에는 적서 차별이 매우 많던 시기이다. 서자의 관리 등용이 제한되던 시기를 배경으로 하고 있는 홍길동전은 최초의 한글소설이다. 그 당시에는 구전되던 이야기를 저자 허균이 각색 및 첨가, 삭제 등의 과정을 거쳐서 완성한 소설이다. 그러므로 개인의 작품으로 볼 수 없는 소설이며, 현대소설과 고전소설의 시기적인 구분에 의해 1894년 이전에 쓰인 소설이므로 고전소설이다.** (220자)

고전의 의미와 그 근거를 확장하면 다음의 문장으로 확장할 수 있다.

무릇 고전이라고 할 수 있는 작품은 그 당시의 시대적 배경과 사회적인 배경을 효과적으로 드러내고, 현대에 있어서도 그 당시의 많은 사회적

담론을 읽어낼 수 있어야 좋은 고전작품이라고 할 수 있다. 홍길동전이 쓰인 조선시대에는 적서 차별이 매우 많았던 시기이다. 서자의 관리 등용이 제한되던 시기를 배경으로 하고 있는 홍길동전은 최초의 한글소설이다. 그 당시에는 구전되던 이야기를 저자 허균이 각색 및 첨가, 삭제 등의 과정을 거쳐서 완성한 소설이다. 그러므로 개인의 작품으로 볼 수 없는 소설이며, 현대소설과 고전소설의 시기적인 구분에 의해 1894년 이전에 쓰인 소설이므로 고전소설이다. (330자)

주제와 내용에 맞게 제목을 쓰고, 문단을 나누고, 그 의의와 시사점을 작성하면 다음과 같다.

홍길동전은 구전문학과 기록문화의 의의가 독보적인 작품이다. 고전 본연의 가치 또한 높은 작품이다. 무릇 고전이라고 할 수 있는 작품은 그 당시의 시대적 배경과 사회적인 배경을 효과적으로 드러내고, 현대에 있어서도 그 당시의 많은 사회적 담론을 읽어낼 수 있어야 좋은 고전작품이라고 할 수 있기 때문이다.

홍길동전이 완성된 조선시대에는 적서 차별이 매우 많았던 시기이다. 서자의 관리 등용이 제한되던 시기를 배경으로 하고 있는 홍길동전은 최초의 한글소설이다. 그 당시에는 구전되던 이야기를 저자 허균이 각색 및 첨가, 삭제 등의 과정을 거쳐서 완성한 소설이다. 그러므로 개인의 작품으로 볼 수 없는 소설이며, 현대소설과 고선소설의 시기적인 구분에 의해 1894년 이전에 쓰인 소설이므로 고전소설이다. (455자)

문장의 확장 과정을 통해 10자의 기본 문장이 약 450자로 확장하는 과정을 살펴보았다. 문장의 확장을 강조하는 이유는 글을 작성하면서 글자 수를 확장하는 방식으로 활용성이 높기 때문이다. 그리고 주제 내에서 글자 수를 확장할 때 통일성이 높은 글자 수 확장이 가능하다.

(2) 문장의 확장 과정을 연습하기 위한 다음에 제시되는 문제에 대한 확장과정을 살펴보자.

> 예시문제 : 스포츠경기 비디오판독(VAR)에서의 순기능과 역기능을 선택하여 논하시오.
>
> – 2019년 기출

(기본문장)

비디오 판독은 타당하다. (14자)

※15글자 내외의 문장은 최소의 필수조건만 충족하는 문장 글자 수

(확장 1)

근거를 밝혀서 확장시킨 문장

비디오 판독 제도는 **오심을 줄일 수 있기 때문에** 타당하다. (32자)

※50자 이내의 글자 수 중에서 30자 내외는 근거를 제외한 글자 수

(확장 2)

문장에 **사례를 붙이면** 다음 문장이 된다.

비디오 판독 제도는 **지금까지 스포츠에서 나타난** 다양한 오심의 경

우를 줄일 수 있기 때문에 긍정적이므로 타당하다. (61자)

※일반적으로 가장 이상적인 글자 수는 50~60자이다. 논술문에서 가장 그 근거가 충분히 서술되었을 경우 구현된 이상적인 글자 수다. 논술을 준비하는 분들이 가장 많이 써야하는 형태의 문장이다.

(확장 3)

문제에서 전제된 **순기능과 역기능의 측면**이 있을 때,

순기능을 지지하므로 밝혀주는 문장

비디오 판독제도는 지금까지 스포츠에서 나타난 다양한 오심의 경우를 줄일 수 있기 때문에 **스포츠의 합리적인 순기능을 최대한 활용할 수 있는 제도**이다. 그러므로 타당하다. (93자)

※배경과 근거, 의견을 모두 포함한 글자수이다.

논술에서 가장 선호하는 글자수가 50글자이므로 평소 50글자 쓰기를 연습해야 한다.

(확장 4)

좀 더 근거를 늘려보면, 비디오 판독의 취지. 그리고 순기능의 내용을 더할 수 있다. 대부분의 사람들이 **알 수 있는 사례를 제시**하고, 문장을 늘리면 다음문장이 될 수 있다.

비디오 판독 제도는 **스포츠에 있어서 심판이 볼 수 없는 다양한 각도를 활용해서 비디오 분석 팀이 자료를 분석해서 판명하는 제도이다. 따라서 지금까지 심판이 볼 수 없는 오심을 줄이기 위해 도입되었다. 스포츠는 합리적인 결과. 즉 관전자가 합리적으로 수용할 수 있는 형평성**

을 추구하는 점이 뛰어난 분야였으며, 오심의 경우 비합리적인 반발심을 불러일으키기도 했다. 따라서 다양한 각도에서의 분석은 오심을 줄일 수 있는 건전한 취지의 제도이다. 그러므로 오심을 줄이고 형평성을 높일 수 있는 제도이므로 스포츠의 순기능을 최대한 활용할 수 있는 제도라고 할 수 있다. 그러므로 타당한 제도라고 할 수 있다. (335자)

※약술형 논술문의 글자 수는 300~400자.

(확장 5)

여기에 **약자를 표기**하고, 지금까지 있어왔던 **배경과 형평성 논란에 대해서 내용을 추가**하면 다음의 문장으로 확장할 수 있다.

스포츠의 관중은 합리적인 결과보다 공정한 심판의 판정을 원한다. 즉 관전자가 합리적으로 수용할 수 있는 형평성을 요구하며, 오심의 경우 비합리적인 반발심을 불러일으킨다. 따라서 다양한 각도에서의 분석은 오심을 줄일 수 있는 건전한 취지의 제도이다. 그러므로 비디오 판독 제도(VAR) 도입의 기준은 오심을 줄이고 형평성을 높일 수 있는 제도이므로 스포츠의 순기능을 최대한 활용할 수 있는 제도라고 할 수 있다. (820자)

※서술형 글자 수를 만들기 위해서 논술초기에 연습하기 적절한 글자 수가 600~800자이다. 3~4개의 문단 구성과 길게 서술한 내용을 제외하고, 부연 설명을 짧게 구성했을 때 구현되는 글자 수가 800자의 형태이다.

(확장 6)

기준 글자수(1,500자 내외)의 제한에 맞는 답안지 작성 문제에서 제시한 '순기능과 역기능을 제시하고, 선택' 해야 한다는 내용을 적용할 때 비로소 완성된 글을 작성할 수 있다. 다음의 답안은 읽기 편하도록 수정하고 내용을 좀 더 추가한 내용이다.

　비디오 판독 도입 초기 여러 의견들이 있었다. 그 중 도입 반대를 외쳤던 이들은 '심판 권위를 실추시킨다, 국제 규칙에는 없는 제도다, 카메라 부족으로 정확한 판독이 힘들다'는 이유를 근거로 제시했다.

　실제로 VAR(비디오 판독)전용 카메라가 아닌 방송용 화면에 의존하는 현 시스템에서는 늘 사각지대를 안고 있다. 비디오 판독이 도입됐던 초기에는 판독 요청을 한 문제 장면을 찍은 화면이 없어서 판독 불가 판정이 내려지기도 했다. 비디오 판독이 도입된 지 시간이 흐른 지금도 판독 불가 판정은 나오고 있다.

　매끄러운 경기의 운영을 위해 도입된 비디오 판독이 오히려 경기 지연의 요인이 될 때가 있다는 점도 배재할 수는 없다. 장비의 기술적인 문제 등으로 판독 과정이 매끄럽게 진행되지 못할 때가 생기기도 하며, 치열한 경기에서 양 팀이 판정에 수긍하는 장치가 될 것이라는 생각과 달리 비디오판정 결과에 항의하는 장면도 나온다.

　그리고 비디오 판독 제도(VAR)는 지금까지 '오심도 경기의 일부' 라는 인식이 있었던 점이 사실이고, 기계적 시스템을 통해 스포츠에 도입해서 심판의 위상을 침해하는 부분이라는 점에서 그 반대의 목소리도 꾸준히 있어왔다.

　이러한 다양한 역기능과 한계점에도 불구하고 대부분의 스포츠를 선호하는 팬들은 그 오심의 결과로 경기의 결과까지 영향을 미칠 수 있다고 목소리를 높여왔다. 그리고 현대에 이르면서 영상과 화질, 그리고 기계적인 발전이 대단히 비약적인 발전이 있어왔고, 스포츠 중계는 대부분 많은 대수의 카메라가 다각도에서 중계를 시행하고 있으므로 투여된 자원을 늘리는 것이 아니라 영상 분석 팀이 추가로 투입되지 않는 점에서 기술의 효율성을 높여 경기의 신뢰도와 심판이 볼 수 없는 각도에서의 분석도 긍정적으로 작용할 것이라는 점에서 비디오판독제도는 기획되었고, 시행된 것이다.

물론 심판의 권위와 선수, 감독의 반대의견도 있어왔지만, 비디오판독제도는 경기의 형평성을 높이고, 신뢰도를 높일 수 있는 긍정적인 의견이 더 많았다. 그래서 경기상황에 있어서 심판이 볼 수 없는 다양한 각도를 활용해서 비디오 분석 팀이 자료를 분석해서 판명하는 제도이다. 따라서 지금까지 심판이 볼 수 없는 오심을 줄이기 위해 도입되었다.

스포츠는 합리적인 결과. 즉 관전자가 합리적으로 수용할 수 있는 형평성을 추구하는 점이 뛰어난 분야였으며, 오심의 경우 비합리적인 반발심을 불러일으키기도 했다. 따라서 다양한 각도에서의 분석은 오심을 줄일 수 있는 건전한 취지의 제도이다. 그러므로 오심을 줄이고 형평성을 높일 수 있는 제도이므로 스포츠의 순기능을 최대한 활용할 수 있는 제도라고 할 수 있다. (1,408자)

※일반적인 취업/승진 논술시험에서 가장 선호하는 글자수이다.

5. 논술 작성의 과정별 주의할 점

(1) 문제가 전제하고 있는 점은 피하고, 제시한 것은 구체적으로 작성한다.

> 사례 문제 : 우리사회의 계급 갈등 심화 현상과 해소방안에 대
> 해 자신의 의견을 구체적으로 제시하시오.
>
> — 2016년, 2017년 기출문제

문제를 해결하는데 있어서 전제된 점을 정리해보면 다음과 같다.

문제 : 우리 사회의 계급 갈등 심화 현상과 해소방안에 대해 자신의 의견을 구체적으로 제시하시오.	
위의 문제가 전제하고 있는 점	답안지에 구현해야 할 내용
①사회는 계급이 존재 한다	내용 전제라고 한다. 사회에 계급이 있다는 점을 동의할 수 없다는 점. 사회계급은 매우 주관적인 개념이라는 점 등의 문제의 전제는 답안지에서 구현하면 안 된다.
②계급 간에 긍정적 요소인 기능론보다는 본 문제는 갈등 론을 전제로 출제한 문제	사회 계급 갈등 심화 현상을 통해서 사회의 계급은 부정적인 역할을 파생한다는 전제이므로 그 외의 내용은 뒷받침 문장으로 작성할 수 있지만, 찬반 논쟁은 답안지에서 피해야 한다는 내용 전제이다.
③이러한 사회 계급론은 심화되면 갈등을 유발하고, 해소되면 긍정적 기능을 발휘한다.	갈등론 심화현상은 극복(해소)해야만 하는 개념이고, 대안에 대해서는 구체적으로 서술해야 한다는 전제이다. 따라서 이외의 의견은 과감하게 제외하고, 문제에 집중해서 작성해야 한다.

전제(前提)에 대한 분석은 답안지를 작성할 때 필요한 내용이다. 하지만 전제의 내용은 많은 분량을 작성할 필요는 없다. 전체 내용에 분량을 조절해서 작성해야 한다. 왜냐하면 문제가 전제한 내용에 대해서 너무 많은 지문(글자수)을 할애하면 문제의 기본취지에서 벗어

나는 오류를 범하기 때문이다.

전제에서 오류를 범하기 쉽다. 전제에 대한 개인 의견이나 부연 설명은 사실 필요 없다. 전제는 문제의 취지와 배경이므로 문제에서 제시한 작성내용에 집중해야 한다. 작성 시에 전제(前提)에 대해서는 분석 정도로 언급하고 문제의 취지에 맞는 답안지를 작성하는 목적의 기획을 해야만 높은 점수의 답안지를 기대할 수 있다.

(2) 논점(論點)을 파악하는 것이 가장 중요하다.

논술에서의 논점은 결국 '답안지에 어떤 내용을 써야하는가'가 가장 중요한 논점이다. 앞서 언급했던 문제를 떠올려보자. '우리사회의 계급 갈등 심화 현상과 해소방안에 대해 자신의 의견을 구체적으로 제시하시오'라는 문제가 있을 때, 여기에서 전제에 대한 점을 감안하면 답안지에 작성해야 하는 내용은 다음과 같다.

문제에서 제시한 내용 (무엇을)	어떻게 쓸 것인가 (작성계획)
우리사회의 계급 갈등 심화 현상과	첫째, 계급의 갈등심화 현상이 나타나는 이유의 분석
	둘째, 사회의 계급이 심화되면 일어날 수 있는 사회적인 현상은 무엇인가?
해소 방안에 대해	갈등 해소를 위해서 필요한 조치와 긍정적인 기대 효과 등에 대해 서술
자신의 의견을 구체적으로 제시하시오.	제도적인 접근과 교육적 접근의 사례를 중심으로 작성

이 논점(개요)에 충실하게 작성한 답안이 통일성과 명료성, 그리고 유기성이 높은 답안지이다. 그리고 답안지 작성할 때 전제를 과감히 짧게 쓰고 논점을 구체적으로 작성해야만 고득점을 달성할 수 있다.

(3) 3단 구성을 지향하되, 각각의 글자의 수는 주의해서 작성하자.

글자 수를 편성하기 위해서는 간단한 계획이 필요하고, 지문의 할
애하는 과정이 필요하다. (글자 수의 제한이 있거나 없어도 전체 내용
의 구성은 필요하다) 앞서 언급했던 '우리사회의 계급 갈등 심화 현상
과 해소방안에 대해 자신의 의견을 구체적으로 제시하시오'를 사례
로 글자 수를 기획해보자.

《답안지에 작성할 내용과 3단 구성 형식, 글자수를 모두 편성한 통합 개요 사례》

문제에서 제시한 내용 (무엇을)		어떻게 쓸 것인가(작성계획)		글자수	
				1200	1500
서론		사회계급의 정의와 사례 제시 사회에서 존재하는 계급에 대한 부정적인 시각 제시		150	200
우리 사회의 계급 갈등 심화 현상과	본론 1	첫째, 계급의 갈등심화 현상이 나타나는 이유의 분석	사회 계급 갈등 심화의 원인 분석	200	250
		둘째, 사회의 계급이 심화되면 일어날 수 있는 사회적인 현상은 무엇인가?	갈등 심화의 문제점과 예상 사례	200	250
해소 방안에 대해	본론 2	갈등 해소를 위해서 필요한 조치와 긍정적인 기대 효과 등에 대해 서술	해소 방안에 대한 대안 제시	200	250
자신의 의견을 구체적으로 제시하시오.	본론 3	제도적인 접근과 교육적 접근의 사례를 중심으로 작성	기대효과와 사회적 영향	200	250
결론		계급문화를 해소하면 기대할 수 있는 사회 순기능 건전한 사회 문화 형성의 의의		200	250

※글자 수를 구성해서 작성해야 하는 문제는 내용의 배열과 글자 수의 계획을 세워야 하는데 이것을 구성(構成)이라 한다. 글쓰기에 있어서 구성은 그러면 어떤 형태로 수험자에게 보상이 주어지는가에 대해서 생각해볼 필요가 있다. 구성력, 글자의 배분이 실패하면 감점이고, 전체적인 글자 수에 전략이 드러나고 내용의 구분이 명확하다면 가산점이다.

하지만 수험자는 자신의 글자 수를 일일이 세어가면서 작성할 수는 없으니, 간단하게 가늠할 수 있는 기준이 필요할 것이다. 글자 수를 조절하는 방법으로 가장 빠르고 효과적인 방법은 다음과 같다.

①연습문제를 통해서 한편의 답안지를 작성해본다.

　(한글 프로그램 이용해서 작성한다)

②한편의 글을 문장 단위로 구분한다.

③각 문장의 글자 수를 글자 수 세기 프로그램을 이용해서 평균치를 산출한다.

④너무 긴 문장도 있을 것이고, 지나치게 짧은 문장도 있을 것이다. 논술 시험에서 가장 이상적인 한 문장의 글자 수는 50자다.

⑤문장 작성 시 평균 글자 수를 알고, 논술 시험을 대비한다.

문장에서 사용하는 평균 글자 수는 50자다. 답안지 작성 3개의 연습문제를 작성해보고, 사용한 문장(1,500자 기준 3개의 문제를 작성했을 경우 대략 모든 문장의 개수는 약 90개 내외이다) 글자 수의 평균치를 분석해보자. 본인이 가장 선호하는 글자 수를 알 수 있다. 이 방식으로 확인하는 것이 논술을 준비하는데 본인이 해야 하는 작업이다.

(4) 근거를 친절하게 작성하자. "나는 친절한 서술자"가 되어야 한다.

①근거와 설명을 빠뜨리지 말자 : 논술에 있어서 친절한 서술자가 되는 것은 높은 점수를 받기 가장 빠르고 효과적인 방법이다.

②작성 후에 통일성이 맞지 않거나, 불필요한 문장, 문단은 없는지 확인하자 : 부연설명이 없거나, 뒤 문장과 이어지지 않는 문장이 있을 경우에는 전체 내용을 위배하고 통일성을 위배하는 문장이다. 친절한 서술자는 읽는 사람의 눈에 잘 띄도록 새로운 내용이 시작되는 표지를 활용할 줄 알아야 하고, 두괄식 구성을 활용할 수 있어야만 문단이 눈에 띄게끔 작성할 수 있다.

③불친절한 서술자가 자주 범하는 오류(문장 사이에 중요한 문장 숨기는 경우) : 중요한 문장이 중간에 배치되거나, 문단 끝에 나타나는 경우이다. 중요문장이 가장 뒤에 배치되면 끝까지 긴장감을 유지하고 읽어야만 발견할 수 있기 때문에 가독성이 떨어진다.

④그러나, 하지만, 그리고 등의 표지를 전혀 쓰지 않는 경우 : 글자 수의 제한 때문에 자주 일어난다. 이러한 오류를 범하지 않으려면 작성 후에 구술로 읽어보면서 퇴고를 진행하면 해결할 수 있다. 그리고 이 퇴고의 과정을 반복 연습하면 자주 범하는 오류를 스스로 찾아낼 수 있다.

(5) 구성의 중요성 : 작성 계획(답안지 작성)에 따른 순서의 배열을 해보자.

순서를 배정하고, 배열한 후 오류를 수정하고 답안지를 작성하자. 간단한 예를 살펴보자. 우리가 학교 다닐 때에도, 부모님께 용돈을 달라고 할 때에도 논리적인 구성은 필요했다. 용돈 받기 프로젝트는

"저에게 용돈이 필요합니다."라는 주제로 잘 구성된 담론이다. 이 과정을 구분단계로 살펴보면 다음과 같다.

구성/구상 과정			주제	실현
서론	기	공감	용돈을 받기 위한 전략 (선택형 전략)	"어머니 요즘 힘드시죠?"
		위로		"아버지는 참 대단하세요. 제가 취업준비를 하다 보니 아버지가 대단해보여요"
		당위		"제가 요즘 공부를 하다 보니, 공부에도 많은 비용을 필요하네요."
본론 1	승		위기상황 예시	얼마 전 배가 너무 고파서 밥을 먹으려 했는데, 주머니에 남은 활동비가 부족했어요. 생각해보니 이런 경우가 종종 있는데, 공부하는데 에도 긴급 상황이 일어나기도 하네요. 적어도 택시비나 교통비로 급히 필요할 때, 비상금은 항상 필요한 것 같습니다.
본론 2	전		대안제시	주변 친구들을 보니, 비상금이 3만 원 정도 소지하고 있는 친구들도 있고, 어떤 친구들은 5만원을 현금으로 갖고 있거나, 체크카드 등을 소지하고 있어서 이런 상황에는 사용할 수 있도록 되어있습니다.
결론	결		용돈이 필요합니다.	그래서 저도 생각해보건 데, 제가 급히 집을 와야 할 경우가 생기거나, 혹은 밥 때를 놓칠 수도 있고, 또 막차를 놓쳐서 부득이하게 택시를 타야하는 경우도 있고, 또 눈이 오거나 비가 많이 내려서 비상금이 필요하기도 하니, 저도 비상금을 소지할 수 있도록 조치해주시기 바랍니다.

주제를 표현하기 위한 과정을 살펴보면 다음과 같다.

① 필요성 인식

② 주제의 선정

③ 과정의 구상

④ 과정의 배열

⑤ 선정된 배열에 따른 의견 제시

이와 같은 구성이다. 간단한 내용도 이와같은 구성에 의해서 의미를 전달한다. 취업이나 승진에 따른 논리적인 한 편의 글에 비약의 오류를 피하기 위해서도 논리적으로 구성해야 한다.

(6) 기출문제는 여러 번 작성해 보자. 논술에서 작문의 유연성은 필수다.

논술 문제는 같은 주제의 문제인데도 전혀 다른 문제로 변화하기 쉽다. 같은 문제를 살짝 바꾸면 전혀 다른 평가요소를 적용할 수 있다. 예시로 살펴본 문제를 통해서 다양한 문제로 파생하는 과정을 살펴보자.

> '우리사회의 계급 갈등 심화 현상과 해소방안에 대해 자신의 의견을 구체적으로 제시하시오'

유형 1. 통계에 따른 계급론의 정의에 사례만 추가한 문제이다. 전혀 다른 문제다.

※분석력과 논리성을 평가하고자 하는 문제

> 2017년 통계에 따르면 우리 사회는 흙수저와 금수저로 표현되는 흔히 수저계급론이라는 계급이 존재한다고 밝혔다. 이러한 계급이 존재할 때 나타나는 긍정/부정적 측면을 분석하고, 이 사회 계급론의 해소방안에 대해 자신의 의견을 구체적으로 제시하시오.

유형 2. 수어만 바꾸어도 다른 문제가 된다.

> 우리 사회의 노령화 심화 현상과 해소 방안에 대해 자신의 의견을 구체적으로 제시하시오.

유형 3. 답안지에서 요구하는 바를 바꾸었을 때, 다음의 문제가 출제된다. (최근 많은 기업(기관)에서 문제로 나타나는 조직 문화의 문제로 출제 된 경우)

> 우리사회는 계급의 갈등 심화 현상이 나타난다고 하지만, 조직 내에서도 이러한 갈등은 존재한다. 기존직원과 신규직원과의 갈등을 사례로 제시하고, 해소방안에 대해 자신의 의견을 구체적으로 제시하시오.

이와 같이 하나의 문제(기본 문제)를 통해 다양한 문제로 바꿀 수 있다. 문제가 아무리 높은 확률로 출제된다고 하더라도, 그 요구하는 바를 바꾸거나, 답안지에 작성해야 하는 내용을 바꾸면 전혀 다른 문제가 되어버린다. 특히 논술이 고정 형식 문제가 많지 않은 것도 같은 맥락이다.

(7) 자주 나오는 문제는 그 이유가 있다. 반드시 준비하는 것이 좋다.

2018년~2019년 하반기까지 논술을 함께 준비하면서, 정말 자주 보는 문제를 보면 한마디로 대동소이(大同小異: 거의 같고 조금 다름. 서로 비슷비슷함)했다. '논리적인 쓰기가 가능하고, 그 구성과 문장에서 연습의 노력이 드러났다'의 답안지, '완성도는 다소 부족하지만, 문제의 의도를 파악하고 구성과 답안작성에 대한 노력의 흔적이 드러난다'는 답안지는 취업과 승진에 합격했고, '연습이 부족하고 문제에서 제시한 조건을 충족하지 못했다'면 불합격의 기준이다.

자주 출제되는 문제를 풀어봐야 하는 이유는 그 문제 출제빈도도 중요하지만, 자주 나오는 문제의 유형은 자주 출제되는 유형이다. 따라서 접근방식이 대동소이하다. 자주 출제되는 문제는 풀어보는 것이 좋다.

(8) 준비는 여유 있게 시작하자.

논술(취업, 승진, 입시 등) 준비의 시기는 여유 있게 시작하는 것이 좋다.

① 취업 논술의 경우 3개월을 최소로, 길게는 6개월로 설정하는 것이 가장 좋다.

② 승진논술의 경우, 3개월이 가장 적절하다. (출장과 일정이 많을 경우를 제외하고)

③ 최소 준비기간으로 3개월을 어떻게 쓰는지 살펴보자. 3개월을 설정하는 이유는 연습과 첨삭 10회 + 모의논술 3회이다.

취업과 승진논술을 최소 3개월로 설정해보자. 한 주당 5시간의 투자(120분/120분/퇴고 및 첨삭 60분 기준)를 기준으로 시간표를 보면 스스로 책을 통해서 준비하는 과정에 도움이 될 것이다.

주간	내용	상세	목표
1	1차 답안퇴고	과제상의 내용, 어법, 문법상의 오류수정	최근 글쓰기 퇴고해보기
2	단문쓰기 연습	주어/목적어/서술어를 한번만 작성해서 작성하는 법	필수 성분의 문장 써보면서 문장교정
3	문장통합연습	중복되는 필수성분 통합연습	중복 피하는 방법 익히기
4	내용개요	3단 구성 연습(서-본-결론)	내용을 구성해서 구성해보기
5	상세개요 · 구성	주요단어 나열 및 도치와 교환 연습	단어를 배열하고 문장으로 이어쓰기

6	문장의 첨가	글자 수 늘리기 연습	소스를 통해 내용 늘리기
7	문장의 삭제	글자 수 줄이기 연습	삭제 원리(우선순위)로 분량 줄이기
8	모의논술1	시간 엄수한 논술시행과 평가1	상세첨삭+처음 과제와 비교해보기
9	모의논술2	시간 엄수한 논술시행과 평가2	상세첨삭
10	모의논술3	시간 엄수한 논술시행과 평가3	평가와 시험

일정이 넉넉하지는 않지만 10회의 준비기간이 포함하는 시사점을 살펴보자. 이는 도움을 받으면서 진행하는 연습과정인데, 이 과정을 책을 통해 혼자(혹은 그룹 스터디) 준비하는 분들도 이 과정을 통해 주차별 목적은 쉽게 찾을 수 있을 것이다.

《취업/ 승진 논술을 준비하면서 남은 시간 12주의 주차별 계획과 목표》

일정	주차별 미션 과제		훈련의 목표
1주	기출문제 답안지 작성		기본실력을 가늠할 수 있는 답안지를 작성하고 오류를 찾아본다.
2주	단문쓰기연습		필수성분으로 답안지를 작성할 수 있어야 한다.
3주	문장통합연습 (구성기초)		중복되는 내용이나 문장을 삭제하고 이어서 작성할 수 있어야 한다.
4주	내용개요		개요에 맞게 서론–본론–결론 내용을 구성할 수 있어야 한다.
5주	상세개요 · 구성 (구성기본)		중요한 핵심단어를 통해 개요와 답안지를 작성할 수 있어야 한다.
6주	문장의 첨가	글자 수에 맞는 연습	글자수 확장, 문장 확장을 활용할 수 있어야 한다.
7주	문장의 삭제		삭제의 원리에 따라 문장을 줄이거나, 글자 수를 줄일 수 있어야 한다.

8주	모의논술 1	실제시험문제를 풀어보고, 평가를 해보자. 습관적인 오류 등을 찾아서 교정할 수 있어야 한다.
9주	모의논술 2	1차모의 문제풀이에서 시간오류와 습관, 어법 오류 를 교정했는지 확인하고 시험에 대비한다.
10주	모의논술 3	실제 시험이라 생각하고 문제를 작성해보고, 시간배분, 내용 개요, 분석, 구성을 통합적으로 평 가해본다.
11, 12주	교정 및 실제시험연습	자신의 답안지에 오류를 수정하고 보완하는 기간으 로 연습을 반복한다.

(9) 논술준비의 필수과정

①가장 먼저 할 것은 가장 최근의 직접 작성한 글을 써보고 시작하자. 논술준비의 초석이다 : 논술은 지식의 영역이 아니다. 자신의 글을 읽어보고 스스로의 장점과 단점을 나누어서, 무엇을 키울 것인지, 무엇을 보완할 것인지 확인해야 시작할 수 있다. "나는 이 부분이 부족하다. 나는 저런 부분이 뛰어나다"는 백 마디 말보다, 최근 자신이 작성 한 글을 객관적으로 살펴보는 것이 중요하다. 즉 "백문(百聞)이 불여일견(不如一見)"이다.

②단문 연습이 가장 빠르다 : 어법과 문법의 영역을 뛰어넘기 위해서 가장 간단하고 빠른 길은 단문 연습이다. 단문을 쓰다보면 접속어는 왜 써야하는지, 조사등은 왜 쓰는지 알 수 있다. 이것이 가장 빠르고 정확하다. 시간도 많지 않을뿐더러 채용(승진)일정이 넉넉하지 않다.

③같은 문제를 여러 번 작성해보자 : 3단 구성(서론-본론-결론)을

반복해서 연습하자. 같은 문제를 여러번 작성해 보면 작성할 때마다 달라지는 것을 알 수 있다. 신뢰도 높은 문제(최근 기출문제)중에서 하나를 정해서 반복 연습을 해보자. 가장 간단하면서도 효과적인 방법이다.

④주제문을 한 문장으로 써보자 : 구성이 끝나면 답안지에 쓸 때, 나는 어떤 주제로 접근할 것인지 살펴보아야 한다. 단어의 선정과 배열, 그리고 내용을 구성하는 과정이 익숙할 때까지 연습하는 것이 좋다.

⑤확장과 삭제의 원리를 기반으로 연습하자 : 문장의 확장과 삭제의 원리를 알아야 글자 수를 맞출 수 있다. 논술에서 현저히 부족하기도 하고, 현저히 넘치기도 하는 글자 수를 충족하기 위한 준비는 매우 중요하다.

⑥실제 써보기는 지식측면이 아니므로 실전 연습이 무엇보다 중요하다 : 알고도 못 쓰는 영역이 논술이다. 자주 사용하는 비유는 자전거타기와 같다. "물리적으로 앞을 향해 페달을 밟을 때는 자전거는 옆으로 넘어지지 않으니, 넘어지고 싶지 않으면 페달을 굴리고, 시선은 아래를 보지 말고 앞을 향해야한다"는 자전거 타기에 필요한 지식이다.
하지만 이 지식을 알고 있다고 해서 한 번에 자전거를 잘 타는 경우는 많지 않다. 대부분 넘어지면서 익히게 된다. 논술은 지식의 개념이 아니다. 여러 번 작성해보는 것이 무엇보다 중요하다. 하지만

강의 혹은 지식측면의 글을 몇 번 읽고 시험에 응시하는 경우도 있는데, 사실 문제를 받고 나서 작성한다고 해도 좋은 결과는 얻기 힘들다. 논술은 지식영역이 아니다. 기술과 테크닉(technic)의 영역이다.

이 여섯 개의 필수과정 연습은 쉽지는 않지만 매우 효과적이다. 이 점은 전문가, 초보자, 글을 한 번도 써보지 않은 사람, 많이 써본 사람 모두 예외가 없다. 가장 큰 오류는 논술(쓰기)을 지식으로 접근하는 것이다.

논술은 안다고 해서 쓸 수 있는 영역이 아니라, 훈련의 영역이다. 연습하는 만큼 글은 좋아지고, 자연스럽게 문장 확장과 삭제의 원리를 터득하게 된다. 다만 연습의 영역에서 우리는 목적이 무엇인가? 라는 각각의 세부 목표가 있고, 그 과정이 해결되면 하나의 완성된 글을 작성하는 목적으로 나아갈 수 있다는 점을 꼭 인지해야 한다.

(10) 가상의 평가자가 되어보자.

가상의 평가자 역할을 해본 것과 해보지 않은 것은 매우 다르다. 여기에서 오는 차이는 문장에서 나타난다. 후배, 선배, 혹은 지인, 아내, 남편 등의 조력자(助力者)의 도움을 받는 것을 추천한다. 논술에 "나는 전문가가 아니기 때문에" 거절하는 사람들은 있어도, 내가 작성한 답안지를 타인의 관점에서 읽었을 때 다른 사람에게 보여주는 것은 분명히 도움이 된다.

글을 잘 못 쓰는 사람이라도 오류의 정곡(正鵠)을 찾아내는 사람들은 생각보다 많다. "더 좋은 글을 쓰기 위해서 이렇게 고치는 것이 좋겠습니다." 정도의 조언은 답안지 작성에 있어서 도움이 될 것이다. 논술은 하나의 습관이며, 연습을 통해 비약적인 발전을 이루지 않는 한. 대다수의 수험자가 같은 실수를 반복한다. 최근 작성한 글을 초석삼아 앞선 과정의 논술의 준비를 시작하면 실제적인 도움이 될 것이다.

(11) 논술준비에 있어서 특징과 주의할 점에 대한 당부

취업 논술은 수필쓰기가 아니다. 쓰는 사람도, 교정하는 사람도, 하나의 수필처럼 글쓰기방식을 따르고 정서를 전달하고자 하는 경우가 많은데, 이는 전혀 논술의 취지와는 맞지 않는 방식이다. 오히려 기사문과 칼럼이 논술의 기본 문장구조와 유사하다.

잘못 쓴 답안지의 첨삭사례와 종류가 다른 글, 고친 글만 많이 보는 것은 좋지 않다. 사례를 많이 보는 것보다 한번 써 보는 것이 자신에게 더 도움이 된다. 그리고 정확한 답안이 작성되는 과정을(서술과정) 면밀하게 보는 것이 합격(승진)하는데 실제로 도움이 될 것이다.

6. 어법에 맞게 쓰기

합격을 위한 기초 : 어법에 맞는 문장쓰기

어법에 맞는 표현을 지향하고, 비문(非文)을 피하자. 어법(語法)에 맞는 문장을 쓰기 위해 숙지해야 할 것은 문법의 범주이다. 답안지 작성에 필요한 문법적 기준 만큼은 숙지해야만 준비과정에 도움을 줄 수 있다. 문법지식(내용)에 대한 포괄적인 이론을 배제하고 작성에 도움이 될 만한 문법 내용에 대해서만 언급하고자 한다.

(1) 어법의 활용 : 어법에 맞는 문장은 주어와 목적어, 서술어가 일치해야 한다.

①주격(主格) 조사는 대표적으로 '이/가'를 사용한다. 하지만 문어체(논술)에서 작성할 때 보조사인 '은/는'을 혼용할 수 있다.

- 고령화 사회(는) 많은 사회문제를 파생시킨다.

②목적격(目的格) 조사는 대표적으로 '을/를'이 존재한다. 주격조사가 문어체에서는 '은/는'으로 자주 혼용되기도 하지만 목적격 조사는 반복 사용해서는 안 된다.

- 대한민국의 영토인 독도(는) 일본과의 영토분쟁(을) 지속해왔다.

③서술격 조사는 ' – 이다'인데, 문어체에서 사용되는 경우를 보면 '~한다. ~있다' 등의 혼용 분포도 많은 편이다.

※이를 토대로 살펴보면 문장을 작성 할 때 흔히 사용하는 주격조사와 서술격조사는 변형된 형태로 문장에 자주 활용되지만, 목적격 조사만 그 이형태(異形態 : 기능은 똑같지만, 형태(모양)는 다른 문법요소. 이/가, 을/를은 형태는 다르지만 그 의미와 위치, 문법기능은 완전히 동일하다)의 쓰임 분포도가 없는 편이다.

※하지만 "이것 하나 만큼은 잘 지켜주었으면 했으면"하는 것은 조사의 사용빈도이다. 조사를 남용하면 문장의 의미(작성자가 전달하고자 하는 주제)를 파악하기 어려워진다. 그러므로 남용해선 안 되며, 답안지에서 조심해서 사용해야 한다.

주격조사가 중복된 경우	문장의 핵심을 읽기 어려워진다.
목적격 조사가 중복된 경우	'무엇을'이 두 개이므로 명료성이 떨어진다.

논술이 문법(어법)의 완성도를 평가하는 취지도 아닐뿐더러 당락(當落)을 결정하는 절대 기준은 아니다. 하지만 점수의 가감(加減)영역임은 틀림없고, 잘 지켜서 작성하면 확실하게 읽기 수월하고 문장의 완성도가 높다. 어법에 크게 벗어나는 일 만큼은 가능한 피하고, 잘 지킨 문장을 위한 연습은 필요하다. 어법을 지키지 않은 문장은 읽는 사람(평가자)에게 혼란을 준다. 논술이란 전형의 태생적인 특징을 감안하면 논리적인 주장을 평가하는 과정인데 어법상의 오류는 전체적인 글의 신뢰성과 설득력이 그만큼 떨어질 수밖에 없다. 논술문에서 어법을 소홀히 해서는 안 되는 이유다.

(2) 호응관계의 연습 : 문장 성분의 호응관계는 중요하다.

문장은 필수 성분인 주어, 목적어, 서술어로 구성되어 있다. 그리고 꾸밈말(수식언)인 부사, 관형사 등의 활용은 경직된 문장을 돋보이게 하고, 강조의 효과도 있으며 구체적인 서술을 위해서도 중요하다. 문장 요소는 문장 내에서 고유한 역할을 담당한다. 이 요소들이 구조상·의미상 서로 호응 되어야 한다. 문장성분의 호응관계는 명백하게 감점의 영역이므로 몇 가지 장치를 스스로 확인하는 습관을 통해 해결이 가능하다.

※ 아래에 제시하는 내용은 문법지식이 없어도 확인 할 수 있는 몇 가지 방법이다. 이것을 숙지하고 연습할 때 활용할 것.

①주어 - 목적어 - 서술어만 따로 읽어보자 : 호응관계의 문법 오류는 문법을 공부하는 시간이 없을 뿐더러 그 노력 또한 안다고 해서 글을 작성하는데 큰 도움이 되는 경우가 많지 않다. 따라서 글

을 작성 후에 주어-목적어-서술어만 따로 분리해서 읽어보면 어색한 부분을 수정하는 과정을 반복하면 빠른 시간에 교정할 수 있다.

②필수 성분은 각 한 번씩만 작성해서 한 문장을 완성하자 : 주어, 목적어, 서술어는 한 문장에 한번만 쓰는 점을 인지하고 작성해보자. 문장의 필수요소가 한 문장에 여러 번 등장하게 되면 가독성(可讀性)이 떨어지고 혼란스럽게 된다.

③개요를 먼저 확인하고 추가하자 : 개요는 내용의 구성이다. 논리적인 비약이 없도록 논리적 호응관계를 주의해서 개요를 작성하자. 한 문장 안에서 앞뒤 흐름에 적합하지 않은 내용이 나오거나 인과 관계가 적절하지 않은 내용이 나오면 문장의 뜻을 분명하게 전달하기 어렵다.

④간결한 표현을 지향하자 : 문장이 지나치게 길면 글의 간결성과 통일성이 떨어진다. 결국 명료성을 요구하는 논술에서 세련되지 못한 글이 된다. 따라서 불필요한 요소들을 없애고 꼭 필요한 내용만을 담아 가능한 한 문장을 짧고 간결하게 작성하자.

⑤단어나 구절/ 내용과 의미에서 중복되는지 확인하자 : 한 문장 안에서 반복되는 단어나 구절은 의미상 큰 차이가 나지 않는다면 다른 낱말로 바꾸거나, 꼭 필요하지 않을 경우에는 생략해야 한다.

⑥사족은 과감하게 버리자 : 내용을 강조하기 위해 또는 습관적으로 군더더기 표현을 쓸 때가 많다. 논술 작성과정에서 '~라고 생각한다.', '~한 깃 같다.', '~한 것이다.' 등의 군더더기 표현들은 별다른 의미 없이 말을 늘어뜨리고, 글을 명료성을 해치는 표현이다. 오히려 '볼 수 있다, 유추할 수 있다, 타당하다, 옳지 않다' 등의 표현이 훨씬 가독성이 높고, 명료성이 높으며 신뢰성을 주는 표현이다.

(3) 간결한 표현을 지향하자 : 간결한 문장을 지향하면, 자연스럽게 어법을 맞추어서 작성할 수 있다.

말과 똑같다. 말이 간단하고 명료하다는 것은 주장이 명료하다는 반증이다. 우리가 문장을 작성 할 때, 습관적으로 작성하는 쉼표의 과도한 사용이나 번역기의 어투처럼 어법에 어긋나는 표현 등은 사실 하나씩 교정한다는 것이 어렵기도 할 뿐더러, 상당히 오래 걸리기도 한다. 이러한 오류를 한 번에 교정을 할 수 있는 가장 좋은 방법은 간결한 문장을 지향하면 자연스럽게 고칠 수 있다.

《주어, 목적어, 서술어를 한번만 사용해서
하나의 문장을 만드는데 활용할 수 있는 연습용 표》

	주어	목적어	서술어
1			
2			
3			

간결한 문장은 어떤 문장일까? 주성분인 주어, 목적어, 서술어를 한 문장에 한번만 쓰는 것이다. 초반 논술 연습할 때 이 표에 적용한 문장만을 작성해보자. 그러면 과도한 수식어가 무엇인지 보일 것이다. 너무 건조한 문장이다, 혹은 문장이 읽기 어렵다 등의 느낌도 받을 것이다. 반면 왜 그러나, 왜냐하면 등이 쓰이는지, 수식어는 왜 쓰이는지 필요성에 대해서 고민할 수 있는 기회도 된다.

예시 기본문장
예시 : 모든 스포츠에서 체격 조건이 워낙 뛰어난 유럽 선수들이 압도적으로 유리할 수밖에 없다.

고쳐야할 부분

예시 : Ⓐ모든 스포츠에서 체격 조건이 Ⓑ워낙 뛰어난 유럽 선수들이 압도적으로 Ⓒ유리할 수밖에 없다.

위의 문장을 간결하게 주성분만 남긴다면 다음의 문장이 된다.

스포츠에서는 체격 조건이 뛰어난 유럽 선수들이 유리하다.

① Ⓐ '모든 스포츠'는 논리의 오류를 범하고 있다. 예를 들면 탁구는 그 기반인구가 많은 중국이 유리하고, 농구는 미국의 저변 산업이 가장 발달한 상황이므로, '모든'이란 제한이 삭제되면, 문장에서 스포츠라는 대상은 몸싸움이 일어나는 경기에 한정되는 의미를 나타낸다는 점을 연상케 한다. 오히려 수식어를 빼는 것이 그 모든 스포츠를 대상에서 제외하므로 오히려 명료하다.

② Ⓑ워낙, 압도적으로 의 삭제해서 '스포츠는 체격조건이 중요하다'는 의미로 구성이 가능하다. 따라서 이러한 수식어를 삭제하는 것이 오히려 명료하고 간결한 문장으로 전달하기 좋다.

③ Ⓒ~할 수밖에 없다는 당위성을 강조하기 위해 사용하는 서술어인데, 논리적으로 반론의 여지가 있다. 따라서 '유리하다'로 바꾸면 의미가 명료해지는 것을 알 수 있다.

앞의 사례와 같이 수식/꾸밈말이 오히려 문장의 명료성을 떨어뜨리는 오류를 나타내기도 하므로, 그것을 삭제하고 간단한 서술어와 주성분만 사용한다면 명료한 의미의 전달 효과가 나타난다.

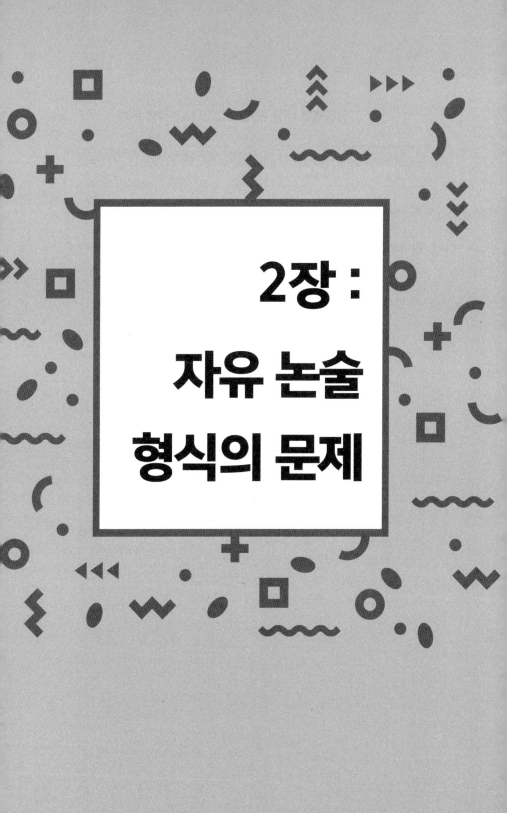

2장 :
자유 논술
형식의 문제

: 공유경제에 대한 문제 구성 및 의견작성 문제

출제빈도	난이도	해석력	논제충실성	지식필요성
★★★	★★★	★★☆	★★★	★★★☆

다음에 제시되는 문제는 자유서술형의 문제이다. 평가 기준은 긍정적인 측면과 부정적인 측면의 분석력, 글의 분량을 기획하는 구성력을 평가하고, 자신의 견해를 얼마나 논리적이고 명료하게 서술할 수 있는가에 대해서 평가하기 위한 문제이다.

> Q. 공유경제에 대한 긍정적인 면과 부정적인 면을 모두 기술하고, 이에 대한 본인의 생각을 논하시오. (1,500자 내외)
>
> — 2015, 2017년 기출

무엇을	어떻게	
	문제에서 제시한 부분	문제를 작성하는 요령
공유경제의 긍정/부정을	모두기술하고 본인의 견해를 제시	①장단점을 꼼꼼하게 ②가능한 많은 단어(재료)를 사용 ③각각의 호응관계에 맞도록

1. 문제의 분석

Ⓐ공유경제에 대한 Ⓑ긍정적인 면과 Ⓒ부정적인 면을 모두 기술하고, 이에 대한 Ⓓ본인의 생각을 논하시오. (1,500자 내외)

Ⓐ 공유경제에 대한		①이 문제는 공유경제에 대한 문제이다. (문제의 전제) : 통일성, 명료성을 높이려면 공유경제의 범주에서 벗어나지 마시오.
Ⓑ 긍정적인 면	모두 기술하고 (문제의 요구)	②공유경제의 긍정적인 면과 부정적인 면을 모두 상보적, 혹은 통합적으로 먼저 기술하세요. 공유경제는 찬성과 반대 입장이 존재할 수 있습니다. 찬성 반대 모든 측면을 다루어야 합니다. 어느 한쪽을 선택하더라도, 양쪽의 입장을 구분해서 쓰시오.
Ⓒ 부정적인 면		
Ⓓ 본인의 생각을 논하시오		③여기까지의 전제를 모두 충족했다면, 이를 바탕으로 본인의 생각을 논하시오.

이와 같이 문제에 대한 개요를 작성해본 것은 문제에서 전제하고 있는 점을 보다 쉽게 인지하기 위해서이다. 이에 따르면 간단한 개요를 작성할 수 있다. 이 문제는 자유서술형 문제이므로 여기에 따른 답안지의 작성은 자신의 배경지식, 그리고 사회에서 예시를 들 수 있는 소스를 가져와야만 답안지 작성이 가능할 것이다. 개요를 작성하면 다음과 같다.

2. 개요의 작성

서론		ⒶA 공유경제의 개념, 형태, 장단점과 특징 제시		
본론	분석내용	공유경제에 대한 문제		ⒹD 본인의 생각 (편의상 긍정으로 설정함)
	기준	ⒷB 긍정적인 면	ⒷB 부정적인 면	
	지출의 특성	지출의 합리성	생산자의 고품질 생산에 대한 의지의 감소	제한적인 자원, 비용을 활용해서 지출이 감소
		가정 경제의 효율성	재분배에 의한 성능감소 불가피	
		지출의 감소 효과	소비의 감소 우려	
	소비형태	재투자/재분배	시장성 감소	필요에 의한 합리적 소비가능
	재산개념	사유재산개념에서 탈피	사유재산이 아님	일회성, 소모성격이 높음
	효율성	높은 가성비와 문화공유	지나친 효율성만 추구	효율적인 소비형태
	환경측면	환경보호/절약	환경보호, 오염 축소	환경보호
		제한된 자원		
	예시	렌탈(차량, 주택) 문화 활성화	경제 불황, 소비 감소	
결론		문화의 변화 사례, 효율성, 소비문화 변동의 시사점 강조		

위의 도표정도를 완성한 이후에 그 내용을 바탕으로 글을 구성해 보면 다음과 같은 한편의 논술문을 완성할 수 있다.

3. 답안의 작성

공유경제에 대한 긍정적인 면과 부정적인 면을 모두 기술하고, 이
에 대한 본인의 생각을 논하시오. (1,500자 내외)

공유경제란, 자원이나 재화를 공유해서 사용하는 개념이다. 공유
소비를 지향하면 자원을 렌탈, 공동구매의 형식으로 공유할 수 있다.
취지에 맞게 운영하면 자원 활용을 극대화시키는 장점이 있으며, 대
량 생산과 대량 소비가 특징인 생산과 소비(구매)의 반대개념이다.

이러한 공유경제의 특징을 살펴보면 긍정적인 면과 부정적인 면
을 나누어 볼 수 있다. 개인적 측면은 지출에 있어서 합리적인 지출
이 가능하고, 효율성을 추구하기 때문에 지출의 감소로 이어질 수 있
다. 그리고 소비에 있어서도 하나의 자원을 다시 구매하거나 빌려서
쓰는 개념이므로, 소비의 효율성도 높다. 지금까지의 재산개념은 소
유개념이 높고, 그 소유된 재산은 존속하기 쉬운 개념의 특징이 높
았는데, 이는 오히려 사용하지 않는 빈도가 높고, 비효율적인 사례
가 많았기 때문에 공유개념이 대두되는 것이다.

자동차의 개념을 예시로 보면, 주차장의 기회비용, 그리고 자동
차세금, 유지비용, 보험료 등이 사용하지 않는 시간에도 소비하고
있기 때문에 비효율적인 특징이 높았다. 언제나 사용할 수 있다는
편리성은 높지만(선점성(先占性)), 그에 비한 비용의 비효율적인 사
용(소비성)은 필수적이었다. 따라서 제한된 자원을 지속적인 소모
형식으로 사용하였고, 감가 비용 또한 재산을 소모하는 특징이 높

왔다. 하지만 렌탈 문화, 그리고 공유경제는 효율적인 자원의 활용 면에서 긍정적이다.

공유경제는 개인적 측면으로 볼 때 장점이 많지만, 반대로 생산자의 입장에서는 생산력과 품질에 대한 의지를 감소하는 역효과도 존재한다. 소유경제에서 공유경제로 변화하면 재분배와 소비감소 현상이 나타나기 때문이다. 따라서 소비와 소유형태의 시장보다 규모는 작고, 사유재산이 아니기 때문에 제품에 대한 애착이 떨어진다. 그리고 경제성과 효율성만 지나치게 의존하기 때문에 성능의 감소 또한 불가피하다. 흔히 깡통 차, 공기계 핸드폰 등의 제품은 기능만 살아있고 편의기능이 약화된 형태이다. 전반적인 경제의 문제로 보면 공유경제의 확산은 경제의 불황을 파생한다는 우려의 목소리가 높은 것도 사실이다.

하지만 제한적인 자원과 소모되는 비용을 활용해서 지출이 감소하는 효율성은 소비자의 입장에서 합리적인 적정 경제 분야의 순기능을 무시할 수 없는 추세이다. 소비자가 필요에 의한 합리적 소비의 가능성을 추구하기 때문이다. 결국 자동차 산업이나 주택산업, 그리고 공유주택 개념도 초기에는 다양한 우려와 반론의 목소리가 있겠지만, 장기적인 측면에서 보면 소유의 개념과 동일한 품질과 가성비와 같은 효율성을 추구할 수밖에 없는 문화가 형성될 것이다. 그리고 필요에 의한 일회성의 성격과 소모성격이 높기 때문에 무제한 기간의 소유개념은 오래전부터 효율성 높은 수요로 변화했다.

기존에는 평생주택, 1인 1주택에서 평생을 거주하는 개념에서 이사문화, 주거형태 변화의 문화로 변화하는 추세이다. 공동분양이나 공동주택, 레저를 위한 공유주택과 컨테이너 주택의 유행이 그 사례이다. 국가적인 차원에서 살펴볼 때에도 효율적인 소비 형태를 추구하는 문화의 변화는 궁극적으로 환경을 보호하고, 자원을 활용하는 효율적인 소비의 형태를 파생시키기 때문에 공유경제의 효과는 역기능보다는 순기능의 측면이 높다고 볼 수 있다. (1,458자)

〈자유논술형식 기출문제 2〉
: 조직문화 갈등 문제로 기본개요를 활용해보자.

출제빈도	난이도	해석력	논제충실성	지식필요성
★★★★	★★★★	★☆	★★★★	★☆

다음의 문제는 최근 기업에서 가장 이슈화되는 기존직원과 신규직원의 문화차이에 대한 문제이다. 작성자의 견해를 듣고, 구성원이 되고자 하는 자의 조직문화 이해측면을 살펴보기 위한 취지와 종합적인 평가 모두 만족시키는 문제이다. 조직문화에서 파생되는 다양한 문제가 있겠지만, 갈등상황의 의사소통 사례나 소통과 공감의 중요성과 관련한 문제가 조직문화 논술문제의 공통분모이다. 실제로 출제하는 사례를 통해 접근방식, 단어군(單語群), 구성에 대해 살펴보자. 문제는 다음과 같다.

> Q. 직장 내의 세대 간 갈등상황에서, 신규직원과 기존직원사이의 문제점을 지적하고, 조직문화측면에서의 해결방안에 대해 자신의 견해를 서술하시오.
>
> – 2018, 2019년 상반기 기출

무엇을	어떻게	
	문제에서 제시한 부분	문제를 작성하는 요령
직장 내 갈등상황에서 기존/신규직원 사이의 문제점을	지적하고 조직문화 해결방안의 견해를 서술	①개요에 충실하게 ②문제에서 지시한 순서(구성)를 따라 ③내용을 유추해서

1. 문제의 분석

문제를 꼼꼼하고 자세하게 읽는 것이 완성도 높은 답안지를 작성하기 위해서 가장 중요하다. 위의 문제를 분석해보면 답안지에 작성해야 하는 내용과 문제가 전제한 것은 다음과 같다.

전제	조직문화가 최근 기업의 이슈가 되는 문제로 대두되었다.
	직장 내의 갈등상황은 언제나 존재해왔다.
취지	입사를 희망해서 논술에 지원하게 된 수험자에게 조직문화의 기본지식을 확인하고, 그 문제에 대한 자신의 의견을 듣고자 한다.
답안지 작성	신규직원과 기존직원의 문제 근원적인 원인은 무엇이라고 생각하는가?
	문제점이 있다면 어떤 문제가 있을지, 조직문화에 관심이 있었는가?
	조직문화의 문제점은 사회적으로 어떤 부분이 지적되었는지 고려해본 적이 있는가?
	해결방안(대안)을 체계적으로 서술할 수 있는가?
취지	서술의 논리성과 합리성에 대해서 평가하고자 한다.

답안지에 작성할 내용의 간단한 요소

① 조직문화의 갈등상황 배경 제시
② 조직문화 갈등상황에서 신규직원과 기존직원의 대화(소통)의 문제점 원인 분석
③ 해결방안과 대안제시

위의 세 가지 요소가 답안지의 필수 작성요소이다.

2. 개요의 작성

위와 같이 다양한 전제를 문제에서 읽을 수 있어야 한다. 즉, 위의 전제된 내용은 문제의 전제(前提)이므로, 답안지에 쓰일 수 있는 개념이다. 위의 문제를 통해 개요를 작성해보면 다음과 같다.

직장 내의 세대 간 갈등상황에서	직장 내의 세대 간 갈등상황의 예시	1
	갈등상황이 일어날 경우 일어날 수 있는 일	2
	갈등을 통해 파생되는 문제	3
신규직원과 기존 직원사이의 문제점을 지적하고	신규직원과 기존직원의 갈등원인제시	4
	갈등의 심화되는 원인과 결과	5
	문제라고 볼 수 있지만, 표면화되지 않는 문제점	6
	실제로 문제로 이어질 수 있는 가능성이 있는 일	7
	지적할 수 있는 갈등상황의 문제점	8
	기업의 정체성에 줄 수 있는 영향	9
조직문화측면에서의 해결방안에 대해 자신의 견해를 서술하시오.	조직문화의 갈등이 해결되어야 하는 이유	10
	조직문화 갈등이 해결되는 사례(예시)	11
	타 기업의 사례나 해결을 위한 노력 사례 등	12
	조직문화가 해결된다면 기대할 수 있는 점	13
	해결방인의 자신의 견해	14

위의 표를 보면 문제를 나누어서 서술했을 때, ① 직장 내의 갈등상황의 전제 ② 직원간의 갈등상황의 문제점 지적 ③ 조직문화의 갈등 해결방안 제시로 나눌 수 있고, 그에 따른 쓸 수 있는 내용을 정리한 도표이다. 이에 대해 심화된 표를 정리해보니 작성할 수 있는 내용의 개요가 작성되었다. 이에 따라 개요에 따라 본문의 구성을 따라서 글을 작성하는 것이 타당하다.

《내용에 대한 기본 개요(내용위주)를 작성한 경우》

항목	작성내용	구성
1	직장 내의 세대 간 갈등상황의 예시	서론
2	갈등상황이 일어날 경우 일어날 수 있는 일	
3	갈등을 통해 파생되는 문제	본론 1 문제분석
4	신규직원과 기존직원의 갈등원인제시	
5	갈등의 심화되는 원인과 결과	
6	문제라고 볼 수 있지만, 표면화되지 않는 문제점	본론 2 갈등의 영향
7	실제로 문제로 이어질 수 있는 가능성이 있는 일	
8	지적할 수 있는 갈등상황의 문제점	
9	기업의 정체성에 줄 수 있는 영향	
10	조직문화의 갈등이 해결되어야 하는 이유	본문 3 해결사례
11	조직문화 갈등이 해결되는 사례(예시)	
12	타 기업의 사례나 해결을 위한 노력 사례 등	
13	조직문화가 해결된다면 기대할 수 있는 점	결론
14	해결방인의 자신의 견해	

(본론이 본론 1·2·3 열에 걸쳐 있음)

3. 답안의 작성

다음과 같이 그 목록에 대한 각각의 요소에 대해 서술한다. 내용개요에 따라 답안지를 작성 방법이다.

①직장 내의 세대 간 갈등상황의 예시

직장 내에서의 갈등상황은 어느 기업, 단체에도 존재한다. 단체나 기업은 존속하는 기간 동안 기존과 신규직원의 문화차이, 세대차이에 의해 갈등이 발생해왔고, 갈등은 심화되기도 하고 완화되기도 했다.

② 갈등상황이 일어날 경우 일어날 수 있는 일

소속원의 갈등상황이 조직 내의 문제로 나타나기도 하지만, 상하 관계나 협력관계를 유지하면서 표면적으로 나타나지 않고 수면아래 에 꾸준히 존재하는 경우도 발생한다. 문화가 다르고, 우선순위 가치 가 다르다는 문제는 조직에서 항상 존재했다. 무엇보다 조직원의 소 통이나 협력관계에 따라 쉽게 해결하기도 하는 문제가 대화, 소통의 부재가 깊어지면 조직의 결속력과 신뢰도가 감소한다.

③ 갈등을 통해 파생되는 문제

업무의 전환에서 인수인계가 매끄럽지 못하거나, 고유 업무의 협 력관계에서 소통이나 교류가 부족하게 되면 업무의 완성도는 떨어 질 수밖에 없으며 쉽게 해결할 수 있는 문제가 표면에 드러나기도 한다. 특히 소통의 부재상황은 대화의 오해를 파생하기도 해서 자연 스러운 업무협조, 공유과정이 합리적인 협조가 아니라 과도한 업무 지시나, 업무외의 업무지시로 오해를 불러오기도 한다.

④ 신규직원과 기존직원의 갈등원인제시

가장 보편적으로 일어나는 갈등은 가치관의 차이에 있었다. 2017 년 조직문화 갈등 순위에 대한 설문조사 통계 자료를 보면, 신규직 원과 기존직원 사이의 갈등은 가치관의 차이(43%)로 가장 많다는 응답률을 보였다. 부당한 업무 지시(업무 외 시간의 업무지시, 1위)의 경우는 퇴근시간이 임박했을때 받는 업무지시가 고의적인 퇴근 지 연을 위한 지시로 받아들이는 경우도 23%의 응답률로 많았다. 신규 직원들의 퇴근시간을 방해하거나, 일과 여가의 비율을 중요시하는 신규직원들과의 갈등이 존재한다고 하였다.

반면 기존직원은 목적지향성향이 강했다. 신규직원들은 워라벨, 여가시간 활용을 중시하는 가치관으로 신규와 기존직원의 갈등의 원인은 가치관의 차이에서 발생한다고 볼 수 있다.

⑤갈등의 심화되는 원인과 결과

⑥문제라고 볼 수 있지만, 표면화되지 않는 문제점

이러한 갈등이 부당한 업무지시로 인식될 경우 상습적으로 일을 부여한다는 오해를 불러올 수도 있다. 서로에 대한 배려와 업무 지시나 협조의 근거를 소통하는 자세는 필요하다. 특히 퇴근을 즈음해서 일어나는 업무지시, 완성도 높은 업무 협조에 대한 기대감 등은 그 이유와 근거에 대해서 서로 이해할 수 있는 통로를 마련해야 한다.

오해가 문제점으로 발전하는 것은 소통의 부재이다. "유독 나에게만 과도한 업무를 준다."는 기존직원(상급자)의 입장에서는 "저 인재가 특히 일을 맡길 만하다"는 신뢰감이기도 하다. 이러한 오해는 피해야한다. 인사평가나 상급자의 지시가 간단하고 명료하더라도 신규직원이 대체적으로 어떻게 업무지시에 대해 받아들이는지에 대해 서로에 대한 이해와 배려는 건강한 조직문화형성에 도움이 된다.

⑦실제로 문제로 이어질 수 있는 가능성이 있는 일

⑧지적할 수 있는 갈등상황의 문제점

⑨기업의 정체성에 줄 수 있는 영향

소통의 부재는 일차적인 업무협조의 부재와 대화와 교류가 부족한 조직문화를 만들 뿐만 아니라, 배려와 이해차원의 갈등 상황도 나타난다. 편 가르기, 기존직원과 신규직원의 의견 차이에 의해서 소통의 장애물로 파생될 가능성이 크다.

결국 불통(不通) 상황은 동기부여 저하, 소속감 결여, 업무협조의 부재 등의 형태로 이어지는 조직의 갈등문화로 이어질 수 있다. 기업이나 조직은 결속력을 유지하는 원칙이 필요하다. 따라서 전문인(실무자)의 이탈과 낙오 등의 치명적인 형태로도 이어질 수 있다.

⑩ 조직문화의 갈등이 해결되어야 하는 이유

⑪ 조직문화 갈등이 해결되는 사례(예시)

⑫ 타 기업의 사례나 해결을 위한 노력 사례 등

이탈과 낙오현상을 막으려는 것이 조직문화 갈등 해소의 가장 큰 필요성이다. 조직문화의 문제점을 해결하고, 건전한 조직문화를 형성하기 위해서 많은 노력이 필요하다. 조직문화와 관련한 교육적인 접근, 그리고 제도적인(규범, 장치) 접근이 조직문화의 형성을 위해서는 필요하다.

최근 다양한 기업에서는 조직문화의 형성과 긍정적인 기능을 높이기 위해 월1회 정기적으로 조직문화에 대한 교육을 시행하기도 한다. 소속 원들을 대상으로 교육을 통한 설문조사, 의견 수렴 등의 1차적인 문제를 해결하고, 월 1회 가량 회식이나 기존직원과의 긴담회 등을 통해서 조직생활에 있어서의 어려운 점이나 관계 등에 나타나는 어려움을 서로 의견을 나누는 시간을 가지지도 했다.

최근 많은 기관에서 업무협약과 협조, 융합문화를 강조하고, 타 기관의 건전한 조직문화를 배우기 위해 교류활동을 강조하는 이유도 같은 맥락이다. 건전한 조직문화 형성을 통한 소속감의 증진, 공동문화의 교류 등을 목적으로 많은 노력이 있어왔던 바와 같이 타 기관에서 긍정적인 효과를 불러왔던 사례를 중심으로 조직문화의 형성을 추진하고 있다.

⑬조직문화가 해결된다면 기대할 수 있는 점

⑭해결방인의 자신의 견해

조직문화가 갈등으로 발전하는 점을 선제적으로 대응하면 소통의 증진을 통해 업무협조나 의견 교환의 건전한 조직문화를 형성하고, 이에 따라 소속감의 증진은 조직의 이탈을 막고, 스스로의 고유 업무에 대한 자존감, 긍정적 인식을 통해 건전한 조직문화로서 업무에 집중하는 분위기를 형성하는 점을 기대할 수 있다. 그리고 업무에 대한 만족도를 높이고, 나아가 더욱 발전할 수 있는 개인의 역량을 길러서 전문가의 집단화 문화로서의 문화형성도 함께 기대할 수 있다.

〈자유논술형식 기출문제 3〉

: 최근 증가하는 혼밥, 혼술(혼자 즐기는) 문화해석 문제

출제빈도	난이도	해석력	논제충실성	지식필요성
★★☆	★★★	★★★★	★★★★	★★★

아래 문제는 사회적인 이슈를 해석하는 문제이다. 문화, 사회 현상의 분석력과 해석력을 요구하는 문제는 2017년 이후부터 부쩍 늘었다. 사회현상을 정리해서 얼마나 논리적으로 설명할 수 있는지 평가하는 취지의 문제이다.

이와 같은 문제에서 높은 점수를 받기 위해서는 기본개념의 제시, 문화의 해석과 분석, 문화가 시사한 점, 직장문화로 해석하는 융합의 관점, 통일성과 논리성이 답안지에 작성되어야 한다. 주제는 포괄적이지만 답안지의 설명은 구체적이고 논리적이어야 높은 점수를 기대할 수 있다.

Q. 최근 '혼술'이란 단어, 그리고 '혼밥'이 유행이다. 남의 눈치를 보지 않고 혼자 밥을 먹는 뜻의 혼밥, 혼자 술을 즐기는 혼술 등의 문화를 즐기는 청년들이 증가하고 있다. 혼술, 혼밥 문화가 현대에 각광받는 원인을 분석하고, '혼밥(술)남녀' 문화로 인해 발생하는 긍정측면과 부정측면을 모두 제시하고 자신의 견해를 서술하시오. (1,500자 내외)

– 2018, 2019년 상반기 기출

무엇을	어떻게	
	문제에서 제시한 부분	문제를 작성하는 요령
혼술/혼밥 문화의 원인을	분석 긍정/부정측면을 밝히고 견해를 제시	① 전제의 오류를 조심해서 ② 논리적으로 ③문화를 해석하는 분석력에 집중해서

1. 문제의 분석

위에 제시된 문제는 주제에 대한 분석력, 분석에 따른 구성력, 그리고 구성을 했다면 문장으로 작성하는 능력을 포괄적으로 평가하기 위한 문제이다. 즉 분석/구성/통일성 등을 평가하는 문제이다.

이러한 문제는 사례만 제시하다가 중심(핵심)내용을 작성하지 못하거나 문제점의 해석이나 분석 없이 사회적인 문제를 서론에서 다루고 극복방안을 중심내용으로 구성해서 정작 문제에서 제시한 평가요소들을 충족하지 못한 답안사례가 나오기 쉽다.

2. 작성요령 : 문제의 전제에 빠지지 않도록 조심하자.

①**문제의 특징 해석** : 이 전제는 문제에서 전제한 내용이므로 따로 작성하지 않는다.

※ 이 문제에 대해서 전제에 대해 길게 설명하지 않고 첫 문장을 작성하는 사례
ⓐ 스스로의 기호에 맞는 음식을 즐기는 혼술/혼밥 문화가 유행하는 것은~
ⓑ 혼술/혼밥 문화가 유행하는 것은 개인적인 선호음식을 남에게 피해를 주지 않고 즐기는~
ⓒ 혼술, 혼밥의 문화의 정의 : 혼자 밥을 먹는 혼밥, 혼자 술을 즐기는 혼술 문화는~

②**반의어 활용하기** : 이 문화를 해석할 때, '남의 눈치를 보지 않고 혼자' 생겨난 단어로 밝히고 있다. 결국 '혼자'의 개념과 상반되는 반

의어는 협동, 단체 정도 일 것이다. 그러니 결국 이 문제는 개인의 문제인가, 단체 의식의 부재인가? 에 대해 작성해야한다.

③**해석력 강조** : 밥을 혼자 먹거나, 술을 즐기는 문화는 '혼자 남았다'의 개념과는 다르다. 개인적인 음식을 즐기는 스스로의 의지를 가지고 있다는 점을 전제로 능동적인 선택에 의해 나타난 문화임을 반드시 답안지에 구현해야 한다. 혼밥은 '남들이 모두 나만 빼고 먹고 즐기는 것'이 아니라, 청년 스스로 혼자 맛과 문화를 즐기는 것을 전제로 하고 있다. 결국 '스스로의 의지를 가지고 혼자 즐기는 먹는 문화'라는 점에 대해서 분석하고, 답안지를 작성해야 한다.

④**반대 개념 활용하기** : 그리고 반대의 개념도 생각해 볼 필요가 있다. 즉 현대사회 나 홀로 문화가 형성되면서, 더 이상 집단 문화를 지향하지 않는다는 점. 그리고 지금까지 유지되어오던 단체지향성, 단체우선의 개념에서 벗어나야만 논제에서 주어진 내용을 작성할 수 있다.

3. 내용의 설계

최근 '혼술'이란 단어, 그리고 '혼밥'이 유행이다. 즉 남의 눈치를 보지 않고 혼자 밥을 먹는 뜻의 혼밥, 혼자 술을 즐기는 혼술 등의 문화를 즐기는 청년들이 증가하고 있다. 혼술, 혼밥 문화가 현대에 각광받는 원인을 분석하고, '혼밥(술)남녀' 문화로 인해 발생하는 긍정측면과 부정측면을 모두 제시하고 자신의 견해를 서술하시오.

①혼술/혼밥의 문화가 증가하는 원인 분석

②혼술/혼밥 문화의 긍정적인 측면

③혼술/혼밥 문화의 부정적인 측면

④자신의 견해제시

이를 토대로 간단한 표를 구성해보면 다음과 같다.

4. 개요의 작성

	문제가 제시한 답안지에 작성할 내용		분석 소스	
서론	Ⓐ 혼술/혼밥 문화의 정의		남의 눈치를 보지 않고 혼자 즐기는 문화	
본론	Ⓑ 문화증가의 이유와 근거 원인을 분석하고)		협동, 단체 지향 문화에서 개인의 문화로의 변화	
	Ⓒ 문화적 해석	Ⓓ 긍정적 측면	Ⓕ 효율성/경제성/개인적인 문화를 존중하는 문화	
		Ⓔ 부정적 측면	Ⓖ 단체지양/단체문화 거부/개인적인 문화발달	
	견해작성하기		Ⓗ 긍정견해	Ⓘ 부정견해
			효율성이 높고 개인적인 문화를 등한시 했던 기존 문화에서 벗어나 개인의 취향과 성향을 존중하는 문화는 건전하다.	단체를 존중하지 않고 혼자 즐기는 문화는 사회적으로 지금까지 지향해오던 단체우선, 조직우선주의에서 개인문화로 발달하므로 타당하지 않다.
결론	앞선 내용의 요약 및 정리		Ⓙ 개인 존중 문화로 변화하는 불가피성을 강조	Ⓚ 조직문화(단체문화) 존중하는 중요성을 강조
			Ⓛ 개인존중문화/단체존중문화 공존의 필요성	

앞의 표에서 제시하는 내용(개요바탕)으로 답안지를 작성해보면
다음과 같다.

5. 답안의 작성

※ 본 내용의 답안은 개요의 답안지 적용사례에 대한 이해를 돕기 위해
각각 항목에 대해 표시를 하였습니다. 개요와 비교해서 작성하는 방식을
참고해서 연습에 활용해보시기 바랍니다.

**문제 : 최근 '혼술'이란 단어, 그리고 '혼밥'이 유행이다. 즉 남의 눈치
를 보지 않고 혼자 밥을 먹는 뜻의 혼밥, 혼자 술을 즐기는 혼술 등의 문
화를 즐기는 청년들이 증가하고 있다. 혼술, 혼밥 문화가 현대에 각광받
는 원인을 분석하고, '혼밥(술)남녀' 문화로 인해 발생하는 긍정측면과
부정측면을 모두 제시하고 자신의 견해를 서술하시오.** (1,500자 내외)

ⓐ 최근 유행어인 혼술, 혼밥 문화는 혼자 술을 즐기고 혼자 밥을
먹는다는 뜻의 신조어이다. 남의 눈치를 보지 않고 혼자 즐기는 문
화이다. 기존의 문화는 혼자 밥을 먹거나 혼자 술을 마시면 '타인의
인식이 중요하다', '타인이 볼 때 불쌍하게 보인다.' 등에 의해서 기
피해 왔다. ⓑ 그래서 혼자 술을 마시거나 밥을 먹게 되면 "불쌍해
보인다."는 인식이 지배적이었지만, 최근에는 남의 눈치를 보지 않
고 ⓒ 스스로의 기호를 즐기는 문화로 변화했다.

협동, 단체를 지향하는 집단을 지향하는 문화에서 개인의 문화로
변화하고 있다는 점이 문화 변동의 핵심이다. ⓔ 지나친 개인주의의

발달로 보는 견해도 있지만, 정작 혼술, 혼밥 문화를 즐기는 이들은 ⓓ 효율적인 문화를 즐기는 문화가 편하고, 다른 사람의 요구나 강요에 따르지 않아도 되는 자유로운 삶을 영위할 수 있어서 긍정적으로 평가하고 있다.

이러한 현상을 심리학에서는 인간의 보상행동의 관점으로 해석한다. ⓕ 개인의 업무, 스트레스, 과도한 과제 등의 환경에서 개인보상은 효율성이 높고 경제성이 뛰어나며 자신의 노력에 대한 건전한 보상행동으로 보는 것이다. ⓘ 성과와 성취감에 대해 구성원이 나누어서 보상해 주는 기존의 단체문화를 기피하고 ⓗ 개인적인 보상을 줌으로써 문화의 발달로 보는 것이다. 자신의 음주량과 선호하는 음식을 즐기는 과정을 통해 이러한 스트레스와 고단함을 위로받는 문화는 향후에도 발달하는 것은 건전한 사회의 현상이다.

물론 '인간은 사회적 존재다'는 전제로 보면 반대의 의견도 있을 수 있다. 업무는 사회화의 과정이며 ⓖ 단체문화를 존중하지 않고 혼자 즐기는 문화는 타당하지 않다고 보는 견해이다. 사회적으로 지금까지 지향하던 단체우선, 조직 우선주의에서 개인문화로의 이행은 타당하지 않다는 견해도 있겠지만, '개인의 고유한 문화와 자존감이 존중받아야 한다'는 전제에서 보면 다른 사람을 기다리지 않고, 선호음식을 윗사람에게 맞추어서 결정하지 않아도 되는 기호의 편리성, 그리고 이를 스스로 즐길 수 있는 혼술 혼밥 문화는 높은 효율성에 의해 타인에게 피해를 주지 않는다는 점에서 건전한 문화라고 할 수 있다. 지금까지 개인적인 문화를 등한시했던 기존 문화에서 벗어나 개인의 취향과 성향을 존중하는 문화는 건전하다는 관점이다.

　인터넷과 미디어, 정보기술의 발달에 의해서 집단지향성은 감소하고 개인적인 문화가 발달하는 것은 쉽게 찾을 수 있다. 문제에서 제시한 혼술, 혼밥 신조어도 있지만, 혼영(혼자 영화보기), 혼차(혼자 차 마시는 문화) 등의 단어도 네이버검색 빅 데이터 수치는 함께 증가했다. ⓙ 그래서 '혼자 즐기는 문화'는 문화발전으로 보는 것이 타당하다. 따라서 이러한 문화의 발전에 대해서 오히려 ⓚ 조직문화(단체문화)로의 회귀하는 중요성을 강조하고 강요하는 것은 개인의 고유권한을 침해하는 것으로 볼 수 있다. 오히려 이러한 ⓛ 문화의 변화에 대해서 개인을 존중하되, 기존의 단체 지향의 문화 공유가 공존(共存)하려면 개인문화와 단체문화가 모두 존중받아야 한다. (1,496자)

〈자유논술형식 기출문제 4. 사회이슈〉

: 출제빈도 높은 고령화 사회의 파생 문제

출제빈도	난이도	해석력	논제충실성	지식필요성
★★★	★★★★	★★★☆	★★★☆	★★★☆

아래의 문제는 불가피한 사회현상인 고령화의 개념에서 파생되는 교육(대학)의 문제점을 분석하고, 이에 대한 대안을 논리적으로 제시할 수 있는지에 대해 평가하고자 만들어진 문제이다. 따라서 문제분석이 타당한가, 그리고 이에 대한 대안을 제시하는 방식이 논리적인가에 대한 개요와 답안지의 구현여부에 의해서 높은 점수를 기대할 수 있는 기준이다.

Q. 대학교육이 최근(향후) 고령화 사회 현상에 의해서 나타날 수 있는 사회문제를 분석하고, 대학의 교육을 활성화 시킬 수 있는 방안에 대한 자신의 의견을 제시하시오. (1,500자 내외)

– 2018, 2019년 상반기 기출

무엇을	어떻게	
	문제에서 제시한 내용	작성 요령
대학교육이 고령화 사회 사회문제를	분석하고 활성화 방안을 제시	① 대안을 꼼꼼하게 ② 내용은 논리적으로 ③ 개요를 구체적으로

1. 문제의 분석

앞의 제시문에서 답안지에 요구하는 점(개요와 내용)은 다음과 같다.

①고령화에 의해 나타나는 사회문제의 분석

②사회 고령화에 의해 일어날 수 있는 대학의 문제와 사례

③이에 대한 자신의 의견(대안제시)

위의 요소가 충실하게 답안지에 구현돼야 한다. 이를 토대로 간단한 개요를 작성해보면 다음과 같다.

2. 개요의 작성

위의 문제는 추상적인 문제가 아니다. 고령화 사회와 대학교육이란 단어의 사이에 비약이 존재하기 때문에 두 개의 단어만으로 내용을 구현하면 논리적인 비약이 크다. 따라서 문제에서 제시한 고령화와 대학 교육이라는 두 개의 단어를 연결해 줄 요소가 필요하다.

> 고령화 사회−출산율감소−학생 수의 감소−교육인프라 축소 불가피−효율적인 운영방법−교육시스템의 다채로운 접근 방식 필요성 강조−대안제시

따라서 고령화 사회와 대학교육을 이어주고, 그 이후의 내용의 당위성을 위해서 위와 같은 관련 개념을 나열해서 두 단어의 거리를 좁혔다.

문제에서 제시된 문제를 개요로 옮겨서 항목을 만들고, 그에 하위항목을 정리해서 간단한 표를 만들어보면 다음의 표와 같은 개요를 완성한다.

구성	사회문제	작성내용		
서론	Ⓐ고령화 사회의 불가피한 문제	Ⓐ-1. 고령화 사회에 의한 교육 기반의 연쇄현상, Ⓐ-2. 대학의 문제를 해결하는 것이 사회문제와 결부된 문제 해결임을 강조함. Ⓐ-3. 대학의 대외(지역사회, 지역기업, 전문성강화) 전문성 필요함		
본론	Ⓑ고령화 사회 대학이 직면한 문제	학생유치어려움		
	Ⓒ실제 대학교육이 극복해야 하는 문제	취업 난, 무인 시스템 등의 다양한 문제		사회문제해결
	Ⓓ사회문제와 결부된 대학(교육)문제	학생 수의 미달, 학교 무인도화, 직원 수 초과 현상, 취업난 심화		취업난/일자리해결
		Ⓔ대학 특성을 살린 통폐합	실무자들의 동의가 어려움	전문성함양
		Ⓕ특성화로 장점 살린 학생유치전략	장기계획(비용과 시간의 문제)	특성화, 전문화 강화
		Ⓖ교육서비스전문화/역량증가		창업, 취업 강화
		Ⓗ온라인강화 및 활성화		4차 혁명, 융합
		Ⓘ대학 간 교육 협조, 네트워크 구축		융합기술발전
		Ⓙ전문교육의 심화	전문 인력 수급이 어려움	기초 학문 활성화
		Ⓚ지역사회와의 협의 및 협조		취업난해결 및 전문화준비과정

| 결론 | ⓛ 대학은 이와 같이 단기 전략과 장기 전략을 적극적으로 활용해서 더 높은 수준의 전문화, 특성화 과정을 통한 대학교육의 차별화로 노력해야 한다. | Ⓜ대학본연(전문성함양)의 연구와 인재양성 강조 |
| | | Ⓝ교육이 사회문제와 다르지 않음 |

3. 서론-본론-결론의 개요에 맞게 답안작성

대학교육이 최근(향후) 고령화 사회 현상에 의해서 나타날 수 있는 사회문제를 분석하고, 대학의 교육을 활성화 시킬 수 있는 방안에 대한 자신의 의견을 제시하시오. (1,500자 내외)

※ 본 내용의 답안은 개요의 답안지 적용사례에 대한 이해를 돕기 위해 각각 항목에 대해 표시를 하였습니다. 개요와 비교해서 작성하는 방식을 참고해서 연습에 활용해보시기 바랍니다.

Ⓐ 고령화의 문제는 다양한 사회문제를 파생한다. Ⓐ-1. 그 중 대학의 교육과 관련해서 1차적인 문제는 평균 나이 증가(인구의 노령화)에 의한 저 출산 현상에 따른 교육대상(학생)의 감소이다. Ⓐ-2. 교육이 가장 중요시 되는 Ⓐ-3. 사회의 산업기반, 인프라는 축소되고 학교 또한 학생유치에 어려움을 겪으면서 전반적인 사회문제로 이어질 수 있다.

문제점을 살펴보면 Ⓑ 첫째, 학생유치의 어려움이다. 학생의 수가 줄어들면서 선호하는 대학을 제외한 대학은 미달사태가 일어날 수 있고, Ⓒ 정원이 부족한 학교는 예산과 운영이 어려워지면서 Ⓔ 통폐합 및 폐교의 상황까지 이어질 수 있다.

둘째, 취업난(실업자)의 문제도 나타난다. 대학은 활발하고 효율적인 학생유치와 ⓖ 전문성을 길러주는 교육 본연의 목적을 가진 기관이다. 사회 전반에 나타나는 현상을 근본적으로 해결하는 역할을 담당하고 있으며, 대학의 무인도화 현상을 막기 위해서 가장 효율적인 운영방식을 따라야 하는 실정이다.

셋째, 학생유치가 어려운 환경에서는 저비용 체제를 유지하고 높은 효율성을 추구할 것이기 때문에 대학과 지역사회 전반의 경제에 타격을 입는 현상이 일어날 수 있다. 따라서 이러한 문제점을 해결하기 위해서는 대학교육의 본연의 업무인 ⓖ 전문성과 능력을 키우는 역할과 동시에 ⓓ 사회전반적인 문제를 해결하기 위한 다양한 대안을 적용해야 할 것이다.

대학교육이 이 문제를 해결하기 위해서는 ⓕ 적극적인 장점(특성화)을 살린 효율적인 대학 간의 소통과 대화를 통한 통폐합이 우선적으로 논의되어야 한다. 물리적으로 인구수를 조정하지 못한다면 학생의 수는 감소가 불가피한 상황에서 기존의 대학 정원은 많은 폐교현상으로 이어질 것이므로 대학의 ⓙ 장점과 장점을 살려서 전문성을 높이는 방안으로 논의되어야 할 것이다.

또 교육서비스 또한 전문화된 인력을 제공하고, 취업과 창업, 그리고 문화 산업 전반에 실무자로서의 실력을 키우기 위한 ⓖ 역량을 대학 스스로도 증가 및 강화해야 한다. 또 한국사회는 ⓗ 인터넷과 네트워크를 기반으로 기술발달 수준이 높기 때문에 이에 대한 ⓗ 4

차 산업과 관련한 온라인 교육과 스마트 교육 및 평가 등을 적극적으로 활용해야 한다.

그리고 대학 간의 물리적, 지역적인 경계를 완화해서 ⑪ 교육서비스를 공유하는 네트워크를 확장시키고, 이를 활용해서 ⑪ 대학 서로의 장단점을 강화 혹은 보완할 수 있는 융합기술의 발전을 목표로 전문교육의 경계를 낮추고, 서로 협력하는 논의를 진행해야 한다.

대학 교육의 목적은 전문교육의 심화에 의한 전문인 양성이다. 대학은 본연의 목적인 기초학문을 강화하고 이에 따른 과정에서의 소통과 협의를 통해 효율적인 네트워크, 인프라를 활용하는 체제를 만들어야 4차 산업과 학생 수의 감소현상 문제점을 극복할 수 있다. 또한 ⓚ 지역사회, 기업과 협의해서 취업난을 해결하는 정책도 필요하다. 교육산업은 비단 학교에 국한된 문제가 아니기 때문이다.

고령화 시대에 대학 교육이 활성화되기 위해서는 ⓛ 단기 전략과 장기적인 전략을 활용할 수 있어야 한다. ⓜ 대학의 본연임무인 연구, 전문성을 키우는 데 힘쓰는 동시에 자생력과 경쟁력을 동시에 갖추어야만 ⓝ 고령화시대의 교육인구 감소현상에 대한 철저한 대비와 준비가 이루어질 수 있다. (1,535자)

〈자유논술형식 기출문제 5. 사회이슈문제〉
: 정규직화 현상에 따른 조직문화문제

출제빈도	난이도	해석력	논제충실성	지식필요성
★★★★	★★☆	★★★☆	★★★★	★☆

다음 문제는 자유서술에 유리한 문제이다. 짧은 제시문이 있음에도 제시문 활용형으로 구분하지 않았다. 제시문을 활용할 필요가 없기 때문이다. 이 제시문을 토대로 쓰는 것이 아니라 사실은 비정규직의 정규직화 현상과 조직문화를 해석하는 문제다. 다른 기사문이나 보도 자료를 활용할 가능성도 높다. 제시문이 바뀌어도 개요가 변화하지 않는 전형적인 유형의 문제이다.

다음의 제시문을 참고해서 문제에 답하시오.

최근 SK브로드밴드(주)는 위탁협력업체 5,200여 명을 자회사의 정규직으로 직접 채용한다고 밝혔다. 또한 공기업인 인천국제공항도 5월 12일 하도급업체 직원 1만 여명을 정규직으로 직접 고용한다고 밝힌 상태이다. 한편, 여성 직원 239명 중 정규직이 38명에 불과한 ㈜무학 역시 직접 고용한 비정규직 여성 직원들을 조만간 정규직으로 전환할 계획을 발표함으로서 우리사회 전반에 비정규직의 정규직화 분위기가 확산되고 있다.

Q. : 비정규직의 정규직화에 따른 장, 단점을 분석하고, 해결방안에 대해 논술하시오. (1,500자)

– 2016년 기출 조직문화 관련 유사문제(2017, 2019) 다수 출제 활용빈도 높은 문제

무엇을	어떻게	
	문제에서 제시한 내용	작성 요령
비정규직의 정규직화의	장단점을 분석하고 조직문화, 갈등의 해결 방안을 제시	① 짧은 제시문을 길게 쓰는 방식을 ② 제시문을 제외하고 많은 단어 를 활용

1. 문제 분석

답안지에 작성해야 할 문제의 내용을 살펴보자.

①비정규직의 정규직화에 대한 개념 제시

②정규직화 활성화의 장점

③정규직화 진행시의 우려할 수 있는 단점

④해결방안(대안)제시

2. 문제구성 및 개요 표 작성

서론	⒜ 정규직화의 논란 개념 제시	
본론 1, 2 장점 단점 제시	단점	장점
	⒝ 조직문화갈등	ⓐ 조직문화 이해도 높아서 융합수월
	⒞ 형평성논란에 의한 갈등	ⓑ 공익성 추구하는 참여도
	⒟ 보편적 정규직화 문화 반대 입장 존재	ⓒ 소속감 증진
	⒠ 기존세대의 불만	ⓓ 참여도 증진
	⒡ 회전문효과	ⓔ 동기부여 증진
	⒢ 신규직원과 기존직원의 갈등	ⓕ 조직의 충실도 증가
본론3 해결 방안	해결방안	
	⒣ 교육적 접근 : 정규직화 문화, 긍정효과, 소속감과 유대감 증진, 공 동체 증진교육시행	
	⒤ 제도적 접근 : 간담회, 대화네트워크, 물리적 시간 투자	
결론	⒥ 협의/소통/긍정효과에 대한 공익성 강조	

3. 답안의 작성예시

비정규직의 정규직화에 따른 장, 단점을 분석하고, 해결방안에 대해 논술하시오. (1,500자 내외)

※ 본 내용의 답안은 개요의 답안지 적용사례에 대한 이해를 돕기 위해 각각 항목에 대해 표시를 하였습니다. 개요와 비교해서 작성하는 방식을 참고해서 연습에 활용해보시기 바랍니다.

Ⓐ 기간과 고용의 지속성을 보장을 받지 못하는 비정규직에서 기간을 정하지 않고 고용이 보장되는 고용의 형태로 전환되는 것이 비정규직의 정규직화 전환이다. 따라서 정규직화는 조직에 대한 소속감과 직무에 대한 책임감, 동기부여가 높아지는 반면 Ⓑ 기존의 정규직과의 갈등이나 형평성에 대한 논란이 존재한다.

ⓐ 비정규직 고용 형태에서 정규직으로 전환될 때의 장점은 조직문화를 잘 이해하는 구성원으로서 근무형태를 유지해서 조직문화에 융합되는 점이 있고, ⓑ 조직문화를 잘 이해하는 만큼 참여도가 높다는 점이다. 또한 근무형태를 정규직화로 전환하면서 ⓒ 소속감이 높아지고 ⓓ 참여도가 높아지는 효과와 ⓔ 동기부여에 의한 조직에 ⓕ 충실도도 상승하는 효과를 기대할 수 있다.

다만 단점으로 우려되는 점은 Ⓒ 조직문화의 갈등 가능성이다. Ⓓ 기존직원들이 비정규직의 정규직화에 대해 기존 직원의 신뢰도가 높지 않거나, Ⓔ 시험을 정규직과 다른 형태로 고용된 사람들이 대우가 좋아진다는 점에 대해 합당하지 않다는 형평성의 논란이 있을 수 있다. ⓖ 구성원으로서 인정하지 않을 경우, 대화를 기피하거나 소통의 부재등과 같은 형태로 갈등이 나타날 수 있다. 그래서 정규직화의 확대를 반대하는 입장도 존재한다. 기존세대의 불만과 조직의 구성과 체계를 이해하고 있는 자만이 조직의 구성원으로 인정(편성)할 수 있다는 것을 흔히 ⓕ 회전문 인식이라고 한다. 따라서 신규직원과 기존 직원의 갈등이 두드러지지 않도록 서로 소통하고 이해하는 공존 문화 형성이 필요하다.

이를 해결하기 위해서는 신규직원과 기존직원의 갈등을 방지하기 위해서 체계적인 접근과 ⓗ 교육적인 접근이 양립되어야 한다. 정규직화를 불가피한 사회 현상으로 받아들어야 한다는 점. 그리고 조직에 구성원이 이해도가 높을 때 더 효과적이었다는 통계와 사례의 교육, 소속감과 유대감을 증진하면 조직의 본연의 업무를 충실하게 이행할 수 있다는 긍정적인 기대감과 긍정효과를 강조하는 교육을 시행하는 교육적인 측면으로 접근이 필요하다.

또한 ⓘ 기존과 신규(전환직) 직원이 소통을 원활하게 할 수 있도록 정기적인 간담회나 교육 제도를 제도적으로 운영하고, 대화 네트워크(플랫폼)을 운영해서 소속팀간의 공동 대화의 장을 만드는 방법도 운용할 수 있다. 결국 ⓗ 물리적인 시간을 투자해서 조직문화의 이해도 증진, 기대감 효과 등을 목적으로 하는 체제의 측면도 활용할 수 있어야 한다.

협의와 소통을 통한 긍정효과는 직원간의 갈등을 감소시키고, 본연의 업무에 대한 목표의식을 높이며 동시에 공익을 위한 목표지향에 대한 문화 형성을 바탕으로 직원이 합심하여 정진할 수 있도록 상호간의 노력이 필요하다. 조직의 문화란 관계를 지향하는 성격이 아니다.

기관(조직)에는 명백한 목적이 있고, ⓙ 실적과 조직의 존재에 필요한 명분, 당위성이 필요하다. 따라서 이러한 원칙에 의해 운영되는 조직의 가치에 부합하기 위해서는 건강한 조직문화가 필요하고, 공익을 위한 당위성을 확보하는 노력이 무엇보다 중요하다. 따라서 비정규직의 정규직화가 불가피하고 인정해야하는 문화이며, 정규직화에 의해 조직원이 된 구성원을 배려하고 존중하는 문화가 필요하다.

(1,518자)

〈자유논술형식 기출문제 6〉
제품결함과 대응의 평가, 문제점 분석, 사례를 통한 의견 피력 형

출제빈도 (유사유형 포함 시)	난이도	해석력	논제충실성	지식필요성
★★★☆	★★★☆	★★★☆	★★☆	★★★☆

이 문제는 유사문제만 본다면 출제빈도가 매우 높은 전형적인 사례분석과 의견 제시형 문제로 내용이 시사한 점과 견해의 논리성을 강조하는 문제이다. 구체적 사례를 제시하고 이에 대해 사회 현상을 해석하는 방식을 통해 얼마나 논리적으로 사례를 설명하고 있는지, 이에 대한 내용을 효과적으로 구성하고 있는지, 이를 토대로 얼마나 논리적인 답안지를 구현하는지에 대해서 평가하는 문제이다.

만일 문제에서 보편적인 사례가 출제되는 경우 이에 대한 사례를 구구절절(句句節節)요약하려 하면 안 된다. 문제가 요구하는 취지에 맞지 않다. 오히려 사례가 시사 한 바는 무엇이고, 어떻게 해석할 수 있는지에 대해서 서술해야 한다. 문제를 출제하는 배경에는 추론을 통해서 논리적인 해석력을 평가하고자 하는 취지가 전제되어있는 문제이다. 즉 시사한 바와 사회현상(사례)의 해석을 위해서 개요의 형태 또한 상세개요가 필요할 것이다.

Q. 제품의 기계적 결함에 대한 기업의 대처방식에 대해 분석 평가하고, 기업의 사회적 책임에 대한 자신의 견해를 논술하시오. (1,500자)

– 2016, 2017년 유사 기출

무엇을	어떻게	
	문제에서 제시	작성 요령
제품의 기계적인 결함에 대해 기업의 대처방식을	분석 및 평가하고 사회적 책임에 대한 견해를	①사례 분석, 시사한 점 제시 ②사회현상 해석 ③논리와 구성/상세개요 짜기
유의할 점	지나친 비판 형 답안지로 작성하지 않도록 주의	

1. 문제의 분석

문제에서 답안지에 요구하는 점을 살펴보면 다음과 같다.

① 기계적 결함에 대한 사례	기계적결함의 사례
② 그에 대한 대처방식에 대해 서술	대처방식에 대한 사례 제시 + 사례 평가 + 사회적 책임 (각각의 사례—평가—시사점을 종합하거나, 각각 작성)
③ 이에 대한 평가 제시	
④ 기업의 사회적 책임(공통점)에 대한 서술	
⑤ 자신의 견해	평가 및 견해제시

2. 개요의 작성

항목	제품 사례	대처방식	평가(개별)	평가 (공통)
서론	Ⓐ 대전제(대원칙) : 제품에 결함은 나타날 수 있다. Ⓑ 보편적 전제 제시 : 제품의 결함에 대한 대응방식은 신뢰도, 투명성의 회복이 전제되어야 한다.			

기계결함의 사례	© 삼성 갤럭시 노트7	리콜과 교환	기계결함발견 후 포괄적 대응에는 성공/그러나 근원적인 기술에 대한 원인규명과 책임에는 아쉬움	기업의 신뢰성과 이미지 개선을 위한 선제적 대응의 취지는 좋았으나, 소비자(국민)의 신뢰성 향상에는 큰 영향은 다소 부족했음
		선제적 대응했으나, 미비한 처리		
		교체/충전율 조정 소비자에게 당부		
		차기제품 앞당겨 출시 및 교환서비스		
		교환 처리했으나 선제대응이 미비했음		
	⑩ 자동차 급발진 사고 및 엔진 결함	운전자 미숙(과실) 책임전가	리콜 및 전국정비소가동은 잘 했으나, 정비후의 평가는 다소 아쉬움. 근원적인 제품교체는 비용과 부담측면이 높아서 소비자의 부담	
		무상 정비/엔진교체 등의 대응		
		결함증명의 책임이 소비자에 있음		
	⑥ 방사능 폐기물의 유출 사건	물리적 방호 및 관리부실 고위험군 물질에 대한 보안강화	이 사건이후 국가적인 신뢰도가 하향되어서 물리적 방호, 방문단속 및 수거 및 폐기의 절차를 늘리고 지역사회 간담회, 대화 등을 증가시킴.	
⑥평가에 대한 총평 (단점)	대부분의 기업이 대처를 진행했으나, 소비자, 수혜자의 기준으로 사회적 책임을 충실하게 진행했다는 인식은 주지 못함에 아쉬움이 있음. 따라서 초기대응에 다소 미온적이었다. 안일했다 등의 평가가 많았다. 신뢰도 하락은 치명적이었으나, 이에 대해 각각의 대응방식은 적극적이었음.			
⑥총평 (장점)	그럼에도 불구하고 대응방식이 매우 적극적이었던 부분은 비행기 내 발화가능성, 급발진으로 인한 인사사고의 가능성, 물리적 방호에 의한 국민우려 등의 영역에서는 그 이전의 대응방식과 다르게 눈에 띄게 적극적이었다는 점은 매우 고무적이었음. 따라서 인사사고의 영역에는 사회 전반적으로 적극적으로 대응한 점이 이 사건들에 대한 시사점이었음.			

⒣결론 (견해)	1. 기업(조직, 기관)은 결함(오류, 실수, 유출)에 대한 신뢰도가 있어야 한다. 2. 비용의 문제보다 인사사고의 영역은 비용의 영역을 뛰어넘어서 적극적으로 대응해야 한다. 3. 대응방식(대안)에 대한 대처를 투명성 있게 진행해야 이미지와 신뢰도를 회복할 수 있다.

3. 답안의 작성 : 위의 내용을 토대로 완성된 1500자의 논술문을 작성해보자.

제품의 기계적 결함에 대한 기업의 대처방식에 대해 분석 평가하고, 기업의 사회적 책임에 대한 자신의 견해를 논술하시오. (1,500자)

※ 본 내용의 답안은 개요의 답안지 적용사례에 대한 이해를 돕기 위해 각각 항목에 대해 표시를 하였습니다. 개요와 비교해서 작성하는 방식을 참고해서 연습에 활용해보시기 바랍니다.

Ⓐ 어떤 제품도 결함은 존재하며, 그 결함이 다양한 형태로 나타날 수 있다. 하지만 인명피해나 인사사고의 영역은 반드시 피해야한다. 이것이 기업의 사회적 책임이다. Ⓑ 개인물품이 스스로를 다치게 하거나 타인에게 피해를 주어선 안 되며, 이에 대한 대응방식이 기업의 신뢰도에 직접 연관된 중요한 문제이므로 기업은 사회적 책임에 대해 적극적으로 대응해야 한다.

Ⓒ 최근 제품의 신뢰도가 높았던 휴대폰 노트7의 결함은 배터리의 불안정한 현상으로 나타났다. 기업은 이에 대해 리콜과 제품교환 등으로 선제적인 대응에 나섰지만 초기 배터리 결함의 근본적인 해결

이 이루어지지 않아서 미온적인 대응이었다는 의견이 있었다. 교체와 충전율 조정(80%이하로 완충권장)을 소비자에게 권고했고, 비교적 이른 시기에 서비스 방문과 문자공지, 적극적인 대응에 나섰다. 하지만 결국 기술적 결함은 해결되지 않았고 신제품 출시 일정을 앞당기고 대체 제품으로 교환하는 방식을 취했다. 이에 대해 대응시기와 취지는 좋았으나, 만족도는 상대적으로 부족했다는 평가였다.

또한 ⓓ 자동차의 급발진 현상과 엔진 결함으로 인한 사례도 있었다. 운전(사용)자의 미숙으로 볼 것인지, 제품의 결함인지에 대한 논란이 있었고, 이에 대해 무상정비와 엔진 교체 등의 방식으로 대응했으나 결함을 증명하는 의무는 소비자에게 달렸다는 점은 아쉬웠다. 또 리콜 및 전국 정비소를 적극적으로 운영해서 이에 적극적으로 대응을 했으나 정비에 대한 만족도는 상대적인 아쉬움의 평가가 많았다. 결국 휴대폰과 자동차 제품 모두 적극적인 대응에 비해 제품 결함의 근원적인 해결이 이루어지지 않았다는 평가가 많았다.

하지만 이러한 결함 사례는 공공기업 분야에서도 있었다. ⓔ 방사능 폐기물의 유출로 인한 신뢰도 저하의 현상도 있었는데, 이는 고위험군 물질에 대한 물리적인 방호체계와 보안 시스템의 결함이므로 유출사건에 의해서 국가의 신뢰도가 감소했다. 재발을 방지하기 위해서 물리직인 방호체제의 강화, 경비체제 강화, 단속 및 수거의 절차를 강화했고, 이에 대해 지역사회와 소통하고 공유하는 대화를 늘리는 계기가 되었다. 이는 기업의 신뢰성과 이미지개선을 위해 기업과 공기업의 구별 없이 선제적으로 대응한다는 취지는 있으나,

소비자(국민)의 신뢰성의 향상에 이르기에는 다소 부족했다는 평가가 지배적이다.

Ⓕ 대부분의 기업은 결함과 누락에 대해 적극적으로 대처했으나, 소비자의 기준에서 사회적 책임을 충실했다는 결론에 이르지는 못했다. 그리고 초기대응에 미온적이었기 때문에 신뢰도가 하락한 점을 볼 수 있다. 물론 Ⓖ 장점도 존재했다. 대응 과정에서 적극적이었다는 점. 비행기내의 발화, 급발진으로 인한 인사사고의 가능성과 물리적인 고위험군 물질의 보호 등의 사례는 지역사회에 인명 피해 등으로 이어질 수 있었기 때문에 인사사고와 연결된 부분은 적극적으로 대응했다는 점. 그리고 인사사고의 영역은 피해야한다는 점에서 소비자와 기업 모두 공감하고 있다는 사실을 알 수 있다.

Ⓗ 사례를 통해서 기업이 결함에 대한 발견과 선제 대응에 있어서만큼은 신뢰도가 높아야 한다는 의무를 자각한 점. 그리고 비용의 문제보다는 인사사고의 영역은 절대 피해야 한다는 점. 그리고 인사사고의 영역만큼은 무엇보다 적극적으로 대응하고 비용의 측면을 떠나 해결해야한다고 공감한 점. 대응방식에 대한 대처 과정은 신뢰도와 직결되어 있기 때문에 투명성 있게 진행해야 한다는 점이 이 사건들을 통해서 배운 시사점이며, 이에 대한 향후 방지를 위해서는 소비자와 공급자(사업자, 기업)모두 동의하고 노력해야 할 것이다.

(1,604자)

〈자유논술형식 기출문제 7〉

과정중심 결과중심 "알이 먼저냐 닭이 먼저냐"

정답이 없는 분석 형 문제로 상세개요 작성 방법을 연습해보자.

출제빈도	난이도	해석력	논제충실성	지식필요성
★★★	★★★★	★★★★☆	★	★★★★☆

이 문제는 항목이 많은 다항의 분석 문제이다. 작성 항목이 많은 경우 단기기억력이 뛰어난 경우를 제외하면 개요가 필수이다. 문제만 읽었을 때 간단하게 보이지만, 사실상 문제에서 제시하는 내용을 풀어서 살펴보면 답안지 구현이 많은 항목을 포괄적으로 다루고 있어서 자칫 분석적인 구분과 내용 구성이 두루뭉술한 형태로 작성하면 탈락자를 다수 양산하는 전형적인 다항 분석 형 문제이다.

따라서 이러한 문제를 해결하기 위해서는 글자 수의 제한을 기반으로 구성을 할 때 글자 수를 맞추기 위한 세부개요가 반드시 필요하고, 나열식 서술과 문장 길이 조정이 모두 필요한 문제이다. 쉽게 말해 문제는 쉬워 보이지만 실제 작성 시에는 다양한 능력을 평가할수 있는 문제이므로, 이 문제의 풀이과정을 통해서 상세개요와 분석개요를 어떻게 작성하고, 답안에는 어떻게 구현되는지에 대해 면밀하게 살펴볼 필요가 있다.

> Q. 업무에 있어서 과정중심평가와 결과중심평가 요소의 장단점을 각각 서술하고, 이 분야의 평가 관점에 대한 대안을 제시하고, 타당성을 바탕으로 서술하시오. (1,500자 내외)
>
> − 2016, 2017, 2018년 기출

무엇을		어떻게	
		문제에서 제시한 내용	작성 요령
과정중심 평가와 결과중심 평가의	장단점을	각각 서술하고 평가관점에 대한 대안제시 타당성 있게	①다항을 필요로 하는 문제 ②개요는 필수이다 ③글자 수에 조심해서 ④작성할 때 어려운 점을 숙지하고

1. 문제의 분석

이 문제를 토대로 답안지에 작성해야 하는 내용을 살펴보면 다음과 같다.

①업무의 평가를 기준으로, 과정 중심평가의 장/단점을 서술할 것.

②업무의 평가를 기준으로, 결과 중심평가에 대한 장/단점을 서술할 것.

③평가자로서의 관점으로 적절한 평가의 대안 및 기준을 제시하되, 논리적인 타당성을 바탕으로 서술할 것.

이 세 가지 항목에 대한 개요를 설계한 후, 이에 대해 꼼꼼하게 작성할 것을 요구하는 문제이다. 따라서 다음과 같은 항목으로 상세개요를 작성할 수 있어야 한다.

항목	과정중심평가		결과중심평가	
	장점	단점	장점	단점
1	충실성 평가가능	결과(실적) 누락가능성	실적보상가능	지나친 보상 심리
2	참여도 평가용이	평가항목의 강한 구속성	보상심리증가	성실성 〈 실적 중시
3	성실성 평가가능	실적의 형평성 낮음	적극적인 태도	조직 내 계급발생
4	소속감 증대	보상심리의 증가	업무의 효율성	경쟁과도
5	사회성(업무) 우선 성향	실적지향구성원과 갈등가능성	보상의 합리성	실적우선으로
6	개인 〈 조직		탄력적 근무 선호	과도한 적극성
7	주인의식의 과정평가	실적구성원 불만증가	확장근무태도 증가	개인문화발달
8	포괄적 평가 가능		자기 주도적 성향 증가	융합과제 무시가능성
9		실적구성원 불만갈등	참여도 증가	
총론	성실한 직원 선호		자기 주도적 업무강화	지나친 경쟁

※ 위의 내용을 종합적으로 고려해보면, 답안지 작성의 본론 부분에 대한 기본적인 소스가 충분한 항목이 정리되었다. 따라서 위의 총론항목이 위의 내용을 정리한 최 상위어이므로, 서론에 이에 대한 내용으로 종합서술이 가능해졌다. 그럼 본론3을 구성해보고 대안 제시에 대한 내용을 첨가하면 전체 내용에 대한 상세개요를 완성할 수 있다.

2. 기본개요를 활용한 완성형 개요의 설계

서론	과정중심 평가는 성실한 직원을 선호하고 포괄적 평기의 장점 반면, 실적구성원과의 불만, 갈등이 우려되는 단점이 존재		결과중심 평가는 자기주도적인 업무 참여 태도의 강화를 기대할 수 있으나, 반면 결과중심에 편중되어 지나친 경쟁을 조직 내에서 유발한다는 단점이 존재	
본론	본론 1. 과정중심평가		본론 2. 결과중심평가	
	장점	단점	장점	단점
1	충실성 평가가능	결과(실적) 누락가능성	실적보상가능	지나친 보상심리
2	참여도 평가용이	평가항목의 강한 구속성	보상심리증가	성실성(실적 중시
3	성실성 평가가능	실적의 형평성 낮음	적극적인 태도	조직 내 계급 발생
4	소속감 증대	보상심리의 증가	업무의 효율성	경쟁과도
5	사회성(업무) 우선 성향	실적지향구성원 과 갈등가능성	보상의 합리성	실적우선으로 과도한 적극성
6	개인<조직		탄력적 근무 선호	
7	주인의식의 과정평가	실적구성원 불만증가	확장근무태도 증가	개인문화발달
8	포괄적 평가 가능		자기 주도적 성향 증가	융합과제 무시가능성
9			참여도 증가	
본론 3 (대안)	적절한 업무성격에 따른 비율조정과 평가체계를 투명성과 신뢰성을 높여 조율할 수 있다. (각 항목의 장점을 부각)			
	최소 참여도와 성실성(평가지표) 신뢰도 높은 과정평가 프로그램 구축. 단체(협력) 업무 가치 평가요소 체계적 수립		보상 시스템 체계 구축 자기 주도적 업무/효율에 따른 보상 체계 마련. 실적(취지와 결과)보상 비율을 높게 조정	
	과정과 결과 모두 평가 항목에 대해서 완성도, 신뢰도 높은 가산 보상 체계를 운영해야 한다.			

3. 답안의 작성

업무에 있어서 과정중심평가와 결과중심평가 요소의 장단점을 각각 서술하고, 이 분야의 평가 관점에 대한 대안을 제시하고, 타당성을 바탕으로 서술하시오. (1,500자 내외)

과정중심과 결과중심의의 평가 타당성에 대한 논란은 언제나 존재했다. 과정중심 평가의 취지는 성실한 직원을 선호하고 포괄적 평가가 가능하다는 장점이 있는 반면, 실적이 높은 구성원과의 불만과 갈등이 우려되는 단점이 존재한다. 반면 결과중심의 평가는 높은 동기부여에 대해서 자기주도적인 업무참여 태도의 강화를 기대할 수 있으나, 결과(실적)지향 태도는 지나친 경쟁을 조직 내에서 유발한다는 단점이 존재한다.

과정을 중심으로 평가가 진행되면 직원의 충실성, 참여도, 성실성 등의 태도를 기반으로 한 평가이므로 성실성이 평가의 우선순위가 된다. 따라서 참여도가 높고, 성실함이 뛰어난 직원이 높은 평가를 받으며 조직에 대한 소속감이 높고, 사회성을 지향하는 직원을 높게 평가하는 것이다. 결국 개인보다는 조직(기업)의 목표를 우선순위로 참여도와 충실성이 높은 인재이다. 반면 노력에 상응하는 결과(실적)가 상대적으로 저평가 될 수 있고, 평가항목이 구속성이 높다는 점. 실적의 평가에 대한 형평성이 낮은 측면도 있다. 따라서 직원은 실적에 대한 보상심리의 증가, 실적지향의 구성원과 갈등, 실적이 높은 구성원의 불만이 증가할 수 있다.

반면, 결과중심의 평가는 실적에 대한 보상이 목적이기 때문에 주로 영업직이나 대면업무를 보는 구성원에게 유리하다. 보상심리에 따라 적극적인 태도를 지향하며, 업무를 효율적으로 수행하기 때문에 합리적인 보상이 가능하고, 탄력적인 근무를 선호한다.

목적우선의 근무태도는 필연적으로 확장근무나 자기주도적인 업무 태도, 그리고 참여도가 증가할 것이다. 반면 단점으로는 지나친 보상심리 때문에 조직 내에서 계급이 형성되는 점. 성실성보다 실적을 중시하는 점. 경쟁이 과열되는 점. 개인문화의 발달과 협력과제(업무)의 참여도는 상대적으로 감소하는 점이 단점이다.

이러한 두 관점의 조정과 협의를 위해서는 반드시 적절한 업무성격(영업, 홍보, 사무, 현장 등)에 따른 업무성격상 형평성이 높은 비율 조정이 필요하다. 평가 체계를 개선해서 투명성과 신뢰성을 높이는 조율도 필요할 것이다. 과정중심 평가 요소를 강화하기 위해서는 최소 참여도 기준과 성실성의 평가지표를 만들어서 만족도와 형평성을 높이고, 신뢰도 높은 과정평가 프로그램 구축해야 한다. 단체(협력) 업무 가치 평가요소를 체계적으로 수립하고, 이에 대한 보상이 신뢰도가 높아야 한다. 과정이 충실할 때 적절한 보상을 받을 수 있다는 신뢰를 주어야하는 것이다. 또 결과중심 평가요소의 강화 측면으로는 합리적인 보상 시스템 체계를 구축해서 동기부여를 높이고, 자기 주도적 업무와 효율에 따른 보상 체계 마련해서 유동적인 환경을 조성해주어야 한다. 그리고 보상심리에 대한 안전장치로 실적(취지와 결과)보상 비율을 높게 조정해서 스스로 주도적인 업무를 지향할 수 있도록 조치하는 방법도 활용해야 한다.

과정/결과 중심 평가 모두 만족을 위해서는 형평성을 보장하는 보상체제의 신뢰가 높아져야 하고, 가산 체계를 효과적으로 운영해서 평가의 투명성과 신뢰도를 확보해야 한다. (1,480자)

〈제시문을 기반으로 한 자유논술형식 기출문제 8〉

고용연장 논란

포괄적인 사회현상을 해석하고 주제에 충실하게 작성하는 분석 형 문제

출제빈도	난이도	해석력	논제충실성	지식필요성
★★★★	★★★☆	★★☆	★★	★★☆

　　아래 문제는 논란 중인 사회이슈 문제이다. 사회담론이 제시되었을 때, 그 내용의 충실성과 명료한 주제가 답안지에 구현되어야 한다. 주제가 다른 방향으로 어긋나기 쉬워서 개요에 충실하게 따라야 한다. 다양한 변수의 개념을 제외하는 삭제의 원리를 이용해서 하나의 중심개념으로 논술문을 쓸 수 있는가에 대해서 제한 형식의 논술 문제를 원하는 문제이므로 그에 대한 문제 확장개념과 배경지식을 쓰지 말고 이 문제에 충실한 문장을 논하는 제한논술문제이다.

〈문제 지문〉

　　문재인 대통령이 지난 11일 고용노동부 업무보고를 받으면서 "본격적으로 '고용연장'에 대해 검토를 시작할 때"라고 한 발언이 비상한 관심을 끌고 있다. 고용연장이 '정년연장'으로 이해되면서 이를 둘러싼 논란이 달아오르고 있다. 재계는 "기업 부담이 커질 것"이라며 반발하는 분위기이고, 정년연장에 따른 청년 취업난 가중을 우려하는 목소리도 나온다. 그러나 청와대와 정부는 '고용연장과 정년연장은 서로 다른 것'이라는 입장이다. 청와대 일자리수석은 13일 MBC 라디오 '시선집중'에 출연해 "고용연장은 정년연장보다 훨씬

포괄적인 개념"이라고 강조했다. (중략)

한편 '고용연장이 청년 취업난을 가중시킬 것'이라는 우려와 관련해 노동부 장관은 "그렇게 보기 어렵다"고 밝혔다. 13일 자 한국일보와 인터뷰에서 "청년과 고령자 일자리가 겹치는 영역은 대기업과 공공기관"이라며 이같이 말했다. "일자리의 대다수를 차지하는 중소기업이나 서비스업에서는 청년과 고령자 간 일자리 경쟁구도가 성립되지 않는다."는 것이다. 이 장관은 또 "임금체계 개편 없는 고용연장이 이뤄지면 고령자와 청년 간 일자리 충돌이 심해질 수 있다"며 고용연장을 위한 임금체계 개편 필요성을 강조했다.

> Q. 정년연장의 필요성과 장단점을 분석하고, 일자리 정책의 방향성에 대한 자신의 견해를 논술하시오. (1,500자 내외)
>
> – 2016, 2018, 2019년 기출

무엇을	어떻게	
	문제에서 제시한 내용	작성 요령
정년연장의 필요성을	장단점을 분석 일자리정책 방향제시 견해 제시	① 중심문장을 활용해서 ② 삭제의 원리에 의해서 ③ 주제에 집중해서

1. 문제의 분석

위의 문제를 토대로 답안지에 작성해야 하는 문제의 요지(작성내용)에 대한 항목을 나누어 보면 다음과 같다.

①정년연장의 필요성이 대두되는 배경과 취지

②정년연장 시 예상되는 문제점 분석

③정책의 방향성 제시

이 제한된 논술문에서 개요를 작성할 때, 결국 논리성과 집중력, 통일성을 평가하기 위한 문제라고 할 수 있다. 따라서 이에 대한 개요는 정년연장이라는 문제에 집중하되, 정책제안에 대한 통일성을 유지하는 (장단점의 내용과 연계되는) 내용을 유지해서 답안지를 작성해야 한다.

2. 유의점과 개요의 작성

2-1. 이 문제 접근방식의 유의점 : 문제에서 요구하는 주제에 집중해야 한다.

이러한 문제를 흔히 1차 자료만 활용해야 주제에서 벗어나지 않는 문제로 분류한다. 그 내용을 살펴보기 위해서 중심단어와 주변단어를 살펴볼 필요가 있다.

중심(1차) 핵심어	핵심어의 파생(2차)단어군		2차 단어의 파생(3차) 단어군
정년 연장 (고용 연장)	노하우가 뛰어나다		고령화 사회 활용가능 자원
	실버문화		고령화 직업군 부족-사회문제
	고령화 사회		고령화 사회 문제점
	사회문제		
	숙련기술은 탁월하다		전문성 강조
	고비용	고효율 / 저효율	논란	사회적 논란 (아직 해결, 합의되지 않음)
	일자리		

위에 정리된 단어군을 보면, 1차 핵심어에 직결되는 2차 단어에 답안지 작성을 위한 우선권을 주지 않고 3차 단어군으로 답안지를 작성할 때, 답안지는 문제에서 점점 멀어지는 문제이다. 문제를 다시

상기해볼 때, 이 문제에서 중심내용은 일자리 정책의 방향성이다. 따라서 이 단어군에서 연관성이 있는 단어를 선별해서 활용해야만 문제의 취지에 맞는 답안지를 작성할 수 있다. 위의 문제 요지를 바탕으로 개요를 작성해보면 다음과 같다.

2-2. 답안지 작성을 위한 개요 작성

《답안지에 작성할 때 유용한 내용과 단어를 선별해서 작성한 개요》

정년연장		장점	단점
배경	취지	경제성 활용 극대화	고비용
수명연장	전문성이 높을 경우 경험의 매몰 비용은 사회적인 문제	키잡이 역할 활용가능	세대 차이에 의한 조직문화갈등
의료기술발달		기술직 도제제도 활용가능	일자리감소
사회 매몰비용발생		노인문제해결	노인문제와 연계된 문제로 사회적 합의 논란 우려
경험, 노하우 활용가치인정	경험 및 노하우 활용의 필요성을 시사	노인문제 = 사회문제	
		사회적 문제를 선제적으로 대응가능	제도적 영역이 아니라 개인(업주/기업)의 문제임

3. 답안의 작성

정년연장의 필요성과 장단점을 분석하고, 일자리 정책의 방향성에 대한 자신의 견해를 논술하시오. (1,500자 내외)

정년연장에 대한 논란이 나타난 배경은 의학기술의 발달과 삶의 질을 높이는 과학기술이 발달하면서 수명이 연장되고, 평균 수명이

연장됨에 따라 파생된 개념이다. 100여 년 전만 해도 40대 사망률도 높을뿐더러 60세는 매우 높은 연령에 속했다. 그래서 60세를 노인으로 보고 환갑(60세)에 큰 잔치를 열었지만, 의학기술이 발달하면서 60세는 이제 더 이상 고령층으로 보지 않는다. 제 2의 인생을 설계하고 기획, 준비된 2차 직업이 형성되는 시기인 점이 달라진 사회의 보편적인 양상이 되었다.

한 분야에서 종사한 기간의 전문성이 높을 경우 특히 노하우와 인적자원을 배제하기 어렵다. 판매업이나 영업직 등 전혀 다른 분야의 일을 하게 되면 개인의 경험은 사회적 관점으로 볼 때 매몰비용으로 소모되고 만다. 노령화사회의 가장 큰 문제이다. 고령화가 진행되면서 사회는 이러한 고령화에 의한 매몰비용을 기회비용으로 활용하기 위해 노력하고 있다.

정년연장의 필요성은 이 맥락에서 등장했다. 경험과 경력을 매몰비용으로 볼 것인가 혹은 활용할 수 있는 기회비용으로 볼 것인가에 대해 전문분야의 경우 2~30년에 가까운 경력을 경험과 노하우를 활용하는 것이 사회적으로 순기능의 성격이 높다. 그러므로 경력에 대한 가치를 인정하고 활용해야한다는 당위성을 시사하고 있다.

노인의 경력을 기회비용으로 활용한다면 경제성이 뛰어나고, 활용을 극대화하면 구-신세대의 효율성이 높다. 정년의 나이는 적절한 키잡이 역할이 가장 적합하며 오랜 기간 동안 숙련이 필요한 기술직의 경우에는 도제제도를 적극적으로 활용해서 청년계층의 매몰비용을 오히려 줄이는 역할로 활용이 가능하다고 강조한다. 비단 노인의 문제뿐만 아니라 기술의 전수, 노하우와 경험의 경제성을 이용해서 사회 전반적인 노인문제(노인 직업 문제, 사회의 취업과 경력 문제, 경제 활성화, 노인 빈곤문제 등의)를 해결하고 이러한 사회적 문제를 선제적으로 대응하고자 하는 것이다.

반면 이에 대해 반대히는 관점은 높은 경력과 노하우를 활용하기 위해서는 지나친 고비용, 인적자원의 한계가 불가피 하다는 점을 근거로 들고 있다. 투여되는 임금의 고비용 소모는 불가피하며, 세대 차이에 의한 조직문화갈등을 유발하는 현상도 우려하고 있다. 결국 연령층이 높은 경력직이 일자리를 차지함에 따라 감소할 수 있고, 노인문제와 연계된 문제에 대해서 충분한 사회적 합의가 이루어지지 않았다는 점을 근거로 파생되는 문제점에 대해 논란이 존재하는 것이다.

우려를 해결하기 위해서는 오히려 제도적으로 규정하는 방식보다 개인과 수요의 문제로 해결해야 한다. 기간을 연장하는 방식으로 해결해야한다고 주장하는 것이 반대 관점의 취지이다. 장점과 단점을 종합해서 향후의 고용 방향은 우선 합의가 전제되어야한다. 공익성, 형평성, 효율성을 고려해서 전문가의 정년연장 혹은 기간 연장 등의 형태가 이루어지면 경험과 노하우의 기회비용을 가장 효율적으로 활용할 수 있는 방향이 타당하다.

경력과 노하우를 활용한 키잡이 역할, 실적과 결과를 위한 협조역할, 인적자원의 연결고리, 숙련된 기술을 필요로 하는 분야에서 최대한 활용할 수 있는 도제제도의 기술의 전이 등의 역할이 매우 뛰어나고 이는 사회적인 기회비용을 늘리고 매몰비용을 줄이는 가장 적절한 방법이다. (1,577자)

테마파크 사업

사업의 취지와 매력도 평가 후 위협 유추 및 대안 제시형 문제

출제빈도	난이도	해석력	논제충실성	지식필요성
★★☆	★★★☆	★★☆	★★★☆	★★☆

다음의 문제는 테마파크 사업에 대한 실효성과 형평성을 분석하는 문제이다. 뜨거운 감자에 대해 평가하고, 대안을 제시할 때 내용이 적절한가, 그리고 논제에 접근하는 과정에서 혼용되는 개념을 적절하게 구성하고 순서에 따라서 통일성 있게 작성했는지를 평가하기 위한 문제라고 할 수 있다.

이 문제를 확장시키면 정말 다양한 문제로 파생될 수 있다. 하나의 사례를 제시하고 이 사업에 대한 평가와 대안제시문제로 확장시키면 다양한 문제를 만들 수 있는 연습하기 좋은 기본문제이다. 따라서 문제를 외우려고 하지 말고, 문제의 답안지로 접근하는 과정과 개요를 어떻게 답안에서 구현했는지에 대한 과정을 살펴보고 연습하도록 한다.

Q. 지역별 테마파크(Thema park) 사업을 시행하는 사업의 매력도를 평가하고 향후 5년 뒤 가장 큰 위협으로 예상되는 요인과 근거는 무엇이며 대안은 무엇인지 논하라. (1,500자 내외)

– 2017, 2019년 기출

무엇을	어떻게	
	문제에서 제시한 내용	작성 방법
지역별 테마파크 사업	①사업의 매력도 평가 ②5년 뒤의 위협(예상-유추)과 근거 ③대안제시	①문제에서 제시한 내용을 집중 ②구성을 통한 상세개요 토대로 ③지나친 비판형식을 피해서

1. 문제의 분석

위의 문제에서 답안지에 요구하는 내용은 다음과 같다.

①테마파크의 시행에 대한 사업의 매력도 평가

②5년 뒤의 위협 요인은 무엇인지

③그리고 그 위협의 이유는 무엇인지

④대안은 무엇인지 논하시오.

문제가 답안지에 요구하는 내용은 위의 내용과 같다. 이 네 가지는 답안지 작성의 필수요소이며, 중심내용으로 설정해야한다.

구성	글자수	작성내용	비고
서론	200자	⒜테마파크 시행 개관 ⓠ현재 운영상황의 음(陰)과 양(陽)	긍정적 선례(先例)와 악례(惡例)
본론	시행 배경과 취지	⒝지역의 특성화 고유문화 전통 계승	근본 취지 긍정적
	500 평가	⒞고비용 운영비 소요 ⓓ유지와 보수 운영비 ⓔ적절한 고유문화 테마 축제 선례 ⓕ인프라 구축 필요성 ⓖ수요와 참여도 객관적인 사례	최근 SNS와 온라인 홍보 기술 강화 고유문화의 발전으로 기대감 선례를 남긴 긍정적 사례 보완 객관적 수요 판단기준 수립

본론	5년 뒤의 위협	500	Ⓗ 유지보수 비용 Ⓘ 파생문화의 결여 Ⓙ 사업 확장 가능성 미비	유지보수 비용은 필연적임 대체할 수 있는 파생, 확장 사업의 필요성 강조
	근거		Ⓚ 목표 부족 사례 제시 Ⓛ 형평성의 충분한 논의 부족 사례제시	전문가/지역특색과의 연계성 소통부족
결론	300자		대안제시 : Ⓜ 지역의 전통성과 현대 사회 기술 융합 사례를 통해 보완 Ⓝ 1회성 투자의 개념에서 유지보수비용의 사업 특성 강화 Ⓞ 가상의 수요자 조사를 위한 기간한정 사업의 시뮬레이션 강화 Ⓟ 사업의 유지가능성에 대한 평가 필요성	

3. 답안의 작성

Q. 지역별 테마파크 사업을 시행하는 사업의 매력도를 평가하고 향후 5년 뒤 가장 큰 위협으로 예상되는 요인과 근거는 무엇이며 대안은 무엇인지 논하라. (1,500자)

※ 본 내용의 답안은 개요의 답안지 적용사례에 대한 이해를 돕기 위해 각각 항목에 대해 표시를 하였습니다. 개요와 비교해서 작성하는 방식을 참고해서 연습에 활용해보시기 바랍니다.

Ⓐ 각 지역에서 많은 테마파크가 조성되었다. Ⓠ 고성지역의 공룡 테마파크, 제주도의 동물테마파크, 울산시의 뽀로로 테마파크, 춘천의 레고 테마파크 등의 다양한 테마파크가 조성되었고, 다채로운 콘텐츠를 통해서 지역 방문 기회를 제공하고 외부 인력을 유치해서 지역의 경제를 살리고 상권을 조성하고자 한 그 본래의 취지는 긍정적으로 볼 수 있다. 하지만 상대적으로 지역의 유치에 따른 방문자

의 수요가 부족했거나, 방문 시에 미비했던 준비로 인해 실망감을 주는 경우도 있었다.

사업의 취지와 조성 배경은 매력적이었다. 다만 그 테마파크의 지속성, 인프라 구축에 있어서 남녀노소(男女老少)에게 호응과 좋은 평가를 받았는지에 대해서는 긍정적으로 볼 수만은 없다. 이러한 Ⓑ 테마파크가 지역의 특성과 역사적인 전통성을 함께 충족했던 사례는 방문객이 줄었다고 하더라도, 지역의 특색을 살린 취지와 배경에 있어서 평가는 좋았다. 하지만 지역의 특색을 특성화시키는데 미흡했던 지역은 Ⓙ 콘텐츠의 유행이 사라지면서 점차 수요는 감소했고, 방문객도 인프라도 구축하는데 실패했다.

따라서 테마파크 사업의 취지와 배경에서 지역의 특성을 반영하는 것은 가장 중요한 점이라고 할 수 있다. 그리고 콘텐츠의 접근 연령과 수요에 대해 객관적인 분석이 필수적이다. Ⓒ 테마파크의 성격상 설립과 운영에는 많은 비용 소모가 불가피하다. Ⓓ 조성 시에 고비용을 투자해야 하고, 유지와 보수에 있어서도 많은 인적, 물적 자원이 필요하다. 따라서 Ⓔ 수요와 참여도에 긍정적인 선례를 먼저 살펴볼 필요가 있다. 고성지역은 본래 바다를 배경으로 한 지질학적 희소성이 뛰어난 지역이어서 국내에서 쉽게 찾아 볼 수 없는 퇴적층이 존재하고, 공룡 발자국 화석이 다양하게 출토된 바 있다. 따라서 인위적인 테마파크 조성의 그 배경과 목적, 취지가 일치하는 지역의 긍정적 선례이다. Ⓕ 방문객은 비록 감소하더라도, 한반도의 정체성을 유지하는데 그 매력을 존속하고 있는 것이다. 하지만 뽀로로, 영화(무비)테마파크는 이미 많은 지역에서 영화제와 각 지역별 방문 콘텐츠를 유지하고 있기 때문에 지역적 특색을 살리지 못했다. Ⓖ 따라서 테마파크 조성에 대한 인프라 구축이 수요가 많지 않다면 활성화되기 어렵다.

5년 후의 가장 큰 위협은 결국 Ⓗ 고비용의 유지보수 비용과 확장 등의 사업에서 Ⓚ 그 수요를 예측할 수 없다는 점. 그리고 Ⓘ 방문객이 감소할 때 비용의 부담이 가장 큰 문제이다. 테마파크 조성에 있어서 목표설정은 충분한 형평성과 객관적인 수요조사가 우선필요하고, Ⓛ 조성에 참여하는 전문가도 반드시 필요하다. 그리고 앞선 선례를 바탕으로 보면 지역의 특성은 그 역사성(歷史性) 측면에서 이 지역이 갖고 있는 특색을 살려야만 전통적인 지역의 특징을 살릴 수 있을 것이다.

테마파크 조성에 있어서 가장 중요한 것은 지역의 Ⓜ 전통성 계승 유무, 현대사회 기술과 융합해서 마케팅과 유지보수의 의의가 있는지를 살펴보고, Ⓝ 1회성 투자가 아니라 지속적인 투자가 필수적이므로 지속적으로 사업은 확장될 수 있는지 전문가의 의견을 토대로 진행해야만 한다. 그리고 Ⓞ 가상의 수요자 조사를 위해서 전국적으로 시행하는 단기간 테마파크 운영을 통해서 Ⓟ 피드백을 받아야만 활성화하는데 큰 도움이 될 것이다. 또한 사업을 유지했을 때의 시장성, 전문가의 보완 방향등을 충분히 소통해서 조성해야만 성공적인 사업을 기대할 수 있다. (1,630자)

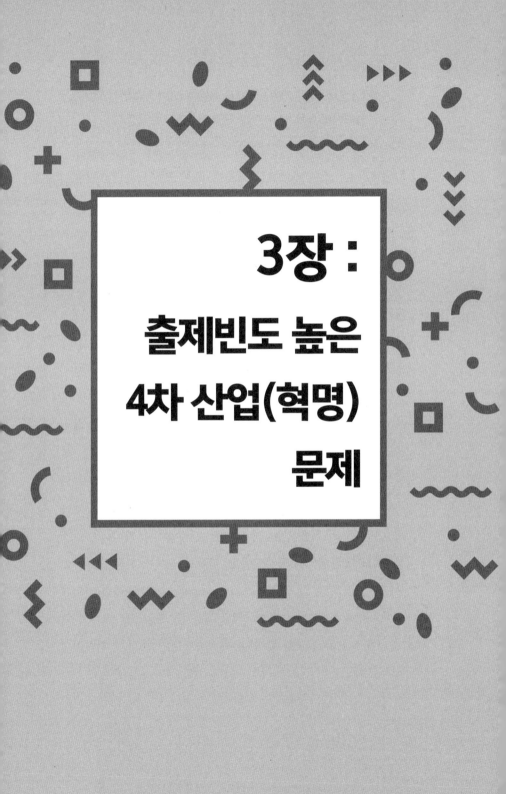

3장 :

출제빈도 높은

4차 산업(혁명)

문제

출제빈도	난이도	해석력	논제충실성	지식필요성
★★★★☆	★★★☆	★★☆	★★★★	★★★★☆

4차 산업과 관련한 문제는 지금까지 5년에 걸쳐서 상당히 많은 비중으로 공사·공기업의 문제에서 출제되어왔다. 수많은 기관 및 기업 등에서 활용하는 이유는 현재 기업의 형태가 4차 산업을 기반으로 발전하는 과도기에 있고, 기존의 업무방식에서 4차 혁명(산업)의 형태로 이전되는 과정에 있기 때문이다. 이 내용을 정확하게 이해하고 있는지. 기초지식, 활용지식의 기반을 이해하고 있는지의 여부를 평가하기 위한 문제이다.

4차 산업(혁명)의 논제의 중요성도 있겠지만, 에볼라, 2019년 메르스 질병, 2020년의 코로나 바이러스 등의 사회적 이슈를 통해서 이러한 4차 혁명의 기반산업을 바탕으로 질병과 관련된 다양한 문제를 파생할 수 있기 때문에 앞으로도 4차 산업과 의료기술의 문제를 파생시킨 문제는 무시할 수 없는 출제빈도가 높아질 것이다.

정보화와 공유체제를 활성화하고, 정보의 공유에 따라 의료산업은 점차적으로 발전해 왔던 이력을 고려할 때, 이와 관련한 산업의 변화와 공유문화 정착에 의한 맥락을 이해할 수 있어야만 4차 혁명 관련한 문제를 해결할 수 있는 문제이므로 이에 대한 접근방법을 살펴보자.

Q. 4차 혁명시대 의료기술 제도를 활용하는 방안과 기대효과를 제시하고, 견해(의견)를 논리적으로 서술하시오. (1,500자 내외)

― 2016, 2017, 2018, 2019년 기출

무엇을	어떻게	
	문제에서 제시한 내용	작성 방법
4차 산업(혁명)시대 의료기술을	활용하는 방안 제시 기대효과 제시 견해를 논리적으로	① 높은 비중 문제이니 주의 깊게 ② 적절한 사례를 활용해서 ③ 대안 제시는 항상 친절하게

1. 문제의 분석

위의 문제를 토대로 답안지에 작성해야할 내용을 살펴보면 다음과 같다.

① 4차 혁명시대 선진 의료 기술 제도를 활용하는 방안제시

② 이에 따른 기대효과 제시

③ 활성화에 기대할 수 있는 자신의 의견제시(종합)

2. 개요의 작성

문제에서 답안지에 요구하는 위의 항목에 따라 개요를 작성해보면 다음과 같다.

4차 혁명시대 기술을 활용하는 방안	기대효과 제시	기대할 수 있는 자신의 의견제시
질병종류(연관코드테이블) 공유(※)	경보시스템 활용가능	인류의 공익성
국가 간 공유시스템	질병 확산을 막는 기술로 활용	

병원 간의 정보공유 시스템	예방치료 가능	안전 보장에 따른 사회 안정
질병 코드의 분류 및 통일화 가능	병원, 지역, 국가 이동시 예방가능	
시술 효과(치료효과)의 공유		
통계와 확률 정보 활용 (나이별 질병통계)	효율성 높은 치료정보 공유가능	질병 확산의 감소 효과
시술방법, 약, 상담치료과정 공유		
질병코드 환자의 식품 구매 이력이나 질병관리 등에 대한 경보시스템으로 활용가능	관리 및 통제가능	기술의 공유와 함께 기대할 수 있는 공공의 인류 순기능 활용
먹어선 안 되는 약(시술 및 치료)거부반응 치료가 이루어지지 않도록 공유 가능	금지약물(치료)을 차단하는 정보 활용 가능	
혈액, 질병 등의 정보 공유 가능	관리 치료가능	
	빈민국가 의료체계 확립을 위해서 선진의료기술, 자본력이 높은 국가 간의 지원체계를 공유하면 부와 기술의 재분배를 통한 공익성 추구	

※연관질병 코드란 다음과 같다. A00345라는 질병 코드가 존재한다고 가정하자. 이때 A문자는 바이러스성 질병에 해당하고, ○○은 질병의 전염 가능성이라는 기준에서 전염성이 있다고 판단할 때, 이를 '주의요함'이라는 경고성 코드에 해당하고, 345는 바이러스의 고유번호라고 가정하자. A국가에서 B국가로 이동할 때, 이러한 코드의 공유기술이 정보화에 의해 전달(공유)되면, 이는 쉽게 "이 사람은 바이러스성 질병 이력이 있고, 이 질병은 전염성이 있으며, 345에 해당하는 바이러스성 질병이니 B국에서는 이에 대한 판정 및 검

사를 필요로 한다."는 정보를 공유하게 되는 질병과 관련된 공유시
스템이다.

위의 내용(개요의 내용)을 토대로 한편의 완성된 글을 작성해보자.

3. 답안의 작성
**4차 혁명시대 의료기술 제도를 활용하는 방안과 기대효과를 제시하고,
견해(의견)를 논리적으로 서술하시오.** (1,500자)

융 · 복합 의료기술, 빅 데이터 활용과 관련해서 정보공유의 중요
성이 부각되는 4차 혁명(산업)시대의 기술을 활용하기 위해서는 질
병의 종류(연관코드테이블)와 빅 데이터 기술을 토대로 공유하고 이
를 인류의 공익을 위해 활용할 수 있어야 한다.

인류의 안전을 위협하는 다양한 질병과 바이러스 등에 노출되는
경우를 방지하고, 치료를 위해서 정보의 공유기술을 활용하면 효율
적으로 공익을 추구할 수 있다. 국가 간 공유시스템을 활용해서 안
전과 공익을 위한 사용이 필요하다. 지금까지의 의료기술은 공유 개
념보다 진단 및 치료의 영역이었다. 그래서 병원 간의 정보공유 시
스템이 부족하고, 병원내의 정보가 개인정보로 취급되면서 타 기관
에 공유하는 경우가 적었다. 하지만 공유기술의 발달과 용량이 확장
되면서 환자의 편의(공익성, 공공성)를 위해 이러한 각 기관의 공유
문화가 정착되고 있다.

4차 산업(혁명)에 적용하면 향후에는 질병 코드와 국제코드 분류와 통제가 가능한 시스템을 활용할 수 있다. 선별적인 조치 결과를 한정된 환경에서 국가의 공유시스템을 운영하고 있다. 하지만 공유정보를 국가 간의 협의에 의해 이루어지면, 전 세계의 경보 시스템을 통합 운영할 수 있고, 공익성이 높은 안전조치를 적용할 수 있다. 그리고 치료에 있어서도 공유시스템을 활용하면 효율적인 치료가 가능하다. 어떤 치료법이 효과적이었는지. 통계와 확률 정보를 활용할 수 있다. 이에 따라 어떤 시술이 가장 효율적이었는지에 대한 효과(치료효과)의 공유문화도 기대할 수 있다.

사회문제로 대두되는 고령화에 따라 나이(연령)별 질병의 발병 통계를 활용하면 예방치료와 근원적인 치료가 가능하다. 그리고 시술방법, 약, 상담과 치료과정을 공유하면 편리성이 높아지고 질병코드 환자의 식품 구매 이력이나 질병관리 등에 대한 경보시스템으로 활용이 가능하다. 예를 들면 당뇨를 가진 환자가 먹어선 안 되는 식품을 구매할 때 경보를 알려주는 시스템이나, 혈압이 높은 환자에게 위험한 식품 구매 시 개인 경보를 알리는 시스템도 활용할 수 있다.

의료기관에서도 거부반응을 일으키는 약이나 금지 약품, 주사 알레르기나 시술 및 치료 등의 처방이 이루어지지 않도록 공유하는 예방차원에서의 활용도 가능하다. 사회적으로 폭넓게 합의 되어야 하지만 혈액, 질병 등의 환자의 정보가 공유하게 되면 예방차원의 가능이 매우 활성화 될 것으로 기대할 수 있다.

4차 산업(혁명)의 높은 정보 기술을 활용하는 것은 개인정보의 포괄적인 공유가 이루어져야 한다는 면에서 개인정보를 공유하고 활용하는 것을 반대하는 의견도 존재한다. 하지만 인류의 공익성이라는 대원칙에 근거해서 개인의 질병에 대한 안전 보장에 따른 사회 안정성, 질병 확산의 감소 효과, 기술의 공유와 함께 기대할 수 있는 공공의 인류 순기능을 활용하는 포괄적인 가치는 높다. 이를 장기적인 관점에서 본다면 개인정보의 활용 동의 여부나 국지적인 시범 운영 등의 대안을 통해서 충분히 이러한 정보를 의학적으로 활용할 때의 통계, 가치, 시사점을 토대로 활용해 보는 것이 공익성을 위해서 타당하다. (1,516자)

〈4차 산업(혁명) + 자유논술형식 융합(복합)형 기출문제 2〉
출제빈도 높은 4차 산업과 교육 문제

출제빈도	난이도	해석력	논제충실성	지식필요성
★★★★★	★★★★	★★★☆	★★	★★★☆

　4차 산업(혁명)의 교육활용과 관련한 문제는 2017년부터 교육관련 취업 및 승진시험의 기출문제로 다양하게 출제되어왔다. 4차 혁명(산업)을 활용한 문제가 과학/교육/정보 등의 각 기관에서 활용하고 있지만, 교육관련 문제는 고정된 형태로 출제하는 사례가 많았다. 흔히 4차 산업이란 단어와 교육이란 단어를 사용한 문제가 논리적이거나 쓰기 어렵다고 한다. 그 이유는 단어 모두 매우 추상적(상위어)이기 때문이다. 따라서 이 내용을 완성도 높게 답안지에 구현하기 위해서는 중심 제재와 뒷받침하는 내용을 기획해야 한다. 이 중심 제재가 하위어일수록 답안지 작성은 수월해지고, 구체적인 제재일수록 사례를 설명하기 쉬워진다. 여기에서는 빅 데이터를 중요한 소재로 삼고 4차 혁명과 교육의 활용과 방향을 제시해보았다.

　※분량에 있어서 제한이 없는 문제로 설정했다. 논술 분량의 제한이 없는 경우도 있는데, 바로 이 문제가 글자 수의 제한 없이 출제하기 가장 좋은 문제이기 때문이다.

　Q. 4차 산업(혁명)기술을 교육에 활용하는 장단점을 사례를 통해 분석하고, 교육측면의 활용방법과 방향성에 자신의 견해를 논술하시오. (자유분량)

− 2014, 2017, 2018, 2019년 교육기출

무엇을	어떻게	
	문제에서 제시한 내용	작성 요령
4차 산업(혁명)기술의 교육에 활용을	장단점을 사례를 통해 분석 교육활용방법과 방향성을 제시	① 상위어와 하위어를 활용해서 ② 자유 분량서술형식 방식 ③ 자주 출제되는 문제 주의해서

1. 문제의 분석

답안지에 써야 하는 4차 산업과 교육의 연관성, 그리고 연계성을 토대로 얼마나 기술의 분석과정이 논리적인지 평가하는 문제이며, 연계성이 높은 활용방안과 방향성의 명료성 등을 평가하는 문제이다. 따라서 답안지에 꼭 작성해야 하는 내용은 다음과 같다.

4차 혁명의 기술을 바탕으로
①교육제도에 활용 시 장점의 분석
②교육제도 활용 시에 난해한 문제점을 포함하는 단점
③사례 제시
④활용 방법과 방향성 제시

이를 토대로 개요를 작성해보면 다음과 같은 표를 완성할 수 있다.

2. 개요의 작성

몇 가지의 간단개요를 분석해서 나누어보면 다음과 같다.

① 교육제도에 활용 시 장점과 사례

① 교육제도에 활용 시 장점	① + ③ 사례 제시
교육효과에 대한 데이터 활용 가능	A수업의 효과와 반응도, 만족도 데이터 활용 (미디어 활용교육이 효과적이었다는 통계 등)
학생의 효용론(수용자의 입장에서) 활용하는 데이터 추출이 가능	B수업에 대한 학생들은 대개 어떤 진로로 진출했다. 등의 통계적인 데이터 활용가능
학점관리	A, B학교에서 교차로 이수한 학점에 대해 통합적인 관리와 빅 데이터 활용가능성
학교와 기관간의 데이터 활용	개인의 성향, 이수학점, 이수 과목, 연계 과목 형성 등의 공급자와 수요자의 데이터 활용 가능
학업의 목적 데이터 활용 가능	진학률, 학과 진학률, 연계 과목 활용의 자료를 공유해서 학생의 선호 과목 데이터 활용가능
	진학 학과의 연계성 기관 통계가능
	어떤 학교에서 과목 이수율이 높고, 특정 대학(기업) 및 특정 학과와의 연계성 파악 가능

② 교육제도 활용 시에 난해한 문제점을 포함하는 단점 분석

② 단점 분석	②+③ 사례 제시부연(사례)
데이터화의 난해성	추상적인 태도 및 성향을 항목에 포함하는 난해성
개인 성향이 다른 개인과 동일하지 않은 개인적 차이	개인적 차이점을 통계화 하는데 존재하는 오류 가능성
획일성	개인의 특성을 획일적으로 코드화 해야하는 난해성
사고-문자-통계-확률의 긴밀한 데이터 연계는 신뢰성이 떨어진다.	인간의 통합적 평가와 이해는 통계와 확률, 데이터의 영역이 아님

③ 활용 방법과 방향성 제시

활용 방법	방향성 제시
효율적인 활용	수업효과(out-put)가 높은 수업의 확대
	효율성이 떨어지는 수업의 개선
기회비용확대 방안 활용	통계와 확률을 기반으로 응답률, 진학 및 취업에 도움이 되었던 교과에 대한 확대실시
	매몰비용을 줄이기 위한 노력
연계성활용	상위학교와 연계성이 높은 교과의 확대
	진학지도 및 진로와 연계성이 높은 교과의 적극적인 활용
	통합관리 및 연계성이 높은 교과의 활용
빅 데이터와 통계 확률의 활용	정보 또한 재산에 해당하는 현대사회의 기술 활용
	빅 데이터의 적극적인 활용으로 교육효과 극대화
	진학 및 진로에 적극적으로 활용해서 교육효과증대

3. 답안의 작성

4차 산업(혁명)기술을 교육에 활용하는 장단점을 사례를 통해 분석하고, 교육측면의 활용방법과 방향성에 자신의 견해를 논술하시오. (자유분량)

정보 공유기술과 빅 데이터를 효율적으로 활용하는 4차 산업(혁명)기반 기술은 특정 산업기술에 한정된 것이 아니다. 산업 전반과 사회 각 요소를 융합해서 통합 혹은 분석하고 효율성을 높이는 정보, 의료, 교육, 서비스 산업 등의 지식의 집약 산업이다. 따라서 교육, 문화 전반의 산업에도 적용되는 다양한 변화를 기대할 수 있다. 교육 관련한 4차 산업의 활용 방식은 정보의 빅 데이터 탐색 및 적용, 효율적 교육체제의 운영, 지금까지 지식기반 교육체제를 추구한 반면 교육요소와 구성을 데이터화해서 교육-산업의 연계. 통계활용, 효용적 활용방식이 중요하다.

먼저 장점을 살펴보면 정보기반의 기술은 교육효과에 대한 데이터 활용이 가능하다. 예를 들면 A수업의 효과와 학생의 반응도, 수업 후의 평가와 만족도를 활용하는 방식이다. 미디어 활용교육이 효과적이었다거나, 특정 과목에서 현장실습이 가장 효과적인 달성효과를 이루었다는 통계를 적극적으로 활용할 수 있다. 참여도와 만족도가 낮은 수업과 높은 학교의 비교분석을 통한 수업과 교육과정의 발전을 기대할 수 있다.

또한 교육의 수혜자인 학생의 효용론(수용자)의 입장에서도 진로에 대한 수업효과를 기대할 수 있다. B수업에 대한 학생들이 특정 진로로 진출한 사례가 많다면 희망하는 학생이 같은 진로로 진출할 수 있도록 수업을 특성화시키고 확장시켜서 타 지역, 타 시간대의 학생도 이수할 수 있도록 하거나, 그 수업의 효과를 바탕으로 교수법을 활용하는 등의 통계적인 데이터 활용이 가능하다.

물리적인 환경의 변화도 기대할 수 있다. 빅 데이터를 활용하면 특정과목에 대한 학점관리도 진학과 진로 선택에 활용할 수 있고 A, B 학교에서 교차수업을 이수한 학점에 대해 통합적인 관리도 가능하다. 학교의 특성화와 수업 연구에도 용이하다. 정보 기술을 활용하는 가능성은 물리적인 공간(교실) 교육에서 벗어나서 특정한 환경과 지역에서 이수가 가능한 시스템 활용이 가능하기 때문이다.

바이러스성 질병이나 지진, 화산 등의 자연재해로 인한 기피지역
이 발생하면 상대적인 안전지역으로 대체할 수 있는 편리함이 있다.
학교와 가정-기관 간의 데이터를 활용한 실시간 평가 등의 방식도
활용이 가능하다. 교육의 물리적인 환경을 극복할 수 있다는 점은
기대효과가 매우 크다. 정해진 장소 정해진 시간에 이루어지던 교육
이 범위가 넓어지면서 물리적인 공간의 자유로운 활용이 가능하다.

개인의 기회도 확대할 수 있다. 개인의 성향에 따른 이수학점, 이
수 과목, 연계 과목 형성 등의 공급자와 수요자의 데이터를 활용해
서 특정한 성향을 가진 학생이 이수한 과목과 연계할 수 있는 탈공
간적인 수업이나 교육도 목적에 따라서 활용이 가능하다. 학생들의
가장 큰 관심이라고 할 수 있는 진학률, 학과 진학률, 연계 과목 활
용의 자료를 공유해서 학생의 선호 과목에 대한 데이터를 활용하면
연계수업과 진학 학과의 연계성. 진출 영역에 대한 통계의 활용도
가능하다. 예를 들면 특정 기업(조직)과 어떤 학교에서 과목 이수율
의 관계, 특정 대학(기업) 및 특정 학과와의 연계성이 파악 가능하다.

반면 단점을 살펴보면 첫째, 내면적인 교육의 가치를 데이터로 적
용할 없다는 점이다. 지식과 지적영역의 추상성, 관념적인 개념을 데
이터화(化) 하는 것은 난해하다. 지식의 영역은 지식과 평가의 이분
법적 사고로 접근하면 안 된다. 따라서 데이터화에서 누락된 정보가
상당한 비율을 차지할 것이며, 학생의 내면적인 이해와 심화의 영역

을 적용할 수 없다는 한계성이 드러난다. 어떻게 데이터에 적용시킬 것인가. 그리고 신뢰도는 어떻게 평가할 것인가가 4차 산업(기술)과 교육의 활용 시에 우려되는 점이다.

둘째, 추상적인 태도 및 성향까지 데이터 항목에 포함하는 방식도 신뢰성이 떨어진다. 데이터화를 진행하면 이분법적인 사고와 평가가 대부분일 것이라는 우려의 목소리도 있다. 교육의 내용을 넘어서 수혜자의 영역에서 살펴보면 개인 성향이 다른 개인과 동일하지 않은 개인적 차이를 어떻게 데이터화 하고 범주화 할 것인지. 데이터 활용에 있어서 오류(오해)의 가능성은 어떻게 극복할 것인지. 개인적인 차이점을 통계화 하는데 존재하는 오류 가능성에 대한 문제는 아직 해결되지 않았다.

셋째, 교육의 데이터화에 대한 기술적인 한계점도 존재한다. 교육의 효과와 가능성을 수치로 평가 혹은 데이터화하기 위해서는 정보기술과 교육을 깊이 이해하는 전문가가 필요한데, 이러한 인적자원이 확보될 지에 대해서도 해결하기 어렵다. 따라서 복잡하고 다양한 현대사회의 다변성을 획일적으로 평가, 활용할 수 있는지에 대해서도 한계는 존재한다.

그밖에도 개인의 특성을 획일적으로 코드화해야하는 정보와 기호의 난해성, 그리고 사고와 문자, 통계와 확률의 긴밀한 데이터 연계 과정에서의 신뢰성 저하는 기술적인 측면에서 분명한 한세점이다. 획일적인 교육내용은 형평성이 떨어지므로 교육의 트렌드는 다양성을 강조하고 있는데 인간의 복합적인 평가와 이해는 데이터 활용과는 거리가 멀다. 교육에서의 통계와 확률, 데이터는 신뢰할 수 없다는 점이 정보화 기술을 활용하는 데 극복해야 할 과제이다.

 4차 산업의 교육부분에 대해서 활용할 수 있다면 즉답적인 성과 및 효과가 나타난다. 따라서 한정된 지역과 기간을 활용하면 집중도도 높을 것이고 동기부여도 될 것이다. 통계상 교육적 활용 효과가 높은 교육과정을 시범적으로 먼저 적용하고, 이에 따른 수업효과(out-put)가 높은 수업을 확대해서 현재 교수법이나 결과 측면에서 교육의 효율성이 떨어지는 수업을 개선하는데 적용할 수 있다.

 그리고 교육에 투자하는 인적자원과 물적 자원의 활용방안을 논의해보고, 통계와 확률을 기반으로 응답률, 진학 및 취업에 도움이 되었던 교과를 활용하면 자연스럽게 교육에 따른 매몰비용이 감소할 것이다. 그리고 최근 교육 트렌드인 융합과 연계성을 활용하면 상위학교와 기업 등과 연계성이 높은 맞춤형 교과를 기대할 수 있다. (2,686자)

〈4차 산업(혁명) + 자유논술형식 융합(복합)형 기출문제 3〉 출제빈도 높은 4차 산업과 과학기술 활용방안 문제 (4차+기술의 영역)				
출제빈도	난이도	해석력	논제충실성	지식필요성
★★★★☆	★★★	★★☆	★★★★	★★☆

4차 산업과 과학기술 관련 문제이다. 이 문제는 간단한 문제처럼 보인다. 하지만 문제에서 내용을 구성하기 위해 필요한 중요한 요소가 빠져있는 상황이다. 문제를 살펴보면 '과학기술'은 포괄적인 단어이고, 그에 대한 장단점을 논하는 문제이다. 하지만 과학과 4차 산업. 그리고 장단점에 대한 견해를 쓰기 위해서는 논리적인 연결고리가 필요하다. 여기에 사용하는 연결고리(소재)를 주기 위해 기사문이나 제시문이 나오는 경우도 있다. 하지만 만일 이와 같이 제시문은 없고 단서가 없이 자유서술형 문제가 나온다면 이 몫은 작성자에게 있다. 그래서 가상의 주요 소재를 설정해야 한다.

답안지를 작성하면서 설정한 연결고리는 사회적 이슈가 되었던 질병과 공유기술, 정보 공유 기술이라는 연결고리를 만들어서 과학-정보공유기술-공익성-질병관리 및 자원 활용의 당위성으로 서술의 방향을 설정하였다. 단어 군의 분포도를 보면 다음의 표와 같다.

정보공유기술	과학기술과 4차 산업
공익성	활용의 목적
질병관리 및 자원 활용	사례와 배경제시

이에 따라 정보기술을 중심 단어로 설정하고, 공익성을 정보공유의 목적과 당위성으로, 질병관리와 자원 활용의 필요성을 사례와 기술 활용의 배경으로 설정하고 나서 개요를 작성하였다.

Q. 4차 산업 혁명의 과학기술 활용방안과 기대효과를 바탕으로 긍정/부정적인 측면을 논하고, 자신에 견해를 논술하시오.
(2,000자 내외)   – 2017, 2019년 기출

무엇을	어떻게	
	문제에서 제시한 내용	작성 요령
4차 산업(혁명)기술의 과학기술 활용	긍정/부정측면 모두를 논하고 견해를 제시	①필요성을 강조해서 ②기술의 활용 근거 기준 제시 ③논리적인 근거제시

1. 문제의 분석

위의 문제에 대한 답안지에 써야 할 내용을 살펴보면 다음과 같다.

① 과학기술 활용방안과 기대효과와 긍정적 측면에 대한 서술

② 과학기술 활용방안과 기대효과와 부정적 측면에 대한 서술

③ 자신의 견해 서술

2. 개요의 작성

과학기술의 활용에 대한 장점	과학기술 활용시 우려되는 단점	자신의 견해
기술의 발전 공유	선진기술에 대한 공유협조 거부	기상예보 각 기관 및 국가 간 기술 공유가 가능함
발달된 선진 기술의 공유	비용의 투입(인도적 차원의 투자)에 대해 회의적인 관점도 존재함	
인류의 공익성을 위한 기술 공유		질병관리의 각 국가 간의 협력관계형성 (공익성, 보편적 기술 공유가능)
질병, 안전관련 통계와 각 국가 간의 자료 비교 및 공유가능	과학기술의 발전	
	전략물자의 악용가능성	후진국과 선진국간의 기술 괴리성이 감소하므로 과학기술의 공유를 통한 상향평준화 가능

| 역사상 통계자료의 공유에 의한 기술접근성 용이 | 지금까지 발전해온 시간(기회비용)에 대한 보상심리 때문에 기술공유의 협의과정이 장기적 투자에 대해 회의적이다. | 보상심리를 가진 국가 간의 기술과 자원의 활용체제를 확립하는 보상시스템도 마련해야 함 |
| 자원의 활용가능성 공유

물자 활용, 지식 활용, 선진 기술 공유 | 후진국의 기술공유는 수혜자이지만, 선진국은 대부분 제공자의 역할임 | 전략물자 파생항목이나 기술유출(보안)자료의 관리를 통제할 수 있도록 협력관계를 개선하고 발전시켜야 함. |

※ 개요에 구현된 공유 가치, 선진 기술, 공익성, 기상예보, 질병관리, 통계, 전략물자 등등의 단어 군을 살펴보면, 긍정적인 의미의 단어 군과 부정적인 의미의 단어 군으로 구분할 수 있고, 견해 제시하기에 어울리는 단어군도 볼 수 있다. 제시 문이 활용되는 문제로 출제된다면 포괄적으로 범위를 넓히는 목적이 아니라, 범위를 제한하는 역할로 출제된다. 이러한 단어군의 범위를 넓히거나 좁히는 점은 논술에서 사용하는 범주화의 영역인데, 단어의 범위만 다를 뿐 논술을 연습하는 과정은 문제 분석-개요작성-개요 상세화-구성-작성 전 1차 퇴고-작성하기-작성 후 2차 퇴고로 모두 같다.

3. 답안의 작성

4차 산업(혁명) 시대의 과학기술 활용방안과 기대효과를 바탕으로 긍정/부정적인 측면을 논하고, 자신에 견해를 논술하시오. (2,000자 내외)

과학기술 발전은 현대사회에서 많은 분야의 성과를 이루었다. 4차 산업(혁명)은 정보와 공유체계를 활용하면 비약적인 발전을 기대할 수 있다는 긍정적인 기대와 많은 발전은 오히려 위험을 동반하므로 우려된다는 논란이 존재한다. 장점을 보면 융합, 시너지 효과를 통해서 파격적인 발전을 기대할 순 있지만, 그 과정이 쉽지만은 않을 것이다. 4차 혁명 시대 과학기술의 활용을 위해서는 공공의 가치를 추구하는 부분에서 신뢰와 협력관계를 통한 기간(시간)이 필요하고, 인류의 공익을 위한 공유시스템 구축이라는 공동의 목표도 필요하다.

과학기술의 활용방안에 대한 기대효과와 장점을 살펴보면, 기술공유로 인한 발전을 기대할 수 있다는 점. 그리고 융합기술의 파급력이 크다는 점을 감안해서 기업이나 국가가 장점을 활용하면 발전을 꾀할 수 있다. 사회-과학 등의 융합기술은 지금까지 4차 산업의 특성에 대한 연구 사례가 있고, 선진 기술의 공유에 가장 큰 기대감을 갖고 있는 것이 사실이다. 인류의 공익성, 인류의 공동 과제인 대체 식량, 사회문화의 과학기술 기반의 연구를 위한 기술공유는 이에 대한 높은 효과를 얻을 수 있다.

또한 질병이나 바이러스 파급 등의 국가 안전 관련 통계와 국가 간의 자료 공유가 가능해지면 현대에 이르기까지의 역사상 기술의 접근성이 전례 없이 용이해진다. 자원의 활용이나 확보, 선점 등의 문제에서 갈등과 경쟁이 과도한 현대사회는 효율적인 자원의 활용 가능성이 중요하다. 정보 공유를 통한 분배의 효율성이 높아지면 물자를 활용하거나, 필요한 지식을 활용할 수 있기 때문에 선진국(선진기업)과 개발도상국(후발주자)이 높은 기술을 통한 시너지 효과를 기대할 수 있다.

반면 이러한 기술이 공유되기까지의 과정은 쉽지 않다. 과학기술 활용을 전제로 우려되는 단점은 선진기술에 대한 정보 공유협조를 거부하는 경우이다. 정보사회에 기술이나 정보는 그 자체가 재산이기 때문에 적절한 보상이 이루어지지 않을 경우 거부할 가능성이 높다. 따라서 이에 대한 투자의 비용 투입(인도적 차원의 투자)에 대해 회의적인 의견도 존재한다. 과학기술의 발전은 다양한 장단점을 파생시킬 수 있어서 많은 논란이 전제된 기술 활용 방법이라는 점에서는 불가피한 진통을 동반할 것이다.

최근 100여년의 세계사를 보면 평화와 공존보다 경쟁과 갈등의 시기가 많았다. 현재 대치상황인 국가도 존재하며, 종교적 원인이나 이념적인 갈등과 전쟁 중에 있는 국가도 있기 때문에 어떤 품목이 전략물자로서 악용될 가능성이 높다.

그리고 선진기술을 가진 기업은 지금까지 발전해온 시간(기회비용)에 대한 보상심리 때문에 기술공유의 협의과정이 장기적 투자에 대해 회의적이다. 기술 공유의 관점에서 보면 후진국의 기술공유는 수혜자이지만, 선진국은 대부분 제공자의 역할인 점도 벗어나기 힘들다.

따라서 이러한 공유기술 문화가 정착되고 기술의 상향표준화가 이루어지려면 공익성과 명분이 모두 필요하다. 우리 한국에서는 기상예보 각 기관 및 국가 간 기술 공유를 통해서 지진이나 화산 등의 자연재해를 경보 발령하는 시스템을 업그레이드 시킨 사례도 있다.

산림청, 기상청, 환경부가 모두 협업해서 정보를 공유하는 시스템을 구축했다. 국민의 안전을 위해 2시간 이내 경보발령에서 6시간 이전에 경보를 발령하는 시스템을 공동의 연구를 진행한 사례를 보면 그 의도와 취지를 읽을 수 있다. 결국 공익성, 명분, 인류 평화, 안전과 같은 공감할 수 있는 가치에 의해서 그 공통분모의 상황에 한정한 기술공유가 우선되어야 할 것이다. 예를 들면 전염성이나 인사사고로 이어질 수 있는 질병관리의 각 국가 간의 협력관계를 형성(공익성, 보편적 기술 공유가능)하거나, 인류의 안전과 평화를 위한 기술수혜를 공유하면서 신뢰감과 공존개념을 배우고 점차 협력관계를 늘려가는 것이 타당하다.

왜냐하면 기술의 공유는 후진국과 선진국간의 기술의 편차를 줄이고 과학기술 공유를 통한 상향평준화 가 가능해지는 면에서 장기적인 계획을 단계적으로 이루어야한다. 그리고 보상심리를 가진 국가 간의 기술과 자원의 활용체제를 확립하는 보상시스템의 확보도 필요할 것이다. 전략물자 파생 항목이나 기술유출(보안)자료의 관리를 통제할 수 있도록 대비해서 협력관계를 개선하고 발전시켜야한다. 이러한 공익성, 보상체계의 신뢰도, 평화와 안전이라는 공공의 선을 위한 가치를 올바로 실현시키기 위해서 충분한 논의를 통해 점진적으로 발전시켜야 한다. (2,050자)

〈4차 산업(혁명) + 자유논술형식 융합(복합)형 기출문제 4〉
출제빈도 높은 4차 산업과 미디어, SNS 활용방안 문제
(4차 + 관광공사 사업유치 미디어 활용방안)

출제빈도	난이도	해석력	논제충실성	지식필요성
★★★★	★★★★	★★★☆	★★	★★☆

제시되는 문제는 자유기술형식의 논술이지만, 경제성, 합리성, 공익성이라는 제한적인 상황(내용의 기준제한)에서 내용의 기준을 제한하는 제한형식의 논술 문제이다. 일반적으로 제시문을 바탕으로 제한하는 것이 일반적이지만, 형식은 자유기술형식을 따르되 문제 자체에서 이러한 제한을 주는 경우도 존재한다. 따라서 이러한 제한 자유기술형식 문제의 경우 이 항목에 일치 및 연계 되는 개요가 필요하고, 개요에 충실해야하는 제한적 상황을 잘 따라주어야 한다.

> Q. 경제성, 합리성, 공익성에 기초해서 4차 혁명시대의 미디어, 네트워크, 정보기술의 활용방안을 토대로 관광사업의 적용방안에 대해 서술하시오. (2,000자 내외)
> ― 2017년, 2019년 상반기, 하반기 기출

무엇을	어떻게	
	문제에서 제시한 내용	작성 요령
4차 산업(혁명)기술의 관광 사업에 활용을	각각의 요소에 부합하도록 활용방안토대로 적용방안 제시	① 기준 제한 형식 논술 (공익/경제/합리 기준근거로) ② 각각요소와 내용의 통일성 주의

1. 문제의 분석

답안지에 작성해야 하는 내용을 살펴보면 다음과 같다.

①경제성, 합리성, 공익성의 기준으로 활용 가능한 기술

②미디어, 네트워크, 정보기술 활용방안

③관광사업의 적용방안과 그 사례

이 세 가지 항목은 편의에 따라 순서를 구성한 것이지만, 차례는 다를 수 있어도 항목은 문제를 분석하면 동일하다. 이를 토대로 개요표를 만들어보면 다음과 같다.

① 경제성	① 합리성	① 공익성	② 미디어 및 기술의 활용방안	③ 적용방안과 사례
오프라인 사업의 진행보다 사업의 형태는 효율적이고 경제성이 높다. (고효율/경제성)	과도한 광고 지출이 필요하지 않다.	세금절약	정보기술의 활용	매체공모전
	인력 물적 자원의 투자가 아니라 고유의 문화를 경제적으로 홍보할 수 있으므로 합리성이 높다.	공공이익	SNS활용	공유플랫폼 활용
		부가가치가 높음	공유문화 활용	컨트롤 타워역할이 관광사업자
		양적투자에서 질적 투자로 공익성이 높음	특화문화 홍보	
온라인사업은 많은 기회비용이 필요하지 않다.	최소비용으로 최대효과를 기대할 수 있어서 가성비가 높다.	가변적인 콘텐츠 활용가능	소통문화 발달	조회 수와 유입경로 빅 데이터 활용
			유튜브	
		실무자, 전문가들의 일자리 창출	블로그	시청률과 시간, 연령대의 빅 데이터 활용
영향력이 높아서 효율적이다.	비용, 인력, 물적 자원을 최소로 투자하고 최대효과를 기대할 수 있어서 합리적인 지출(예산)편성이 가능	참여자를 통한 콘텐츠 홍보 가능		대외사업, 협력사업의 확장가능성이 높음
		고유문화 계승		

3. 답안의 작성

경제성, 합리성, 공익성에 기초해서 4차 산업 시대의 미디어, 네트워크, 정보기술의 활용방안을 토대로 관광사업의 적용방안에 대해 서술하시오. (2,000자 내외)

4차 산업 시대 미디어와 네트워크, 정보를 적극적으로 활용하기 위해서는 기존사업과의 근본적인 차이점과 장단점을 활용할 수 있어야 한다. 정보 공유에 의해 파생되는 빅 데이터를 사업의 성격에 부합하도록 활용하는 방안을 기획해야 한다. 생태적으로 다른 성격인 오프라인 사업과 온라인 사업의 장기적 이점, 공유의 이점, 빅 데이터의 활용방안과 수요-공급에 부합하는 기획이 중요하다. 사업의 성격이 통일성을 갖고 지역 고유문화의 정체성을 드러나도록 설계하고 적용해야 한다. 4차 산업은 효율성과 정보의 유연성이 뛰어난 성격을 갖고 있으므로 유연한 사업 대처 능력과 효율적인 자원의 활용이 가능하다.

경제성의 측면을 살펴보면, 4차 혁명 시대 데이터와 정보공유에 의한 사업기반의 활동은 자본이나 인력을 투자해서 산업을 유치하고 광고와 홍보를 통해 일정기간 진행하는 오프라인 사업보다 매우 효율적이고 경제성이 높다. (고효율/경제성) 우선 온라인을 기반으로 진행히는 사업은 많은 기회비용이 필요 없다. 왜냐하면 오프라인 사업은 관광객 유치 기간이 지나면 지속성을 갖기 어렵다. 하지만 온라인 사업은 1회성에 그치지 않고 지속성이 뛰어나며 피드백이 수월하다. 좋은 취지와 진행 경험이 뒷받침되면 지속적인 유치가 가능하다.

합리성의 측면에서 봐도 마찬가지다. 오프라인과 같이 인쇄물을 사용하지 않을뿐더러 방문객을 유치하고 예상 방문객을 예상해서 집행하지 않는다. 투자된 자원을 한시적으로 활용하는 과도한 광고 지출은 필요 없다. 정보와 데이터를 활용한 사업진행은 인적·물적 자원의 투자가 아니다. 홍보 및 사업을 진행하는 주체(광고참여자)가 모두 그 고유의 문화를 경제적으로 홍보할 수 있으므로 합리적인 지출이 가능하다. 최소비용으로 최대효과를 기대할 수 있어서 가성비가 높다. 결국 비용, 인력, 물적 자원을 최소로 투자하고 최대효과를 기대할 수 있어서 합리적인 지출(예산)편성이 가능하다.

사업 측면 뿐 아니라 이러한 정보, 데이터를 활용하는 방식은 공익성의 측면에서도 기대할 수 있다. 세금절약, 공공의 이익, 콘텐츠의 연속성을 기반으로 진행하기 때문에 산업의 부가가치가 높다. 현대 사회의 사업진행은 양적투자에서 질적인 투자로 변화하는 추세이므로 관광산업의 취지와 현대 사회의 사업진행 취지의 측면에서 공익성이 높다. 그리고 기존의 사업은 고정적인 성격이 있었지만 온라인을 활용하면 가변적인 콘텐츠를 활용할 수 있다. 일정의 조정이나 긴급사태에 의한 변동 등을 실시간으로 공지할 수 있기 때문이다. 이를 통해서 실적이나 피드백을 위한 전문인에게 일자리를 창출할 수 있고 참여자를 통한 콘텐츠 홍보도 가능하며, 연속성 높은 콘텐츠의 활용을 통한 고유문화를 계승하는 방식으로 활용할 수 있다.

4차 산업 기반의 사업은 정보기술을 활용해서 SNS, 공유 문화를 통한 체험 및 방문기, 실시간 초청, 이벤트, 가변성이 용이한 공지와 활용, 고유문화의 플랫폼 활용(공사 홈페이지, 지역사회 홈페이지 등등의 활용)이 모두 원활한 사업의 성격이 높다.

특정 지역의 유·무형의 특화된 문화를 홍보하거나 전파하기에 수월하다. 4차 산업의 기반인 인터넷과 정보가 그 가치를 평가받는 즉답성의 특성 때문이다. 사업자의 입장에서 즉답성 높은 피드백은 매우 용이할 것이다. 지금까지는 책자, 이벤트 홍보, 기간의 홍보 등이 대부분의 관광사업의 주된 콘텐츠였지만, 현대 사회는 지역적으로 한정된 문화 홍보나 관광의 개념에서 즉답성과 피드백의 시간이 짧아지면서 소통문화가 발달하고 유투브, 블로그 등을 적극적으로 활용하고 있다.

4차 산업 기술을 기반으로 관광 사업을 활용하기 위해서는 매체를 활용한 공모전 등을 활용할 수 있다. 참여를 유도하고 홈페이지에 게재하면 그 콘텐츠가 고유의 문화 공유 플랫폼이 된다. 플랫폼의 기능을 강화하고, 관광사업의 컨트롤 타워역할이 관광사업자가 되는 것이다. 그리고 분야의 전문인이 콘텐츠의 내용을 감수하는 중심이 되어야 한다. 조회 수와 유입경로, 검색하는 유입자의 연령대, 문화 연관 콘텐츠 등의 빅 데이터가 생산되면 지역 산업과의 연계성도 높아지고 시청률과 시간, 연령대의 빅 데이터를 활용하면 오프라인 사업과의 확장 가능성을 타진할 수 있고, 유사한 관광사업의 통계를 기반으로 진행하는 대외사업이나 협력 사업으로 확장가능성이 높다. (2,018자)

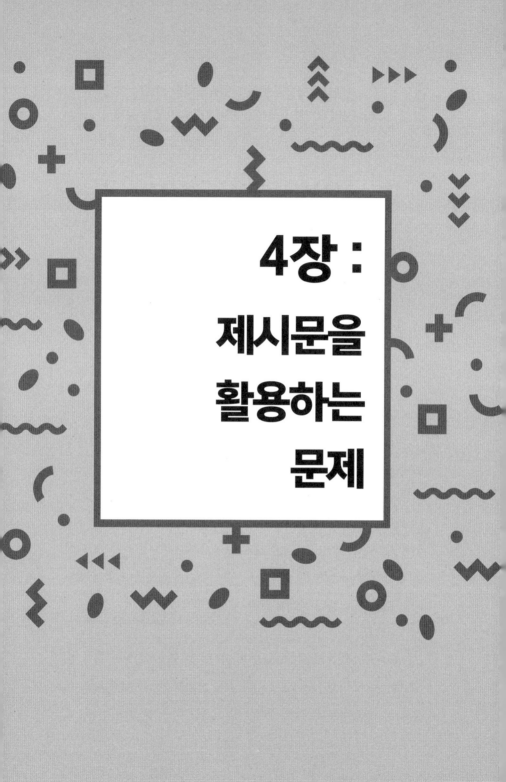

4장 :
제시문을
활용하는
문제

제시문의 요약을 요구하는 문제. 자율성이 없는 문제

(논술의 요약방식을 알아보자)

출제빈도	난이도	해석력	논제충실성	지식필요성
★★☆	★★★★★	★★★★☆	★★★★★	★☆

문제 해설과 요약의 원리 : 출제빈도는 한정적인 문제이나, 난이도가 가장 높고 문제에 충실해야만 해결할 수 있다. 자유도는 전혀 없고, 제시문 내에서만 해결하는 전형적인 문제이다. 이러한 문제가 보편적인 유형은 아니다. 문제 분포도는 낮지만 적어도 논술에서 요약은 필요하다. 제시문이 나올 때 활용하는 방식 중의 하나인 요약을 연습하기 위한 문제를 통해 요약의 원리와 과정을 살펴보자.

요약(要約)은 말이나 글의 요점을 잡아서 간추린다는 뜻이다. 그래서 대개 우리는 요약을 '줄거리를 요약하다'정도의 의미로 사용하고 있다. 이러한 기본적인 사전적 정의를 함께 고민하고자 하는 이유는 이와 같은 사전적 정의의 요약과, 논술(답안지에 작성해야 하는 요약)의 원리는 너무 다르기 때문이다. 논술(즉, 답안지에 문장으로 치환하기까지의 요약)에서의 요약은 간혹 길어지기도 한다. 제시문의 단어를 활용해서 나열한 후, 문장으로 이어 적는 일반적인 요약의 방법과는 다르다. 다음의 문제를 통해 살펴보자.

【1】1905년 일본의 시마네(島根)현 지사는 내무성의 2월 15일자 '훈령 제87호'에 따라, 1905년 2월 22일에 "오키도(隱岐島) 서북 85리 에 있는 도서(즉 독도)를 다케시마라 칭하고 이제 본 현 오키도사의 소

관으로 정함."이라는 내용의 '시마네 현 고시 제40호'를 고시하였다. 이 고시 제40호의 근거가 된 일본 내각결정문의 요지는 첫째 독도 에는 다른 나라가 점령하였다고 인정할 만한 형적(形迹)이 없고, 둘 째 민간인 나카이 요자부로(中井養三郎)가 1903년 이래 이 섬에 막사 를 짓고 인부를 이동시켜 어업에 종사해왔기 때문에 국제법상 '점령 (occupation)'이 있는 것으로 인정된다는 것이었다.

【2】1876년 일본 메이지 정부는 모든 현에 자기 현의 지도와 지적 도를 조사 · 보고하라고 명령하였다. 이때 시마네현에서 내무성으로 동해의 울릉도와 독도를 「기죽도약도(磯竹島略圖)」에 그려, 이 '울릉도 외 일도(一島)'를 시마네현 지도에 포함해야 하는지 제외해야 하는지 를 결정해 달라는 질의서를 제출하였다. 이에 내무성이 1877년 3월 17일자로 태정관에 "울릉도를 관할로 할 것인가에 대해 시마네현으 로부터 별지와 같이 질의가 있어서 조사해 본 결과, 울릉도는 1692 년 조선인이 입도한 이후 별지 서류에서 요약 정리한 바, 1696년 정 월 제1호 구(舊)정부(에도 막부)의 평의, 제2호 역관에의 통보서, 제3 호 조선에서 온 서한, 제4호 이에 대한 우리나라(일본)의 답서 및 보 고서 등과 같이 우리나라(일본)와 관계없는 곳이라고 들었습니다." 라는 '품의서'를 올렸다. 태정관은 이에 1877년 3월 29일자로, "질 의한 바의 울릉도 외 일도는 우리나라(일본)와 관계없음을 명심할 것."이라는 '지령'을 내렸다.

【3】1900년 10월 25일, 대한제국 칙령 제41호
제1조 : 울릉도를 울도로 개칭하여 강원도에 부속하고, 도감(島監)

을 군수(郡守)로 개정하여 관제 중에 편입하고 군의 등급은 5등으로 할 것. 제2조 : 군청(郡廳) 위치는 태하동으로 정하고, 구역(區域)은 울릉 전도(全島)와 죽도(竹島), 석도(石島, 즉 독도)를 관할(管轄)할 것.

【4】 1906년 의정부 참정대신에게 올린 보고서와 지령

- 강원도 관찰사 서리 춘천군수 이명래가 1906년 4월 29일자로 올린 보고서

「울릉군수 심흥택의 보고서는 다음과 같습니다. "본군(本郡) 소속 독도가 바깥 바다 100여 리 밖에 있는데, 4월 초 4일 진시(辰時) 가량에 윤선(輪船) 1척이 군내 도동포에 내박(來泊)하여 일본 관인(官人) 일행이 관사에 이르러 스스로 '독도가 지금 일본영토가 되었으므로 시찰차 왔다.'라고 말하온 바, 이에 보고하오니 살펴 헤아리시기를 엎드려 바라옵니다."라고 하였습니다. 이에 보고하오니 살펴보시기를 바라옵니다.」 - 참정대신 박제순이 1906년 5월 20일자로 내린 지령 「보고는 잘 받아 보았다. 독도의 일본 영토 설은 전혀 사실무근이니, 그 섬의 형편과 일본인이 어떻게 행동하는지를 다시 조사해서 보고하라.」

【5】 국제법상 '영토 권원(title to territory)'

국제법상 '점령(occupation)'이 영유권을 행사할 수 있는 요건은 두 가지로 구분할 수 있다. 첫째는 해당 영토가 무주지(無主地)여야 한다는 것이고, 둘째는 그 영토에 대하여 실효적 지배를 해야 한다는 것

이다. 여기서 실효적 지배란 일반적으로 평화적이고 지속적인 국가 권력의 행사를 의미한다.

> Q. 제시문【1】은 1905년 일본이 독도를 자국의 영토에 편입시킨 시마네 현 고시 제40호와 그 근거가 된 내각 결정문의 요지를 서술한 것이다. 제시문에서 나타난 자료를 요약하고, 일본의 독도 편입이 국제법상 불법임을 간단히 서술하시오. (800자 내외)

무엇을	어떻게	
	문제에서 밝힌 내용	작성 요령
제시된 내용을 바탕으로	요약하고 국제법상 불법임을 밝히는	① 요약의 원리를 숙지하고 ② 중요문장을 찾아서 요약하기

1. 문제의 분석

이 문제는 요약과 구성력 등을 평가하기 위한 문제이다.

①중심문장을 구성할 수 있는가

②순서를 배치할 수 있는가

요약의 원리와 과정을 충실하게 이행했을 때, 최종적으로 남는 문장을 통해 전체 내용은 구성이 된다. 위의 문제는 분석력이나 논리적인 글쓰기를 요구하지 않는다. 문제에서 주어진 것은 요약력, 그리고 하나의 주제(독도의 일본영토설은 불법이다)를 토대로 요약문을 활용해서 완성된 글을 작성하는 통합능력, 최소한의 구성(순서, 배열 정하기)을 평가하기 위한 문제이다.

2. 요약 과정

다음의 요약과정을 자세하게 살펴보자.

【1】1905년(연도) 일본의 시마네 **현 지사[주어]**는 내무성의 2월 15일자 '훈령 제87호'에 따라, 1905년 2월 22일에 "오키도 서북 85리에 있는 **도서(즉 독도[주장의 대상])**를 다케시마라 칭하고 이제 본 현 오키도사의 소관으로 정함."이라는 내용의 '시마네현 고시 제40호'를 고시하였다. 이 고시 제40호의 근거가 된 일본 내각결정문의 요지는 첫째, 독도에는 다른 나라가 점령하였다고 인정할 만한 **형적이 없고**(지금까지 점령흔적이 없음), 둘째 민간인 나카이 요자부로가 1903년 이래 이 섬에 **막사를 짓고 인부를 이동시켜 어업에 종사(어업종사와 거주)**해왔기 때문에 **국제법상 '점령**(occupation) '**이 있는 것으로 인정된다는 것이었다.

제시 문에서 가져온 문장요소	요약에 사용할 요소
1905년, 현 지사	1905년에 일본의 한 현 지사는
도서(즉 독도)	점령의 흔적이 없는 섬
형적(形迹)이 없고	
막사를 짓고 인부를 이동시켜 어업에 종사	거주를 근거
인부를 이동시켜 어업에 종사	민간인의 어업종사와
독도의 '점령'에 해당함을 주장한 바가 있다.	

【1】요약문 : 1905년에 일본의 한 현 지사는 점령의 흔적이 없는 섬에서 민간인의 어업종사와 거주를 근거로 국제법상 독도의 '점령'에 해당함을 주장한 바가 있다.

【2】1876년(앞서 언급한 제시문에서 이어지는 내용이므로 1905년보다 앞선 기록임을 명시하기 위해서 앞에 언급하고 연도를 밝힘), 일본 메이지 정부는(확인한 주체가 국가임을 밝힘) 모든 현에 자기 현의 지도와 지적도를 조사·보고하라고 명령하였다. 이때 시마네현에서 내무성으로 동해의 울릉도와 독도를 「기죽도약도(磯竹島略圖)」(제시문에서 요약문을 그대로 가져오지 않고, 토지조사의 과정임을 밝히고 지도 제작의 내용만을 언급해서 비약하는 요약하는 문장임)에 그려, 이 '울릉도 외 일도(一島)'를 시마네현 지도에 포함해야 하는지 제외해야 하는지를 결정해 달라는 질의서를 제출(연도,대상,그리고 막부 등등의 중요치 않은 내용을 뛰어넘어 질문에 대한 답변임을 강조)하였다. 이에 내무성이 1877년 3월 17일자로 태정관에 "울릉도를 관할로 할 것인가에 대해 시마네현으로부터 별지와 같이 질의가 있어서 조사해 본 결과, 울릉도는 1692년 조선인이 입도한 이후(상세한 연도를 기입하기보다 총 연도를 밝혀서 문장을 유기적으로 연결하는 요약) 별지 서류에서 요약 정리한 바, 1696년 정월 제1호 구(舊)정부(에도 막부)의 평의, 제2호 역관에의 통보서, 제3호 조선에서 온 서한, 제4호 이에 대한 우리나라(일본)의 답서 및 보고서 등과 같이(앞서 거주한 내용을 바탕으로 확인한바, 관계없음을 증명함) 우리나라(일본)와 관계없는 곳이라고 들었습니다." 라는 '품의서'를 올렸다. 태정관은 이에 1877년 3월 29일자로, "질의한 바의 울릉도 외 일도는 우리나라(일본)와 관계없음을 명심할 것." 이라는 '지령'(우리정부의 의견이 아니라 일본정부의 의견임을 밝힘)을 내렸다.

제시 문에서 가져온 문장요소	요약에 사용할 요소
1876년, 메이지 정부는	하지만 그보다 30년 전인 1876년 일본 정부에서 확인
현에 자기 현의 지도와 지적도를 조사·보고하라고 명령, 「기죽도약도」	현 내(內) 지적과 토지의 조사과정에서 지도를 제작
질의서를 제출	의문을 가진 현의 질의서에 따라
1692년 조선인이 입도한 이후	300여 년간의 기록을 바탕으로
우리나라(일본)의 답서 및 보고서 등과 같이	조선인의 실효적인 지배기록을 토대로
"우리나라(일본)와 관계없음을 명심할 것." 이라는 '지령'	일본과 관계없다는 사실을 확인하고 명심하도록 지령을 내린 바

【2】요약문 : 하지만 그보다 30년 전인 1876년, 현 내(內) 지적과 토지의 조사과정에서 지도를 제작하는데, 이에 의문을 가진 현의 질의서에 따라 일본 정부에서 확인한 바에 따르면, 300여 년간의 기록을 바탕으로 살펴볼 때, 조선인의 실효적인 지배기록을 토대로 일본과 관계없다는 사실을 확인하고 명심하도록 지령을 내린 바가 있다.

【3】1900년 (제시문에서 그대로 1900년을 가져다 쓰는 것보다 아래-위의 문단 관계에 대해 구체적이고 유기적으로 보일 수 있도록 문장을 덧붙여서 작성함) 10월 25일, 대한제국 칙령 제41호.

제1조 : 울릉도를 울도로 개칭하여 강원도에 부속(울릉도와 강원도 그리고 독도는 항상 함께 묶여서 언급되고 있다는 점을 감안해서 요약에서 이번만큼은 행정구역상의 독도를 함께 언급해야 할 것으로 보입니다)하고, 도감(島監)을 군수(郡守)로 개정하여 관제 중에 편입(행정구역 상 관제에 편입해서 그 지역을 관할하는 지령을 내린 사실)하고 군의 등급은 5등으로 할 것. 제2조 : 군청(郡廳) 위치는 태하동(행정을 담당

하는 지역을 밝혀 어느 곳의 소속인지 밝힘)으로 정하고, 구역은 울릉 전도(全島)와 죽도(竹島), **석도**(石島, 즉 독도)(이 당시의 독도를 공식적/수의적으로 어떻게 명칭을 하고 있는지 알 수 있는 근거임.)를 관할(管轄)할 것.

제시 문에서 가져온 문장요소	요약에 사용할 요소
1900년, 대한제국 칙령	일본이 점령을 주장하고 있는 1905년에 5년 앞선 대한제국의 칙령을 보면
울릉도를 울도로 개칭하여 강원도에 부속	울릉도와 강원도가 함께 편성되어있는 독도
관제 중에 편입	소속되어있는 행정구역의 명시
군청 위치는 태하동	군청의 위치 등을 명료하게 밝혀
석도,관할	행정구역상의 관할기관
그 주변 섬들의 포함여부를 밝힌 바 있다.	

【3】요약문 : 일본이 점령을 주장하고 있는 1905년에 5년 앞선 대한제국의 칙령을 보면, 울릉도와 강원도가 함께 편성되어있는 독도는 소속되어있는 행정구역의 명시와 그 군청의 위치 등을 명료하게 밝혀서 독도에 대한 행정구역상의 관할기관. 그리고 그 주변 섬들의 포함여부를 밝힌 바 있다.

【4】1906년(일본이 점령을 주장한 다음해인 1906년이라는 명시도 필요할 것으로 보입니다) 의정부 참정대신에게 올린 보고서와 지령
 - **강원도 관찰사** 서리 춘천군수 이명래가 1906년 4월 29일자로 올린 보고서

「울릉군수 심흥택의 보고서는 다음과 같습니다. "본군 소속 독도가

바깥 바다 100여 리 밖에 있는데,(사실을 확인한 바에 대한 근거) 4월 초 4일 진시(辰時) 가량에 윤선(輪船) 1척이 군내 도동포에 내박(來泊)하여 **일본 관인(官人)** 일행이 관사에 이르러 스스로 **'독도가 지금 일본 영토가 되었으므로 시찰차 왔다.'**라고 말해온 바, 이에 보고하오니 살펴 헤아리시기를 엎드려 바라옵니다."(일본의 점령주장에 대한 확인차 온 일본의 관원이 이러한 주장을 하는 바. 정부의 적절한 조치와 확인이 필요한 상황이며, 또한 이에 대한 확인 차 공식적인 답변을 요구하는 과정)라고 하였습니다. 이에 **보고하오니 살펴보시기를 바라옵니다.**」 - 참정대신 박제순이 1906년 5월 20일자로 내린 지령

「보고는 잘 받아 보았다. 독도의 일본 영토 설은 **전혀 사실무근이니**, 그 섬의 형편과 일본인이 어떻게 행동하는지를 **다시 조사해서 보고**(이에 대해 정부는 다시 한 번(재차) 확인한 바, 일본의 주장은 사실 무근이며 이에 대한 공식적인 입장을 확인한 바 있으니, 실수 없게 하도록 조치한 내용)하라.」

제시 문에서 가져온 문장요소	요약에 사용할 요소
1906년, 울릉군수 심흥택	(다음해인) 1906년 관찰사로부터 온 보고
본군 소속 독도가 바깥 바다 100여 리 밖	독도에 일본 관인의 방문한 바
'독도가 지금 일본영토가 되었으므로 시찰차 왔다.'라고 말하여 온 바	그들은 독도의 일본 영토 설을 주장
보고하오니 살펴 헤아리시기를 엎드려 바라옵니다.	그 내용에 대해서 재차 확인 했으나
사실무구이니	일본이 주장은 사실과 다른 점
그 섬의 형편과 일본인이 어떻게 행동하는지를 다시 조사해서 보고	그 형편과 행동을 재차 조사하고 보고할 것임을
대한제국은 그 사실을 부정해서 독도는 대한제국의 영토이며, 일본의 주장은 타당하지 않음을 명료하게 지시	

【4】요약문 : (다음해인) 1906년 관찰사로부터 온 보고에 따르면 독도에 일본 관인의 방문한 바가 있다. 그들은 독도의 일본 영토 설을 주장하는데, 그 내용에 대해서 재차 확인 했으나, 일본의 주장은 사실과 다른 점. 그리고 그 형편과 행동을 재차 조사하고 보고할 것임을 대한제국은 그 사실을 부정해서 독도는 대한제국의 영토이며, 일본의 주장은 타당하지 않음을 명료하게 지시한 바 있었다.

【5】국제법상 '영토 권원(title to territory)(영토를 주장할 수 있는 권리의 국제법 기준)'

국제법상 '점령(occupation)'이 **영유권을 행사할 수 있는 요건은** 두 가지로 구분(이 문단(제시문5)의 중요 내용)할 수 있다. 첫째는 **해당 영토가 무주지**(無主地)**여야 한다**는 것(즉, 주인이 없어야/살고 있는 주민이 없어야한다는 기준1)이고, 둘째는 **그 영토에 대하여 실효적 지배**(영토에 대한 지배가 현재 유지되고 있어야 한다는 기준2)를 해야 한다는 것이다. 여기서 실효적 지배란 일반적으로 평화적이고 지속적인 국가권력의 행사를 의미한다.

※ (구성필요) 위의 5번 제시문은 대단히 중요한 시사점을 갖고 있는 문단으로 보입니다. 왜냐하면 일반적인 요약만 요구하는 것이 아니라, 앞선 내용을 모두 포함하고 시사점을 적기에 매우 중요한 문단이므로 이는 요약뿐만 아니라 구성(배열)도 필요하므로, 요약하는 과정에서 가장 먼저(앞) 작성되어야 하는 내용입니다. 따라서 요약문의 서두에 밝힐 내용이므로, 요약+구성이 필요합니다.

제시 문에서 가져온 문장요소	요약에 사용할 요소
영유권을 행사할 수 있는 요건은 두 가지로 구분	국제법상 영토를 주장할 수 있는 권리의 기준
영토가 무주지(無主地)여야 한다는 것	주인(실제 거주자)이 없어야 한다는 점
영토에 대하여 실효적 지배	영토의 지배가 현재 유지되어야 한다는 기준

【5】요약문 : 국제법상 영토를 주장할 수 있는 권리의 기준은 주인 (실제 거주자)이 없어야 한다는 점. 그리고 실제 영토의 지배가 현재 유지되어야 한다는 기준을 밝히고 있다.

3. 요약 내용을 토대로 통합해서 작성하기

요약 문장을 가져와서 작성하면 다음과 같다. 통합 작성 시에 적용한 내용은 치환, 접속어만 추가하였다.

①그대로 옮겨 올 때, (5)번 제시문은 구성에 따라 앞부분으로 치환함

②문장을 읽을 때 전후 문단의 유기성을 위해서 그리고, 그러나 등의 접속어만 추가한다.

1.국제법상 영토를 주장할 수 있는 권리의 기준은 주인(실제 거주자)이 없어야 한다는 점. 그리고 실제 영토의 지배가 현재 유지되어야 한다는 기준을 밝히고 있다.

2.1905년에 일본의 한 현 지사는 점령의 흔적이 없는 섬에서 민간인의 어업종사와 거주를 근거로 국제법상 독도의 '점령'에 해당함을 주장한 바가 있다.

3. (하지만) 그보다 30년 전인 1876년 현 내 지적과 토지의 조사 과정에서 지도를 제작하는데, 이에 의문을 가진 현의 질의서에 따라 일본 정부에서 확인한 바에 따르면, 300여 년간의 기록을 바탕으로 살펴볼 때, 조선인의 실효적인 지배기록을 토대로 "일본과 관계없다"는 사실을 확인하고 명심하도록 지령을 내린 바가 있다.

4. (그리고) 일본이 점령을 주장하고 있는 1905년에 5년 앞선 대한제국의 칙령을 보면, 울릉도와 강원도가 함께 편성되어있는 독도는 소속되어있는 행정구역의 명시와 그 군청의 위치 등을 명료하게 밝혀서 독도에 대한 행정구역상의 관할기관. 그리고 그 주변 섬들의 포함여부를 밝힌 바 있다.

5. (또한) 다음해인 1906년 관찰사로부터 온 보고에 따르면 독도에 일본 관인의 방문한 바가 있다. 그들은 독도의 일본 영토 설을 주장하는데, 그 내용에 대해서 재차 확인 했으나, 일본의 주장은 사실과 다른 점. 그리고 그 형편과 행동을 재차 조사하고 보고할 것임을 대한제국은 그 사실을 부정해서 독도는 대한제국의 영토이며, 일본의 주장은 타당하지 않음을 명료하게 지시한 바 있었다.

(위의 요약은 약 750자)

제시문 활용 문제 : 분석과 의견제시형 문제를 통해서 논술 작성
순서에 대해 연습해보자.

문제 난이도	제시문 활용도	출제빈도	작성난이도	연습난이도
★★★	★★	★★★☆	★★★	★★★☆

다음의 문제는 논술문(답안지)를 작성하기 위해서 필요한 과정을
설명하기 위해 제시한 문제이다. 논술문작성은 개인마다 차이가 있
지만 (과정을 생략하는 경우도 있지만) 아래와 같은 과정을 숙지하
고 문제를 해결해보자.

논술문 작성 요령(순서)

1	제시문을 제외하고 문제를 읽는다.
2	문제에서 제시한 답안지에 작성해야하는 내용을 토대로, 간단한 개요를 만들어본다.
3	문제만을 통해 만든 개요를 토대로 제시문을 읽고, 필요한 소스를 찾아본다.
4	소스(답안지에 작성할 중요단어, 내용 등)를 구성한다.
5	구성에 맞는 전체 개요를 작성해본다.
6	부족한 내용이나, 빠진 부분이 있는지 확인한다.
7	더 이상 추가할 내용이 없으면, 삭제할 내용에 대해서 살펴본다.
8	첫 문장을 구성해본다.
9	글을 작성한다.
10	서론이 끝나고 난 뒤 문제-개요-서론의 내용과 통일성을 확인(답안지 교체 최적의 기회)

11	작성을 완료 했으면, 다시 문제-개요-서론-전체내용의 유기성을 확인
12	평가 기준에 맞추어서 글을 읽어본다. ① 내용은 통일성이 있는가? ② 문장은 유기적으로 연결되어있는가? ③ 주어와 목적어, 서술어 등의 필수문법 요소가 잘 호응하고 있는지 살펴본다.
13	단어 단위의 수정이 필요한지, 단어의 쓰임이 정확한지, 논리적인지 확인
14	모든 과정이 끝났다. 제한시간이 끝날 때까지 반복 확인 한다.

다음 제시문을 읽고 문제에 대해 답하시오.

(중략)

무인 택배 시스템은 이렇다. 물건을 실은 자율주행 셔틀 큐브가 배송 목적지 근방에 도착하면 자동으로 문이 열리고 로봇 개가 등에 택배를 지고 나와 소비자 집 현관까지 배달한다. 차량 운전사도 배송원도 필요 없다. 사족보행이라 가파른 언덕이나 계단에서도 무리 없이 움직인다.

○○대는 지난해 12월 보안업체 ○○캅과 계약을 맺고 무인경비 시스템 도입을 추진하고 있다. 경비 노동자들이 학교 건물을 지키는 일반 경비와 함께, 출입통제시스템과 방범 센서, 시시티브이(CCTV)를 설치하는 방식의 무인 경비를 병행하는 통합경비체계를 운영하겠다는 계획이다. 출입통제시스템과 방범 센서는 현재 공사가 진행 중이고 시시티브이 설치 공사는 3월 말 완료된 상태다.

이에 대해 학생들과 경비 노동자들은 반발하고 있다. 학교는 기존에 해오던 일반경비에 무인경비시스템을 더해 방범을 강화하는 것이라고 밝히고 있지만, 이들은 학교 쪽이 사실상 점진적인 인력 감축을 통해 경비 무인화로 나아가려 한다고 주장한다.

(중략)

이미 도래한 무인 시스템의 사회다. 사라질 직업은 마부처럼 사라지기 마련이다. 우리가 할 수 있는 것은 사회적 논의를 통해 기존 산업 군과 충돌을 최소화하는 거다. 그냥 막무가내로 "절대 안 된다" 하지 말고 되는 것부터 하나씩 늘려가는 게 필요하다. 그게 대화고, 사회적 합의 과정이다. 지금처럼 '구산업' 종사자가 "안 된다"며 양극단으로 대립만 하면 우리는 할 수 있는 게 없다. 그냥 구한말 일제에 나라를 빼앗길 때처럼 무기력하게 낙오되는 수밖에 없다.

Q. 최근 빈도가 늘고 있는 무인시스템(unmanned system)에 대한 순기능과 역기능의 측면을 참고하여, 향후 기술의 활용성에 대한 자신의 견해를 서술하시오. (2,000자 내외)

무엇을	어떻게	
	문제에서 제시한 내용	작성 요령
무인시스템의 순기능 역기능 측면을	참고해서 향후 활용성의 견해 제시	①논술 작성의 순서를 숙지 ②체계적인 개요를 작성해서

1. 제시문을 제외하고 문제를 읽는다.

(문제에서 제시한 답안지에 써야 할 내용은 다음과 같다.)

1	무인시스템의 증가추세에 대한 간략한 서술
2	순기능(찬성 입장), 그리고 역기능(반대 입장)
3	향후 기술 활용에 대한 개인적인 의견제시(대안제시)를 요구하는 문제

2. 문제에서 제시한 답안지에 작성해야하는 내용을 토대로, 간단한 개요를 만들어본다.

(문제를 자세히 읽고, 순서대로 답안지에 써야 할 내용을 정리한다.)

1	무인시스템의 증가추세에 대한 간략한 서술	무인시스템에 대해 간단하게 정의하고, 무인시스템의 사회적 증가추세에 대한 간략한 서술이 필요하다.
2	순기능(찬성입장), 그리고 역기능(반대 입장)	이에 대한 순기능(긍정적 기능)의 측면을 서술하고 반대로 역기능(부정적 기능)의 측면을 서술한다. 제시문을 참고한다는 점은 문제에서 제시했으므로, 제시문에 나온 내용 중 답안지에 작성 할 내용을 선별한다.
3	향후 기술 활용에 대한 개인적인 의견제시(대안제시)를 요구하는 문제이다.	향후 활용방안에 대한 서술이 필요하다.

3. 문제를 통해 만든 개요를 토대로 제시문에서 필요한 소스를 찾아본다.

1	무인시스템의 증가추세에 대한 간략한 서술	무인시스템에 대해 간단하게 정의하고, 무인시스템의 사회적 증가추세에 대한 간략한 서술이 필요하다.	무인경비 시스템의 형태(CCTV와 출동 시스템으로 운용되는 사례제시)
2	순기능(찬성 입장), 그리고 역기능(반대 입장)	이에 대한 순기능(긍정적 기능)의 측면을 서술하고	무인시스템(제시문)에 나온 무인택배 시스템의 효율성, 경제성, 편리성 제시
		반대로 역기능(부정적 기능)의 측면을 서술한다.	인적자원기반의 현재 시스템과 무인 시스템의 갈등 소개
		제시문을 참고한다는 점은 문제에서 제시했으므로, 제시문에 나온 내용 중 답안지에 작성 할 내용을 선별한다.	이 시스템의 도래는 사회에서 일부 일자리의 축소우려와 편리성과 효율성의 갈등 문제가 가장 문제의 핵심으로 소개
3	향후 기술 활용에 대한 개인적인 의견제시(대안제시)를 요구하는 문제	향후 활용방안에 대한 서술(대안제시)	

4. 소스(답안지에 작성할 중요단어, 내용 등)를 구성한다.

5. 구성에 맞는 전체 개요를 작성해본다.

《내용을 구현한 상세개요》

서론 : 무인시스템의 취지와 찬반논란 제시 (효율성, 기술발달의 활용 문제/인적자원의 투입으로 인한 즉답, 안정감의 부재의 문제) 따라서 인명피해를 줄이기 위한 가장 필요한 체제를 선택해야 한다는 전제가 필요함	
장점	단점
고효율성	일자리 축소
경제성	CCTV에 의존한 시스템, 일부 인력을 인정해야한다.
빅 데이터 수집에 용이함	대안으로 혼용가능(인원축소와 출동업체의 병행체제)
편리성 높음(1회비용투자로(CCTV추가) 지속사용가능)	강력범죄 노출가능성이 인적자원 투입보다 신뢰도 낮음
통합시스템 운용가능(범사용 기능 가능)	에러 작동 시 불통/불능 상황의 우려
기술이 이미 완성된 체제운용	선제 대응(현재 순찰 시스템)미비
감정노동, 갑질논란에서 벗어남	결국 인력투입이 불가피한 체제
본론 3 : 우선순위 기준 (시스템의 문제가 아니라 체제의 실효성이 우선되어야 한다) 1. 강력범죄 비율이 높은 학교는 인력 줄이기 무리 2. 상대적으로 지역이 넓은 학교는 효율성을 위한 CCTV추가 설치 및 활용방안 대처가 가능 3. 따라서 시스템의 가부(可否)문제가 아니라, 필요에 의한 체제의 정립이 중요함	
결론 : 1. 적절한 사회적 협의가 필요함 2. 인명피해는 가장 피해야하는 중요가치임. 따라서 인명피해를 피할 수 있는 최적의 방법 선택이 중요함 3. 혼용의 가능성을 열어두고 협의를 진행해야 그 효율성, 실효성을 기대할 수 있음	

※전체개요에 혹시 부족한 내용이나, 문제에서 제시한 내용 중에서 빠진 부분이 있는지 반드시 체크한다.

6. 더 이상 추가할 내용이 없으면, 삭제할 내용에 대해서 살펴본다.

글을 작성하기 이전에 자신의 개요부분에서 첨가하거나 삭제할 내용이 있는지 확인하고, 그 내용을 구성함에 있어서 순서를 구성하거나 조정하는 과정이다. 많은 연습량을 바탕으로 글의 구성이 익숙하지 않다면 이 부분에서 상위와 하위의 호응관계를 반드시 확인한다.

7. 내용의 개요와 단어, 그리고 추가할 사항이나 빠져야할 사항이 없다면 첫 문장을 구성해본다.

무인시스템의 장점에서 상위어 : 고효율, 경제성, 초기비용 높지만 효율적 운영 등
무인시스템의 단점에서 상위어 : 일자리축소, 현행유지방식, 응급상황 시 취약 등

※ 예시 첫 문장 : 무인시스템은 효율성이 높고, 초기 투입비용이 높지만 유지보수가 용이하고, 운영이 용이하다는 장점이 있지만 현재 근무 중인 인력의 일자리 감소와 응급 상황 시에는 인력을 투입하는 것이 즉답성이 높기 때문에 신뢰도에 의한 반대의 목소리도 높다.

8. 글을 작성한다.
9. 서론이 끝나고 난 뒤에는 문제-개요-서론의 내용에 더 이상 수정사항이 없는지 반드시 확인 하고 본론으로 넘어가도록 한다. (답안지를 교체할

수 있는 사실상 가장 중요한 시점이다)

최근 빈도가 늘어나고 있는 무인시스템(unmanned system)에 대한 순기능과 역기능의 측면을 참고하여, 향후 기술의 활용성에 대한 자신의 견해를 서술하시오. (2,000자 내외)

현대 사회가 무인화체계를 진행하는 것은 기술과 데이터의 발전에 의해 파생된 문화이다. 지금까지는 인력자원이 투여되는 상황이다. 무인시스템으로 전환되는 시점에서 많은 논란이 존재한다. 무인시스템은 인력을 기존처럼 순찰이나 확인 등 사람의 손을 거치지 않아도 되는 편리함과 효율성, 발전된 기술을 활용한다는 형평성은 뛰어나지만, 기존의 상주 인력이 투입되는 즉답성과 안정감이 부족하다는 우려가 그 논란의 핵심이다. 인명피해를 줄이기 위한 가장 필요한 체제를 선택해야 한다는 전제가 필요하다.

(※서론이 끝났을 때, 답안지를 교체할 수 있는 사실상 가장 적절한 시점)

가장 큰 장점은 많은 인력이 필요하지 않다는 고효율성(1회성 투자로 지속적 사용이 가능한 점)이다. 시설을 모두 교체하지 않아도 증가하거나 보완하는 개념의 CCTV활용과 유연한 대안이 적용 가능한 경제성, 무인쇼핑의 경우 정신노동 근로자가 자유롭다는 점. 무인경비의 경우 통계를 활용한 고위험 지역이나 저 위험 지역의 활용이 가능한 점. 운영기간에 따라 빅 데이터 수집에 용이하다.

데이터를 활용하면 비용 산정이 편리하다. 특정지역을 강화하거나 줄이는데 통계를 활용할 수 있기 때문이다. 근거를 활용할 수 있다는 점. 기존에는 물량이 많은 경우 인력을 증가 시키거나 위험지역의 순찰을 늘리는 등의 물리적인 증감이 대안이었지만 단기적인 비용투자(로봇의 증가, CCTV추가)가 지속사용가능하다는 편리성이 큰 장점이다.

무인시스템은 통합시스템을 운용하는 것이 가능하다. 강력한 권한을 행사할 수 있기 때문에 경비시스템에서는 인력보다는 차량이나 이동수단을 늘리고, 쇼핑이나 택배 시스템의 경우 물량예측, 물리적인 수량 늘리기 등이 편리하다. 그리고 기술부족으로 고비용을 투자해야 한다면 모르되, 이미 산업 기반에 완성된 체제를 운용하기 때문에 상용화된 기술이므로 고비용이 필요하지 않다. 특히 택배, 쇼핑, 경비 모두 사람을 상대하는 감정노동, 갑질 논란에서 벗어날 수 있다는 점이 장점이다.

반면 기존의 직장 수가 감소한다는 것이 반대의견의 핵심이다. 일자리 축소 문제, CCTV에 의존한 시스템이나 택배, 쇼핑 모두 무인시스템 정착하기까지 인력을 배치해야 하는 한계점을 인정해야한다는 문제도 있다. 이상적인 시스템은 무인(기계) - 인력문제의 대안으로 혼용이 가능(인원축소와 택배, 쇼핑, 경비업체의 병행체제)하다는 점에서 논란은 존재한다.

특히 쇼핑이나 택배와 같은 경우 통합 시설은 비교적 안정적이다.

하지만 절도 상황에 취약하고, 즉답성이 떨어지기 때문에 강력범죄에서 불안하다. 특히 경비시스템의 경우 인적자원 투입보다 신뢰도가 낮다. 오히려 인력시스템을 유지하는 것이 효과적으로 보는 관점도 존재한다. 재산의 측면에서는 에러(error) 발생 시 불통/불능 상황의 우려된다 하더라도 보상시스템이 존재하지만, 경비의 업무는 인사사고 발생 시 산업기반의 신뢰도를 한꺼번에 잃을 수 있어서 조심스러운 상황이다. 무인시스템은 선제 대응(현재 순찰 시스템)이 미비하고, 불특정 다수를 향한 묻지 마 폭력 등과 관련해서 사람행동에 대해 "의심스럽다"의 영역을 전제로 초기 대응을 살필 수 없다는 한계점에 의해서 인력투입이 불가피하다.

따라서 이러한 논란이 존재하는 상황에서는 우선순위의 기준이 필요하다. 체제(시스템)의 문제가 아니라 체제의 실효성이 우선되어야 한다. 강력범죄 가능성이 높은 학교에서만큼은 인력 줄이기가 반대의견이 많고, 상대적으로 물리적인 지역이 넓은 학교는 효율성을 위한 CCTV추가 설치 및 인력체제가 공존할 수 있다. 시스템의 옳고 그름(가부可否) 문제가 아니다. 필요에 의한 효율적인 체제, 구성원의 협의가 필요하며, 인명피해는 반드시 피해야하는 중요함이 기준이 되어야 한다. 사용여부와 함께 혼용의 가능성을 열어두고 협의를 진행해야만 효율성과 실효성을 기대할 수 있다. (1,851자)

11. 문장을 모두 완성 했으면, 다시 문제-개요-서론-전체내용의 통일성을 살펴본다.

12. 다음 평가 항목에 맞추어서 글을 읽어본다.

① 내용은 통일성이 있는가?

② 문장은 유기적으로 연결되어있는가?

③ 주어와 목적어, 서술어 등의 필수문법 요소가 잘 호응하고 있
   는지 살펴본다.

13. 단어 단위의 수정이 필요한지, 단어의 쓰임이 정확한지, 논리적으로
빠진 부분이 없는지 꼭 확인한다.

14. 모든 과정이 끝났으므로, 제한시간이 끝날 때 까지 반복해서 읽으면
서 어색한 부분이 없는지에 대해 확인한다.

〈제시문 활용형 문제 3. 치매환자 증가(사회현상)의 분석과 해석 문제〉
제시하는 숫자(수치)활용해서 내용을 유추하고 구성하는 방법을 연습
(기본 글자수(400자)에서 1,500자로 확장하는 과정을 살펴보자)

출제빈도	문제 난이도	제시문 활용도	작성난이도	연습난이도
★★★★	★★★★	★★★★★	★★★★☆	★★★☆

다음으로 살펴볼 문제는 주어지는 제시 문을 활용하는 방식이다. 문제를 분석하는 과정과 그 논리성을 답안지에 구현해야만 높은 점수를 기대할 수 있다. 승진 및 취업 논술에서 제한 형식 논술문제에 접근하기 위해서는 통계를 효과적으로 활용하고 충실하게 주제를 따라야만 한다. 제시문의 소스를 어떻게 활용해야 하는지에 대해 알아보자.

그리고 이 문제를 통해 기본쓰기 글자 수 400자에서 어떻게 확장하는 글쓰기 글자인 600자로 확장되는지, 그리고 요구하는 글자 수 1500자로 증가하는지의 과정을 통해 기본글쓰기와 확장글쓰기 내용을 읽어보고 어떤 점이 추가되었는지 살펴보자.

제시문 : 최근 일간지 보도에 따르면 2017년 현재 전국의 치매환자는 72만 4,000여명에 달하며, 2050년은 271만 명으로 약 3배 정도 증가할 것으로 예상된다고 밝히고 있다. 또한 총 치매 관리 비용은 2015년 기준 연간 13조 2,000억 원(환자 1인당 2033만원)으로, 2030년 34조 3,000억 원, 2050년 106조 5,000억 원에 이를 것으로 예상된다고 보도했다.

치매환자 수는 인구 고령화와 함께 가파른 상승세를 보이고 있어 치매관리를 위한 비용증가는 불가피해 보인다.

Q. 치매환자 증가수의 증가에 따른 문제점을 개인적, 사회적 측면에서 각각 분석하고, 대응방안에 대해 논술하시오. (1,500자 내외)

무엇을	어떻게	
	문제에서 제시한 내용	작성 요령
치매환자 증가의 문제를	개인/사회적 측면에서 분석하고, 대응방안에 대해 논술하시오.	①제시문을 활용하는 방식에 따라 ②주제와 제시문의 숫자(계수)를 활용 ③자유도가 낮고 제시문 활용도가 높음

1. 문제의 분석 (문제에서 답안지에 작성하도록 제시한 점)

①치매환자의 증가에 따른 문제점은 무엇인가?

②개인적인 측면의 문제점은 무엇인가?

③사회적 측면에서의 문제점은 무엇인가?

④대응방안에 대한 자신의 견해는 무엇인가?

2. 문제의 전제 (문제가 전제한 사실)

①치매환자의 증가를 이미 전제하고 있으므로, 치매환자의 증가 추세에 대한 자세한 서술은 피한다.

②가능한 제시문의 문제에서 확인하고 활용할 만한 개념이 무엇인지 확인한다.

③문제점을 분석하시오라는 문제에 대해 절대 일반적인 문제(자유기술 형 문제가 아님)를 인지하고, 분석에 필요한 수적 계수, 예산 등의 활용을 전제로 문제를 분석하고 일반론으로 전개한다.

④대응방안에 대해 논술할 때, 어떤 단어를 우선적으로 사용할지에 대해 개요에 구현한다.

이에 따라 개요를 작성할 때, 다음의 간단한 표를 만들어볼 수 있다. 문제에서 개요, 답안지에 구현할 만한 소스(핵심어)를 표시해보면 다음과 같다.

제시문 : 최근 일간지 보도에 따르면 2017년 현재 전국의 치매환자는 Ⓐ72만 4,000여명에 달하며, 2050년은 Ⓑ271만 명으로 약 3배 정도 증가할 것으로 예상된다고 밝히고 있다. 또한 총 Ⓒ치매 관리 비용은 2015년 기준 연간 13조 2000억 원(Ⓓ환자 1인당 2,033만원)으로, Ⓔ2030년 34조 3,000억 원, Ⓕ2050년 106조 5,000억 원에 이를 것으로 예상된다고 보도했다.

치매환자 수는 인구 고령화와 함께 가파른 상승세를 보이고 있어 치매관리를 위한 비용증가는 불가피하다.

2-1. 제시문을 통해 필요한 표 만들기. 기본 400자 내외의 글쓰기

위에 굵은 글씨 표시된 내용으로 표를 만들어보면 다음과 같다.

《제시문에 나온 통계와 예산만을 작성한 표》

	환자의 수(명)	관리비용(총액)	1인당 관리비용	비고
2017년	Ⓐ724,000	Ⓒ13조2,000억	Ⓓ2,033만원	약 3배 증가
2030년		Ⓔ34조3,000억	–	
2050년	Ⓑ2,710,000 (예상)	Ⓕ106조5,000억	–	약 8배 증가

주어진 계수를 간단히 살펴보면 다음과 같이 확장할 수 있다. 계산기를 사용하지 않는다고 해도 작성할 수 있다.

《위의 제시문을 토대로 표를 만들고, 유추(3배, 년도)해서 표를 완성한 내용》

	환자의 수(명)	관리비용(총액)	1인당 관리비용	비고
2017년	724,000	13조2,000억	2,033만원	약 3배 증가
2030년	약 1,800,000	34조3,000억	약 5,000만원	
2050년	2,710,000(예상)	106조5,000억	약 1억5,000만원	약 8배 증가

치매 환자 증가수의 증가에 따른 문제점을 "개인적, 사회적 측면에서 각각 분석하고, 대응방안에 대해 논술하시오" 라고 했으니, 이에 대한 개인적 차원과 사회적 차원의 비용측면을 살펴보면 이와 같은 간단한 표를 이용해서 시사점을 추론할 수 있고, 또 제시하지 않은 계수의 산출도 가능하다. 그러면 이와 같은 내용을 바탕으로 분석할 수 있다.

2017년 대비 비용을 기준으로 2030년에는 3배, 2050년에는 8배 증가율에 따른 계수를 활용해서 답안지를 구현할 때 가장 높은 분석력에 따른 시사점에서의 가산점을 기대할 수 있다. 이 표를 간단히 말로 풀어보면 다음과 같다.

3. 개요의 내용만 작성 시 (기본 글자수 400자 작성하기)

제시문에서 밝힌 환자의 수, 관리비용, 1인당 관리에 따른 비용을 살펴보면 개인과 국가의 부담이 늘어난다는 것을 알 수 있다. 2017년에 72만, 2030년 180만, 2050년 270만 명으로 증가하는 예상 치매 인구는 사회적인 안전문제, 노령화문제, 의료체계의 부담이 늘어난다는 사실을 알 수 있고, 17년 대비 2030년에는 약 3배 가까운 인구와 비용, 그리고 2050년에는 8배가 증가하는 것을 알 수 있다. 즉 현재 2,000여만 원도 한 가구당 부담비용이 적은 것이 아니지만, 2050

년에는 이에 따른 관리비용이 늘어날 때 1억 5,000만원에 육박하는 가구의 부담, 국가적 부담, 의료에 부담이 불가피해진다. 따라서 개인적으로는 비용의 부담뿐만 아니라 가사, 돌보기, 보호 등의 매몰비용이 늘어날뿐더러 국가적으로도 매우 많은 예산이 이에 부담이 되는 사회적 부담도 늘어날 것이다. (430자)

4. 글자 수 구성과 확장 글쓰기 : 600자 내외로 확장하기

430자의 내용이 완성되었다. 400자 쓰기는 일반적인 1500자 논술을 작성하기 위해 필요한 최소 글자 수이다. 결국 문제에서 제시한 '분석하고'의 부분은 이와 같이 정리하면 제시문에 근거한 하나의 논리적인 문단이 완성할 수 있다.

하지만 문제에서 "치매환자 증가수의 증가에 따른 문제점을 개인적, 사회적 측면에서 각각 분석하고, 대응방안에 대해 논술하시오." 라고 제시한 점을 간과했다. 문제에 따라 글자 수의 제한은 존재할 것이고, 이 제한논술을 효과적으로 쓰기 위해서는 구성이란 단계를 거쳐야한다. 이 문제를 바탕으로 간단한 구성 표를 만들어보자.

《기본(빈칸)글자수 배분표》

서론	개인적 차원의 문제	사회적 차원의 문제	대응방안을 제시	결론	총 글자 수

수험자의 입장에서는 어려울 수 있는 글자 수의 배분이라고 할 수 있다. 하지만 대략적인 글자 수의 합은 추론할 수 있다. 총 글자 수를

1,500자로 산정한다면, 다음과 같은 구성표가 완성될 것이다.

《일반적인 1,500자 글자 수 배분표》

서론	개인적 차원의 문제	사회적 차원의 문제	대응방안을 제시	결론	총 글자 수
150~200	300	300	300	200~250	1,500자

배분에 따라 작성하기 위해서 제시한 내용을 그대로 말로만 풀어서 작성한 것이니, 이 내용을 토대로 결국 430자에서 600자로 늘리기 위해서 이를 개인적 차원과 국가적 차원의 기회비용(혹은 매몰비용)으로 나누어서 작성하고, 그 내용의 시사 한 바를 적어야 적절한 글자 수의 배분이 가능하다는 것이다. 이를 바탕으로 배분해서 작성해보면 다음과 같다.

《600자로 확장한 답안지》

제시문의 환자의 수와 그에 따른 관리비용, 그리고 1인당 관리에 따른 비용을 살펴보면 개인과 국가의 부담이 동시에 증가한다는 것을 알 수 있다. 개인적인 측면을 살펴보면 한 가구의 한 달 생활비에 현재 2,000여 만 원에 달하는 경제적인 부담은 8배로 증가 할 경우 물가의 상승률을 감안해도 한 가구에 한 명 이상의 노인을 부양하기는 어렵다. 한 가구당 경제적인 부담이 늘어난다는 것은 주택이나 생활비의 감소를 시사하며, 이 부담은 한 가정에 국한 된 것이 아니라 국가와 지역경제에 많은 물리적 부담을 동반한다는 점을 간과할 수 없다.

한 가구의 부채비율이 10%만 늘어난다고 해도 전체 경제에 타격이 심한 점을 보면 이러한 문제는 훨씬 더 많은 사회의 비용부담으로 이어진다고 할 수 있다.

국가적인 차원에 대해 살펴보면, 사회 문제의 모든 책임을 개인에게 부여할 수 없다. 72만 명에서 270만 명으로 증가하는 치매인구는 안전에 따른 안전장치, 그 인원을 수용하기 위한 국가와 민간의 투자, 의료기관 및 안전시설 등에 투자하는 결과를 파생한다. 또 치매인구를 돌보기 위한 현재 가구의 부담에서 국가적 인력확보도 문제를 발생하며 가사 및 돌보기, 보호 등의 인력투자도 불가피한 사회현상으로 이어질 것이다. (621자)

5. 논술에서 요구하는 1,500자 구성과 확장 글쓰기
: 600→1,500자 내외로 확장하기

600자 내외의 한편의 글을 완성했다. 400자의 논술과 비교해보면 부연설명이 좀 더 상세하고, 가독성이 높다. 1,500자를 완성하기 위해서 서론-본론-결론의 내용을 구성해보면 다음과 같은 개요(내용개요)가 완성 될 것이다.

《글자수 + 작성계획의 통합개요》

제시된 문제 : 치매환자 증가수의 증가에 따른 문제점을 개인적, 사회적 측면에서 각각 분석하고, 대응방안에 대해 논술하시오.			
단위	글자수		내용
서론	200		치매환자 증가가 파생하는 다양한 문제제시
본론	300	700	개인차원의 문제+사회(국가)차원의 문제
	400	(689)	
	300		분석내용+대응방안
결론	200		문제점과 그에 대한 대안 내용정리

3. 완성된 답안의 작성 : 1,500자 내외

치매환자 증가수의 증가에 따른 문제점을 개인적, 사회적 측면에서 각각 분석하고, 대응방안에 대해 논술하시오. (1,500자 내외)

서론

제시문에서 전국의 치매환자 증가 추세와 관리비용의 문제에 대해서 심각한 증가현황을 설명하고 있으며, 이 증가 추세에 따르면 2050년에 현재의 비용에 비해 국가적, 개인적인 부담이 모두 증가하는 것을 예상할 수 있다. (제시문 요약) 전국의 치매환자 증가는 국가적 차원의 문제뿐만 아니라 포괄적이고 심각한 국민의 부담이 될 수 있다는 사실을 강조하면서 개인 비용의 증가와 사회 문제가 불가피 한 상황이다. (부연설명)

본론 1 (개인, 사회적 측면 분석)

환자의 수와 그에 따른 관리비용, 1인당 관리에 따른 비용을 보면 개인과 국가의 부담이 동시에 증가한다. 개인적인 측면을 살펴보면 한 가구의 한 달 생활비에 현재 2000여 만 원에 달하는 경제적인 부담은 8배로 증가 할 경우 물가의 상승률을 감안해도 한 가구에 한 명 이상의 노인을 부양하기는 어렵다. 한 가구당 경제적인 부담이 늘어난다는 것은 주택이나 생활비의 감소를 시사하며, 이 부담은 한 가정에만 국한 된 것이 아니라 국가와 지역경제에 많은 물리적 부담을 동반한다는 점도 간과할 수 없다.

한 가구의 부채비율이 10%만 늘어난다고 해도 전체 경제에 타격이 심한 점을 보면 이러한 문제는 훨씬 더 많은 사회의 비용부담으로 이어진다.

국가적인 차원에 대해 살펴보면, 이러한 사회 문제를 모든 책임을 개인에게 부여할 수 없는 다양한 문제를 안고 있다. 72만 명에서 270만 명으로 증가하는 치매 인구는 안전에 따른 안전장치, 그 인원을 수용하기 위한 국가와 민간의 투자, 의료기관 및 안전시설 등에 투자하는 결과를 파생한다. 여기에 치매인구를 돌보기 위한 현재 가구의 부담에서 국가적 인력확보도 문제를 발생하며 가사 및 돌보기, 보호 등의 인력투자도 불가피한 사회현상으로 이어질 것이다.

본론2 (대응방안의 제시)

피해를 줄이고 대비하기 위해서는 첫째, 치매환자 증가는 개인의 부담과 국가 모두의 책임이 불가피하다는 사회의 공감대 형성이 필요하다. 지금까지 치매질병이 개인의 부담이라는 인식이 많았고, 국가는 하나의 질병으로 인식했다. 즉 치매와 관련한 민간과 국가의 공동 문제해결이라는 공감대 형성이 부족했다. 이에 대한 국민의 참여와 관심을 바탕으로 '공동의 문제'라는 공감대 형성이 중요하다. 둘째, 치매 질병의 성공적인 국가와 개인 모두 참여했을 경우 사례의 모방 및 치매증가 관리에 적극적으로 투자해야 한다. 국가와 개인 공동의 문제라면 함께 연합해서 해결할 수 있는 제도적 장치도 필요할 뿐만 아니라, 교육적인 측면의 접근도 필요하다.

결론

치매환자의 증가는 비용의 문제도 발생하지만, 가족 모두가 참여해야하고, 국가 또한 고령화 사회에서 파생되는 개인과 국가의 책임이다. 고령화 사회의 문제를 더 이상 무시할 수 없고, 질병의 영역인 치매가 모두의 책임이라는 전제만 공유하면 개인-국가는 연합할 수 있는 인식과 안전장치를 마련할 것이다. 국가와 개인을 연결하는 매개체의 역할, 소통의 네트워크 구축도 반드시 필요할 것이다. 따라서 다양한 소통을 통해 개인과 국가의 부담을 모두 줄일 수 있는 방안에 대해 논의하고 대비하는 과정에서 부담을 줄이는 효율적인 방안과 제도를 구축하는 것이 타당하다. (1,572자)

〈제시문 활용형 문제 4. 사법입원제도〉 제시하는 내용을 활용해서 작성주제(중심)문장 찾기 연습				
출제빈도	문제 난이도	제시문 활용도	작성난이도	연습난이도
★★★★☆	★★★★☆	★★★★★	★★★★	★★★★

　다음의 문제는 사회현상을 설명하는 제시 문에서 몇 가지 중요 핵심어를 바탕으로 요약과 정리를 하면 문제에서 작성에 필요한 내용을 해결할 수 있는 문제이다. 요약만 잘하면 해결되지만, 요약을 잘 못하면 오답으로 진행되는 전형적인 문제이다. 개요에 따라서 (문제에서 제시한 내용) 작성하면 분량이 한없이 많아지고, 글자 수를 맞추기 어렵다. 흔히 이런 문제의 유형을 허수(虛數)가 많은 문제라고 한다. 이 문제를 해결하려면, 중심문장을 먼저 찾고, 주제를 설정한 후에 주제에 따라서 내용을 구성해야 높은 완성도의 답안지를 작성할 수 있다. 답안을 작성하는 과정을 면밀하게 살펴보도록 한다.

〈제시문〉

　故임세원 교수 사건과 진주 방화 살인 참사 이후, 중증 정신질환자의 입원여부를 법원이 결정토록 하자는 사법입원제도를 둘러싼 논쟁이 뜨겁다. 현재 정신건강증진 및 정신질환자 복지 서비스 지원에 대한 법률(이하 정신 건강 복지 법)은 정신 질환자의 강제 입원에 대해 보호의무자와 의사가 책임을 지고 있다. 이러한 법체계에서는 치료를 거부한 환자를 입원시키는데 복잡한 절차와 책임, 그리고 환자가 진단을 거부하면 방법이 없다는 문제 등 개선의 필요성이 지속적으로 제기되어왔다. 이에 대해 의료계를 중심으로 해법중 하나로 제

시된 것이 바로 사법입원제도의 도입이다. 이는 정신 의학적 판단만
으로 정신질환자의 입원여부를 결정하지 말고, 사법기관이 환자의
상태 및 가족의 지지환경 등을 종합적으로 고려해서 입원 적절성을
평가하도록 하자는 것이다. 의료계는 이 부담을 국가로 돌려야 한다
고 계속적으로 주장해왔다.

현행법(정신 건강 복지 법)에는 강제 입원에 대한 3가지 유형이 있
다. 각 유형중 응급입원은 의사와 경찰, 행정입원은 지방자치단체장,
보호입원은 환자의 보호자에 의해 이뤄진다. 2017년 기준으로 6만
여 건의 강제입원 중에서 응급입원은 6,445건으로 제도 활용도가 낮
고 행정입원과 보호입원은 당사자로부터 행정소송이 제기될 우려가
있거나 절차가 까다롭다. 이러한 문제를 개선하기 위해서 의료계에
서 '사법입원제도'를 요구하는 목소리가 높다.

> Q. 중증 정신질환자의 사법입원제도 도입에 대한 찬성의 입장
> 과 반대의 입장을 모두 기술하고, 이에 대한 자신의 견해를 논하
> 시오. (1,500자 내외)
>
> – 2017, 2019년 기출

무엇을	어떻게	
	문제에서 제시한 내용	작성 요령
중증 정신질환자의 사법입원제도를	찬성과 반대 입장 모두 기술하고 견해를 밝히시오.	①중심문장 찾아서 ②명확한 주제를 설정해서 구성

1. 문제의 분석

문제에서 제시한 내용을 살펴보면, 답안지에 작성해야 하는 내용
은 다음과 같이 추론할 수 있다.

①중증 질환자의 사법입원제도 논란의 발생 배경과 원인을 간단
  히 서술하고,

②찬성의 입장을 정리하고

③반대의 입장을 서술하시오.

④그리고 이에 대한 자신의 견해를 선택해서 작성해야합니다.

2. 문제에서 답안지 내용의 도출 : 서론의 중심문장을 요약하는 과정

①요약을 해보면 중심문장을 이끌어낼 수 있는데, 본문(제시문)을
가져와서 그 예시를 살펴보도록 한다.

(제시문 1의 중심문장 도출) : 주어와 서술어만 취해보자.

故임세원 교수 사건과 진주 방화 살인 참사 이후, 중증 정신질환자
의 입원여부를 법원이 결정토록 하자는 사법입원제도를 둘러싼 논
쟁이 뜨겁다. 현재 정신건강증진 및 정신질환자 복지 서비스 지원에
대한 법률(이하 정 신 건강 복지 법)은 정신 질환자의 강제 입원에
대해 보호의무자와 의사가 책임을 지고 있다. 이러한 법체계에서는
치료를 거부한 환자를 입원시키는데 복잡한 절차와 책임, 그리고 환
자가 진단을 거부하면 방법이 없다는 문제 등 개선의 필요성이 지속
적으로 제기되어왔다. 이에 대해 의료계를 중심으로 해법중 하나로
제시된 것이 바로 사법입원제도의 도입이다. 이는 정신 의학적 판단
만으로 정신질환자의 입원여부를 결정하시 말고, 사법기관이 환자
의 상태 및 가족의 지지환경 등을 종합적으로 고려해서 입원 적절성
을 평가하도록 하자는 것이다. **의료계는** 이 부담을 국가로 돌려야 한
다고 계속적으로 **주장해왔다.**

1)제시문 1에서 주어와 서술어를 도출하자. 그러면 주어는 '의료계'이며, 서술어는 '주장해왔다'이다. 이 주어와 서술어를 묶어보면, 다음과 같은 중심문장이 드러난다.

> 의료계는 주장해왔다.

2)무엇을 주장했는지 제시문에서 읽어보면, 강력사건의 발생(임세원 교수 사건과 진주 방화 살인 참사 사건)이 이유이다. 이를 중심문장에 붙여보자.

> 의료계는 주장해왔다.
> 의료계는 **(강력사건의 빈번한 발생으로 인해)** 주장해왔다.

3)여기에서 누가, 왜, 주장했는가? 의 항목이 나왔는데, 이를 토대로 무엇을? 이 필요하므로 제시문을 살펴보면, 현행제도의 한계점에 대한 대안(사법입원제도)을 주장했다고 등장한다. 따라서 이를 모두 하나의 중심문장으로 만들어보면 다음과 같다.

> 의료계는 주장해왔다.
> 의료계는 강력사건의 빈번한 발생으로 인해 주장해왔다.
> 의료계는 강력사건의 빈번한 발생으로 인해, **(현행제도의 한계점과 그 대안인 사법입원제도를)** 주장해왔다.

이 문장이 위의 제시문 1의 중심문장이다. 따라서 답안지의 첫 서론 부분에는 이 문장이 반드시 나와야 할 것이다.

〈제시문 2〉

현행법(정신 건강 복지 법)에는 강제 입원에 대한 3가지 유형이 있다. 각 유형중 응급입원은 의사와 경찰, 행정입원은 지방자치단체장, 보호입원은 환자의 보호자에 의해 이뤄진다. 2017년 기준으로 6만 여건의 강제입원 중에서 응급입원은 6,445건으로 **제도 활용도가 낮고** 행정입원과 보호입원은 당사자로부터 행정소송이 제기될 우려가 있거나 **절차가 까다롭다.** 이러한 문제를 개선하기 위해서 **의료계에서** '사법입원제도'를 요구하는 **목소리가 높다.**

앞의 제시문 1에서 본바와 같이, 마지막 문장의 서술어를 그대로 가져오고, 주어를 찾아보자.

> 의료계에서는 목소리가 높다.

'무엇을'에 해당하는 부분은 현행법의 개선이다. 따라서 이 내용을 첨가하면 다음의 문장이 나온다.

> 의료계에서는 목소리가 높다.
> 의료계에서는 **(현행법의 개선이 필요하다고)** 주장한다.

하나의 구체적인 주어가 나왔는데, 왠지 문장의 구성이 짜임 있어 보이지 않는다. 즉, 구체성이 떨어지므로 무엇에 대한 내용인지, 그 구체성을 높이기 위해 좀 더 찾아야 한다.

> ⇒ 의료계에서는 목소리가 높다.

의료계에서는 현행법의 개선이 필요하다고 주장한다.

의료계에서는 **(활용도와 복잡한 제도에 의한 입원에 대해)** 현행법의 개선이 필요하다고 주장하는 목소리가 높다.

제시문의 내용을 각각 한 문장으로 요약해보니, 서론부분에 반드시 등장해야 할 문장이 도출되었다. 이를 그대로 서술하는 방식을 따르면, 서론의 내용은 중심문장이 완성된 것이다. 이를 살려서 하나의 서론 중심문장을 살펴보자.

⇒〈제시문 1〉(의료계는) 강력사건의 빈번한 발생으로 인해, 현행제도의 한계점과 그 대안인 사법입원제도를 주장해왔다.

⇒〈제시문 2〉(의료계에서는) 활용도와 복잡한 제도에 의한 입원에 대해 현행법의 개선이 필요하다고 주장하는 목소리가 높다.

주어가 같고, 서술어가 유사하기 때문에 이를 바탕으로 이 문장을 하나의 문장으로 만들기 위해서는 다음과 같은 문장이 도출될 것이다.

⇒〈제시문 1〉의료계는 강력사건의 빈번한 발생으로 인해, 현행제도의 한계점과 그 대안인 사법입원제도를 주장해왔다.

+

⇒〈제시문 2〉의료계에서는 활용도와 복잡한 제도에 의한 입원에 대해 현행법의 개선이 필요하다고 주장하는 목소리가 높다.

=

⇒ (의료계에서는) 강력사건의 빈번한 발생 사례를 통해서, 현행

제도의 낮은 활용도와 복잡한 절차로 인해 강제입원의 실효성이 부족하기 때문에 현행제도의 한계성에 대해 지적하면서, 그 대안을 위한 개선으로 사법입원제도를 이전부터 (주장해왔다.)

위와 같은 문장으로 제시 문에서 나타나는 모든 내용이 함축되어 있고, 본문의 내용을 충분히 포괄하는 문장이기 때문에 서론부분에 써야할 전체의 중심문장이다. 서론에 작성할 수 있는 매우 좋은 문장이 되었다. 즉, 이 문제에서는 제시문의 중심문장을 찾아 분석하면서 이 전체 논술문의 서론부분에 대한 문장이 도출된 사례라고 할 수 있다. 다음으로 본문의 내용을 표의 내용을 통해서 살펴보자.

3. 본문(제시문)의 내용을 바탕으로 본문의 내용 도출하기

본문의 내용 분량이 그리 많은 편은 아니지만, 사실 본문의 내용이 길거나 짧은 내용일 경우 나타나는 내용의 도출은 비례관계를 항상 정확히 드러내지는 않는다. 왜냐하면 이 문제와 같은 경우 짧은 제시문임에도 불구하고, 위의 내용이 시사 한 바가 많기 때문에 충분히 본문의 내용을 도출할 수 있기 때문이다. 아래의 표를 참고로 그 내용의 도출과정을 살펴보자.

문제에서 요구한 찬성과 반대의 입장을 종합고려하기 위해 본문의 내용을 도출하기 위한 표

본문의 내용	도출내용1 (사법입원제도 찬성)	시사점
강제입원제도를 둘러싼 논쟁이 뜨겁다.	논란의 중심은 주체(입원결정주체) 문제이다.	국가가 책임져야함

강제 입원에 대해 보호의무자와 의사가 책임을 지고 있다.	개인의 책임에서 국가의 책임으로	개인의 책임과 부담
환자가 진단을 거부하면 방법이 없다는 문제 등 개선의 필요성	환자 거부 시 입원불가의 현행제도	범죄발생사례
정신 의학적 판단만으로 정신질환자의 입원여부를 결정하지 말고	현재는 의사의 소견만으로는 입원불가	한계성
환자의 상태 및 가족의 지지환경 등을 종합적으로 고려	신뢰도와 실효성이 높은 체제(제도)의 필요성	실효성이 낮으므로 범죄예방차원에서는 예방이 불가한 현행법의 한계성
응급입원은 의사와 경찰	현행제도는 한계성이 존재	
행정입원은 지방자치단체장	사례가 적으므로 실효성인 낮음	
보호입원은 환자의 보호자에 의해 이뤄진다	현행은 개인과 가족의 문제로 인식	
활용도가 낮고	주체가 개인이므로 활용도, 소송가능성, 복잡한 절차로 인해 한계성이 존재함	현행법 개선의 필요성
행정소송이 제기될 우려		
절차가 까다롭다		
'사법입원제도'를 요구하는 목소리가 높다	대안제시	범죄예방이 가능

　위의 내용을 토대로 개선의 목소리가 높은 내용의 한계성이 명백하게 드러나는 내용을 정리한 표를 보면 문제에서 제시한 본문1의 내용(제도 개선 찬성)에 그 무게가 실린다. 따라서 이 문제를 해결하는데 있어서 가장 큰 문제점은 제시문이 단점(반대)의 입장에서는 드러나지 않았기 때문이다.

　그래서 하나의 측면을 드러내는 제시문이라면, 그 반대의 개념을 활용해보면 내용의 유추가 가능하다. 위의 장점(개선 찬성)의 개념을 토대로 반대의 관점을 살펴보자. 아래의 표는 그 반대의 개념을 추론과정을 통해 정리한 것이다. (즉, 반대개념의 내용이 제시문에 드러나지 않을 경우, 내용을 추출하는 방식은 자신이 알고 있는바(내용)을 토대로 반대 개념을 유출할 수 도 있고, 찬성의견의 반대개념을 나열해서 내용을 추출해도 좋은 방법이다.)

찬성의견	시사점(찬성)	사법 입원제도에 대한 반대의견 (유추에 의한 파생내용)
논란의 중심은 주체(입원결정주체) 문제이다.	국가의 책임이다.	질병은 개인의 영역이다.
개인의 책임에서 국가의 책임으로	개인의 책임과 부담	부담은 개인이 져야한다.
환자 거부 시 입원불가의 현행제도	범죄발생 사례	입원 거부의 의사를 표명할 경우, 강제로 질병을 근거로 입원시켜선 안 된다.
현재는 의사의 소견만으로는 입원불가	한계성	의사의 소견만으로 입원시키는 것이 타당한가?
신뢰도와 실효성이 높은 체제(제도)의 필요성 현행제도는 한계성이 존재 사례가 적으므로 실효성인 낮음 현행은 개인과 가족의 문제로 인식	실효성이 낮으므로 범죄예방차원에서는 예방이 불가한 현행법의 한계성	1. 현재의 제도를 활용해서 실효성이 높고, 신뢰도가 높은 체제를 마련하는 것이 타당하다. 2. 한계성이 있다고 하더라도, 사법입원제도를 악용할 가능성을 배재할 수 없다. 3. 개인과 가족의 문제로 유지해야 한다. 4. 사례가 적은 것이 체제(제도)의 실효성 문제인가?에 대한 적절한 근거가 부족하다.
주체가 개인이므로 활용도, 소송가능성, 복잡한 절차로 인해 한계성이 존재함	현행법 개선의 필요성	소송에 대한 비용과 절차까지 국가가 부담할 것인가? 한계성이 현행 체제에서 개선의 여지가 없는가?
대안제시	범죄예방이 가능	조현 병이나 우울증으로 인한 사회문제는 인정하지만, 이에 따라 구속과 같은 강제 입원이 과연 타당한가?
현행법의 실효성 부족과 범죄 예방 차원에서 국가가 부담하고 책임져야 한다.	개인의 영역인 질병치료의 영역은 국가의 책임이 아니라 개인과 가족의 부담이 되어야 한다.	

이와 같이 찬성과 반대의 개념이 명료하게 드러났고, 사실 이와 같은 구조로서 답안지를 작성할 경우 그 내용의 대응(반대구조)에 의해 개요가 안정되고, 그 구성이 안정감이 느껴지는 개요가 되었다. 반대개념의 추론은 개인의 추론에 찬성입장의 반대개념을 통합적으로 고려해서 두 경우의 수를 충분히 고려하면 좋을 것이라 생각되지만, 개별적인 항목(반대항목)의 추론이 어려울 경우 이러한 과정에서 작성할 수 있다.

이 사례를 통해 볼 수 있는 것은, 제시 문에서 다양한 의견을 제시하지 않더라도, 제시 문을 잘 활용하고 그 항목과 내용을 면밀하게 활용할 줄 안다면, 풍부하고 다채로운 내용으로 통일성 높은 한편의 논술문을 만들어 낼 수 있다는 점을 강조하고 싶다.

위의 내용을 토대로 서론부터 결론에 이르는 종합적인 한편의 논술문을 1,500자에 맞추어서 작성해보자.

4. 답안 작성
중증 정신질환자의 사법입원제도 도입에 대한 찬성의 입장과 반대의 입장을 모두 기술하고, 이에 대한 자신의 견해를 논하시오. (1,500자 내외)

중증 정신 질환자의 사법입원제도가 대두된 배경은 사회적으로 일어나는 강력사건의 발생에 의한 것이다. 찬성의 입장은 기존의 구속과 입원의 형태로는 제도적 절차가 복잡하고 동의가 없을 때 실효성이 낮다는 한계성이 있다는 입장이고, 반대의 입장은 질환이 개인적인 영역이며 사법입원은 강제성이 있으므로 타당하지 않다. 즉 입원은 개인의 선택에 의해서 이루어져야 한다는 것이다. 서로 다른 관점이 찬성과 반대의 논란에 대한 핵심주장이다.

사회적으로 이슈화 된 사건에 의한 대안으로 사법입원을 찬성하는 의견을 살펴보면, 논란의 중심은 주체에 있다. 입원을 결정하는 주체가 국가의 책임이어야만 강제성을 갖기 때문에 현재의 개인의 책임에서 국가의 책임으로 전환되어야 한다는 주장이다. 현재는 개인의 책임과 부담으로는 사건의 감소현상을 기대하기 힘들고, 환자가 입원을 거부할 경우 입원 진행이 불가한 현행제도는 한계가 있다는 점을 범죄 발생의 사례 증가 근거로 보고 있다.

현재는 의사의 소견만으로는 입원불가하기 때문이다. 이 한계성은 사회에 대한 국민의 신뢰도와 실효성이 높은 체제(제도)의 도입이 필요하고, 현재는 강제 입원 등의 실효성이 낮다. 범죄예방차원에서는 예방이 불가한 현행법의 한계를 통해서 범죄는 줄어들지 않는다는 것이 근거이다. 그리고 이에 대한 범죄예방이나 사회 안정을 위한 입원 사례가 적으므로 실효성인 낮다는 확률(사례)도 근거로 들고 있다. 결국 현행제도는 개인과 가족의 문제로 인식하는 것이 지배적이고 주체가 개인이므로 활용도와 강제 입원 시 소송가능성이 존재한다. 그리고 입원까지의 복잡한 절차로 인해 한계가 존재한다.

반면 시법입원제도를 반대하는 입장은 질병을 개인의 영역으로 봐야 한다는 주장이다. 질병의 부담은 개인이 져야한다는 취지에서 입원 거부의 의사를 표명할 경우, 강제로 질병을 근거로 입원시켜선 안 된다고 보는 것이다. 과연 의사와 국가의 결정과 소견만으로 입원시키는 것이 타당하지 않다고 본다. 현재의 제도를 활용해서 실효성이 높고 신뢰도가 높은 체제를 마련하는 것이 타당하다는 주장인데, 신뢰도의 문제를 제시하기도 했다.

입원에 대해 한계성이 있다고 하더라도, 사법입원제도를 악용할 가능성을 배재할 수 없다는 것이다. 질병은 개인과 가족의 문제로 유지해야 한다는 점을 근거로 입원의 사례가 적은 것이 체제(제도)의 실효성 문제인가에 대한 적절한 근거가 부족하다고 주장한다.

차후 비용의 문제도 논란의 과제이다. 만일 의사의 소견과 국가의 결정에 의해 입원한다고 하더라도 소송에 대한 비용과 절차까지 국가가 부담할 것인가, 한계성이 현행 체제에서 개선의 여지가 없는가, 조현 병이나 우울증으로 인한 사회문제는 인정하지만, 이에 따라 구속과 같은 강제 입원이 과연 타당한가의 인권 및 현행법 활용 가능성도 제기했다.

내용을 정리하면 현행법의 실효성 부족과 범죄예방차원에서 국가가 부담하고 책임져야 한다는 주장과 개인의 영역인 질병치료의 영역은 국가의 책임이 아니라 개인과 가족의 부담이 되어야 한다는 개인책임과 국가책임의 논란으로 귀결된다. 이에 대한 적절한 대안으로는 국가의 결정에 따른 개인의 동의를 기반으로 할 것인가, 혹은 개인의 결정에 따라 국가는 사법입원을 진행할 것인가에 대한 사회적 소통과 협의과정을 통해서 가장 높은 실효성과 법의 기본 대원칙을 깨뜨리지 않는 범위의 대안을 찾아서 적용하는 것이 타당하다.

(1,626자)

〈제시문 활용형 문제 5. 조직문화 I〉				
사례제시문화 해석문제 : 기본(내용)개요 활용하기				
출제빈도	문제 난이도	제시문 활용도	작성난이도	연습난이도
★★★★☆	★★	★★☆	★★★★	★★☆

사례를 제시한 형태의 문제이다. 일반적인 사례를 통해 문제를 파생시킨 형태로, 사례를 단어로 설명할 수 있는 완성도를 평가하기 위한 문제이다. 사례가 아주 일반적인 상황이기 때문에 답안지를 작성할 때 매우 수필과 같은 답안지가 작성되기 쉽다.

하지만 사례를 수필형식으로 작성하는 답안을 요구하는 것이 아니다. 이 문제를 통해서 연습하고자 하는 것은 기본개요의 활용방식이다. 조직문화 문제를 상세개요에서 다루었지만 상세개요의 내용과 기본 개요를 활용할 때 단어 군이 어떻게 다른지, 차이점이 무엇인지 비교해보자.

〈사례〉

통계청의 자료에 따르면 조직문화의 갈등원인은 대부분 가치관과 세대 차이에 의해서 갈등이 유발된다고 응답했다.

"이번 회식은 선약 때문에 힘들 것 같아요."

"저녁시간보다 점심시간을 이용한 회식을 했으면 좋겠어요."(30대 초반 A사원)

"아니 회식 공지한 게 언젠데 선약이라니… 어차피 술도 안 먹고 1차 끝나면 바로 가면서."

182 · 취업·승진 합격 논술

"점심시간 회식은 지금까지 문화를 생각하면 무리이지 않을까….." (40대 후반 B차장)

Q. 위에 나타난 대화는 일반적인 직장에서 나타나는 조직문화의 갈등장면이다. 기존직원과 신규직원이 조직문화를 형성하고 공존하는 방법에 대해 분석하고 자신의 견해를 서술하시오. (1,800자 내외)

― 2017, 2019년 기출

무엇을	어떻게	
	문제에서 제시한 내용	작성 요령
갈등장면을 통해서 신규직원과 기존직원의 갈등상황을 대화를 통해서	조직문화 형성에 공존하는 방법, 애사심은 어떻게 나오는가의 방법	분석적이고 논리적으로 해석해서 조직문화 개념을 토대로 작성

1. 문제의 분석

위에 나타난 대화는 일반적인 직장에서 나타나는 조직문화의 갈등유발 장면이다. (전제)

이 부분은 문제에 접근하기 위해 기본적인 전제상황을 이해하기 쉽게 나타난 부분이다. 굳이 길게 쓰지 않아도 된다. 기존세대는 조직(단체)의 공익을 우선순위로 보고 규칙을 따르는 것을 중시한다. 조직(단체)우선, 규칙의 선행 등의 전제로 기존세대의 갈등기준을 제시(전제)

신규직원은 일과 여가생활의 비율(워라벨)을 존중하는 문화에서 비롯되었다. (전제)

문제에서 요구하는 답안지 작성 내용은 다음과 같다.

①기존직원과 신규직원의 갈등 원인과 상황 분석

②공존과 조직문화 형성 방법 제시

③자신의 견해 제시

2. 문제의 분석 후의 기본 내용 개요

서론	– 갈등상황의 분석 – 갈등의 원인 제시 – 기존세대와 신규직원의 가치관의 차이
본론	– 갈등으로 인해 나타날 수 있는 업무의 문제점 – 조직문화 형성의 중요성 – 공존과 갈등상황
결론	– 혁신, 변화의 시사점 – 근본적인 원인의 외적, 내적 접근 – 조직문화 형성에 기해할 수 있는 긍정적인 효과와 공적인 순기능

3. 완성된 글 작성해보기

기본개요의 내용과 개요를 토대로 답안지에 써야 하는 내용을 첨가(추가)하면서 완성된 문장을 작성하는 방법이다.

위에 나타난 대화는 일반적인 직장에서 나타나는 조직문화의 갈등장면이다. 기존직원과 신규직원이 조직문화를 형성하고 공존하는 방법에 대해 분석하고 자신의 견해를 서술하시오. (1,800자 내외)

갈등상황의 분석+갈등의 원인제시
제시문을 통해 나타난 기존세대와 신규세대의 갈등은 회식 시간의 갈등상황이다. 기존세대는 관습적으로 시행되어오던 회식의 시점이 저녁시간이지만, 신규직원들은 저녁시간이 여가의 시간으로 인식하고 있다.

회식 자체의 가치관 차이가 아니다. 회식을 업무의 연장선으로 볼 것인가 아니면 업무 이후의 여가시간으로 볼 것인가의 차이에서 나타난 갈등상황이다. 기존세대는 업무의 연장선상으로 보고, 회식은 저녁임을 미리 공지했으므로 참가하는 것이 타당하다고 보는 것이고, 신규직원은 업무의 연장선상에 있어 시행하는 회식은 업무 이외의 업무로 보고 있다. 개인시간을 소비하지 않고 점심시간을 활용해서 효율성을 추구하는 가치관의 차이이다.

업무에 있어서도 소통의 부재(不在)로 이어질 수 있다. 서로의 입장에 대한 대화, 소통이 무엇보다 중요하다. 이러한 갈등이 고유 업무에 있어서도 영향이 없어야 한다. 순수한 고유 업무는 업무연계, 연관성 문제가 있기 때문이다. 소속원은 각각 점이 아닌 하나의 선이 되어야 한다. 업무에 있어서도 불편한 감정이 생길 경우, 업무 협조나 업무지시 등에 있어서 조직 내 문제점이 될 수 있다. 이러한 갈등을 해결하기 위해서는 서로의 배려와 소통의 장을 구축하는 노력이 필요하다. 제시문의 갈등은 단편적인 문제지만, 업무시간 외 추가업무의 지시상황이나 혹은 회의, 긴급한 문제에 대한 의견소통의 문제라면 그것은 개인의 문제에서 조직의 문제로 발전할 수 있다.

기존세대는 조직의 소속감과 개인보다 조직을 우선한다는 점에서 공익을 우선으로 하는 가치관에 그 우선순위가 있다. 신규직원이 인식하는 우선순위는 여가와 개인 시간임이 일반적인 문화의 추세이다. 올바른 조직문화를 형성하면 일어날 수 있는 순기능과 조직의 공익성, 자존감의 형성 등의 기대할 만한 순기능이 높다.

개인적인 사유와 일정 등의 문제나 소통부재의 역기능은 업무의 부재로 이어지는 경우도 있다. 월간, 주간 등의 정기적인 소통이 필요하고, 익명게시판 등의 활용을 통해서 열린 자세로 의견을 듣는 자세도 필요하다.

조직 내 인트라넷이나 홈페이지를 활용해서 업무 내·외적인 의견을 수렴하고, 그 의제에 대해서 기존직원과 신규직원이 자유롭게 의견을 소통하는 규칙이 존재하면 건전한 조직문화 형성을 기대할 수 있다. 또 조직문화 교육이나 소통 교육 등의 교육적인 측면을 양립(兩立)한다면 조직문화를 점진적인 발전을 기대할 수 있다.

혁신, 변화의 시사점

조직 문화의 개선을 합의하고 소통하는 과정에서 해결할 수 있다면, 정착된 소통문화가 업무의 소통으로 확장되고 고유 업무의 협조에 있어서도 유익하며 긍정적인 에너지가 업무의 효율성 측면에서도 시너지효과로 나타날 수 있다.

조직문화 형성에 기여할 수 있는 긍정적인 효과와 공적인 순기능

건전한 소통 문화는 작게는 소속된 집단에 대한 소속감과 자존감이 높아지며, 본연의 업무도 긍정적인 자부심으로 기대할 수 있다. 회식문제의 갈등상황은 단편적인 문제가 아니다. 소통의 문제와 갈등의 원활한 해결방식에 대한 문제이다. 소통의 회복에 대한 목적을 위해 건전한 조직문화의 형성을 목적으로 모든 조직원의 노력이 필요하다.

(총 1,750자)

사례제시문화 해석문제 : 기본(내용)개요 활용하기

출제빈도	문제 난이도	제시문 활용도	작성난이도	연습난이도
★★★★☆	★★	★★☆	★★★★	★★☆

앞서 조직문화의 개념을 토대로 기본개요에 따라서 작성하는 방식을 보았다. 같은 주제인 조직문화의 워라밸에 대한 문제이다. 조직문화 관련 문제가 최근 다양한 문제로 출제된 점. 그리고 기본개요에 의해 파생된 답안지와 상세개요에 의해 작성하는 답안지가 어떻게 다른지에 대해 비교해보고자 한다.

이 문제는 오답형 답안지를 피하는 방식을 추가로 살펴보고자 한다. 평소 자주 접하는 상황에 대한 문제가 출제되면 범하기 쉬운 오류를 살펴보고, 스스로 자신이 이러한 문제를 작성할 때 빠지기 쉬운 오류에 대해 재고해보면서 내용을 살펴보자.

다음의 제시문을 읽고, 물음에 답하시오.

워라밸 : '일과 삶의 균형'이라는 의미인 'Work-life balance'의 준말

'일과 삶의 균형(Work-life balance)'이라는 표현은 1970년대 후반 영국에서 개인의 업무와 사생활 간의 균형을 묘사하는 단어로 처음 등장했다. 우리나라에서는 각 단어의 앞 글자를 딴 '워라밸'이 주로 사용된다.

워라밸은 연봉에 상관없이 높은 업무 강도에 시달리거나, 퇴근 후 SNS로 하는 업무 지시, 잦은 야근 등으로 개인적인 삶이 없어진 현대사회에서 직장이나 직업을 선택할 때 고려하는 중요한 요소 중 하

나로 떠오르고 있다.

고용노동부에서는 2017년 7월 워라밸의 제고를 위해 '일·가정 양립과 업무 생산성 향상을 위한 근무혁신 10대 제안'을 발간했다. 책자에는 ▷정시 퇴근 ▷퇴근 후 업무연락 자제 ▷업무집중도 향상 ▷생산성 위주의 회의 ▷명확한 업무지시 ▷유연한 근무 ▷효율적 보고 ▷건전한 회식문화 ▷연가사용 활성화 ▷관리자부터 실천 등 10가지 개선 방침이 수록됐으며 잡플래닛과 공동으로 워라밸 점수가 높은 중소기업을 평가해 '2017 워라밸 실천기업'으로 선정하고 있다.

Q. 최근 '워라밸'의 가치에 대한 관심이 높아지고 있는 추세이다. 일과 생활의 양립의 뜻을 가지고 있는 내용을 참고해서 이 문화에 대한 장점과 단점을 분석하고, 자신의 견해를 논리적으로 서술하시오. (1,800자 내외)

– 2018, 2019년 기출

무엇을	어떻게	
	문제에서 제시한 내용	작성 요령
워라밸 가치와 제시문을	참고하고 장단점을 분석하고, 견해를 논리적으로 서술	①조직문화 문제 ②오답피하는 방식을 숙지하고 ③상세개요와 기본개요를 비교해서

1. 빠지기 쉬운 오답형 답안지 유형 : 가장 많이 발생하는 첫 문장 오류

문제의 분석은 〈답안지에 쓸 수 있는가〉에 기준을 두어야 한다. 문제를 꼼꼼하게 읽고, 답안지에 작성을 요하는 요소는 무엇인가에 따라서 개요가 완성되어야 한다. 위의 문제를 보면 '~추세이다'로 전제된 내용은 문제 자체가 전제하고 있는 항목이다. 전제에 대해 자세한 서술은 피해야 좋은 답안지를 작성할 수 있다. 위배되는 답안지는 첫 문장부터 전제의 전제를 작성하는 방식이다. 위배하는 첫 문장의 예시를 들어보면 다음과 같다.

오류 유형	오답의 예시문장	위반기준
①이미 전제하고 있는 워라벨의 추세를 서술	최근 워라벨의 가치에 대해 관심이 높아지고 있다.	이미 문제에서 밝히고 있는 전제의 전제로 시작하는 오류
②수필 형식의 글쓰기	예전에는 조직문화우선이었는데 요즘 신규직원들의 가치는 너무 다르다.	주관적 서술로 인한 오류
③개인 심경 토로형	00년생 신규직원이 입사한 이후 조직의 문화에서 갈등이 생기고 있다.	주관적 서술 및 개인글쓰기(개인 경수필)형의 오류

위의 사례와는 다른 분석력, 종합 요약형의 첫 문장이 오히려 더 어울리는 문제이다. 위에 나오는 세 문장과 유사한 문장은 가능한 피해야 좋은 문장을 구성할 수 있다.

2. 문제의 분석

위의 문제에서 요구하는 답안지에 써야 할 내용은 다음과 같다.

①일과 생활의 양립 가치가 높아지는 추세의 원인 분석 (가치관의 변화, 사회변화, 조직문화 변화 등)

②이러한 워라벨에 대한 긍정적인 측면 분석

③워라벨을 추구하는 삶에 대한 부정적(우려) 측면 분석

④자신의 견해(선택형 제시) 제시

명료하게 문제에서는 답안지에 작성해야 하는 개요를 제공하고 있다. 문제에 대한 개요를 충실하게 따라서 개요를 작성한다.

3. 개요의 작성

서론	본론		결론
	장점	단점	
워라벨 정의 (문화특징과 이유)	효율성 강조	제도 악용시 공동체 의식 결여	제도적 장치 필요
문화의 변화인정	만족도(일, 직장) 의 증가	본래 취지의 남용	보상체계 필요
일의 효율성 추구 문화 증가	소속감 증가	취지의 왜곡가능성	효율성장치 필요
52시간 근무제 정의	동기부여 증가	물리적 시간 감소에 따른 생산량감소	대화와 소통 필요
악용우려	실적과 업무 고유성 증가	업무(조직)특징의 거부문화	조정과 협의 필요
일과 가정의 양립 중요성 강조	탄력근무활용의 장점	기존세대와 갈등 필연성	
기존문화의 특징	악용금지장치 제도화 필요	조직 〈 개인 문화	
신규(가정우선문화) 직원의 특징		조직문화, 회사우선 의식 결여	
견해	주인의식, 책임감, 충실성에 대한 교육적 접근/제도적 접근 양립이 필요하다		
	추세에 따르는 것이 필연적일 경우, 신규직원의 문화 인정		
	회사 업무 특징 (실적)에 따른 보상 제도가 신뢰도가 높아 야 한다.		
	투명하고 합리성 높은 보상 체계 확립 필요성 강조		

※상세개요를 작성하면 이와 같이 앞선 문장의 기본개요보다 단

어위주의 개요로 작성할 수 있다. 쓸 수 있는 단어와 내용이 많아져서 답안지 작성 시에 보다 다채롭고 많은 내용을 담을 수 있다.

위의 내용을 토대로 완성된 한편의 글을 작성해보면 다음과 같다.

4. 답안의 작성

최근 '워라벨'의 가치에 대한 관심이 높아지고 있는 추세이다. 일과 생활의 양립의 뜻을 가지고 있는 내용을 참고해서 이 문화에 대한 장점과 단점을 분석하고, 자신의 견해를 논리적으로 서술하시오. (1,800자 내외)

일에 삶을 투자하는 것 보다 일과 삶의 비율을 강조하는 워라벨의 개념은 현대사회에서 중시하는 문화이다. 문화의 변화는 조직문화의 갈등요인이기도 하며, 개인의 문화와 여가를 가지고 있는 신규직원의 요구이다. 따라서 공존을 위해서는 문화의 변화를 인정해야 한다.

목적지향의 성격이 높았던 기존문화에서 일의 효율성을 추구하는 문화가 증가하는 추세이다. 주 4일 근무제, 52시간 근무제 등이 의무적으로 정착되는 것도 이와 같은 맥락이다. 제도를 오히려 악용하게 되면 근로자와 사업자가 모두 피해를 입고, 현대사회에서는 일과 가정의 양립중요성을 강조하는 문화가 불가피하다. 따라서 기존의 조직우선 문화는 신규(가정우선문화)직원과의 소통과 공존을 위한 노력이 서로 필요하다.

워라벨 문화는 실적과 성실성을 모두 만족시키는 장점을 내재하고 있다. 일의 효율성을 강조하는 선진국의 문화를 보면 직장(조직) 생활에 대한 만족도(일, 직장)가 증가하면서 삶의 보편적인 만족도 가 높으며 자연스럽게 소속감이 증가하고, 스스로 자신의 업무에 대 해 동기부여가 증가해서 업무를 실적과 업무고유성에 대한 자존감 이 증가함으로서 원동력으로 활용하는 사례도 많다.

그래서 한국에서도 일부 탄력 근무 제도를 적극적으로 활용하는 사례가 있고, 가족구성원의 삶의 혜택을 받는 사례도 있으며 이러한 문화를 유지하기 위해서 악용을 금지하는 장치를 제도화하는 필요 성이 많은 산업 분야에서 대두되고 있다.

반면 단점으로는 이러한 제도를 악용할 시에는 공동체의식의 감 소하는 우려가 있다. 52시간 제도나 탄력 근무제의 본래 취지를 남 용하는 우려의 목소리도 있다. 업무와 일의 물리적 시간 감소에 따 른 생산량이 오히려 감소한다는 제조업이나 생산관리 측면의 우려 의견도 존재한다.

기존의 업무(조직)지향의 특성을 거부하는 문화가 형성되면 오히 려 자신의 물리적 시간만 채우는 형식의 악용에 대한 장치도 있으므 로 합의를 통해서 안전장치를 만들어야 한다는 의견도 존재한다. 소 속감 결여로 인한 기존세대와 길등은 불가피한 필연성으로 갈등을 유발하기도 한다. 조직보다 개인 문화가 너무 높다는 우려의 목소리 도 높아진다. 기존세대는 조직문화와 회사우선(소속감)의식이 결여 되고 있다는 것이다.

따라서 회사(기업)에 대한 직원의 주인의식, 책임감, 충실성에 대한 교육적 접근/제도적 접근이 모두 필요하다. 워라벨을 존중하는 추세에 따르는 것이 필연적일 경우, 신규직원의 문화를 인정하고 효율적인 인재로서의 능력을 존중하는 문화가 형성되어야 한다. 그리고 업무의 실적에 따른 보상 제도는 그 보상에 대한 신뢰도가 높아야 한다. 보상이 합리적이면 과정중심보다 결과와 과정을 모두 평가할 수 있는 제도를 활용할 수 있기 때문이다. 그래서 보상체계가 투명하고 합리성이 높아야 한다.

앞으로의 문화는 문화와 실적, 과정을 모두 신뢰할 수 있는 제도적 장치가 필요하다. 그리고 투명성과 합리성이 높은 보상체계와 운영에 있어서 구성원이 합의할 수 있는 효율성장치가 필수적으로 존재해야한다. 문화에 의해서 갈등으로 발전하지 않도록 기존 직원과 신규직원의 합의된 대화와 소통이 필요하다. 기존 직원의 이탈이 있을 경우 조직(기업)의 입장에서는 매몰비용이 불가피하고, 또 입사하는 직원에게 기회비용을 투자해야 하기 때문이다.

많은 기관에서 회사 구성원간의 업무 제외 간담회를 운영하거나, 대외(지역사회와의) 간담회, 대화와 소통에 대한 권고, 조정과 협의에 대해서도 많은 보상 체제를 운영하는 근본적인 이유가 여기에 있다. 많은 대화와 소통에 의해서 갈등을 줄이고, 동기부여를 높이며, 소속감과 직장에 대한 만족도를 높이기 위한 활동의 사례를 활용해야한다. (1,789자)

출제빈도	문제 난이도	제시문 활용도	작성난이도	연습난이도
★★★★★	★★★☆	★★★★☆	★★★★☆	★★★★

이 문제는 정책 사례를 분석하고, 해석해서 답안지에 작성할 내용을 구현하는 방식의 문제이다. 출제되는 문제는 최근의 기사문이 많은 경우, 체제의 변화가 삶의 변화를 파생하는 경우 등을 기준으로 출제되고 있다. 아래 문제에 접근하기 위해서는 제시문에 설명하는 중요내용을 배열 한 후에 그 정책이 시사 한 바, 그리고 사회적으로 기대할 수 있는 점 등을 토대로 개요를 작성해서 작성했다. 문제의 자유도는 매우 낮은 편이고 문제에 대한 충실함, 해석력이 평가의 중요한 요소이다.

〈논제〉

□ 우리 국민들의 의료비 부담이 계속해서 늘어나고 있는 실정이다. 의료비로 연간 500만 원 이상을 지출하는 국민이 476만 명에 달하고 있으나, 의료비 중 건강보험이 부담하는 보장률은 최근 10년간 60% 수준에서 정체되어 있다. 이는 OECD 평균인 80%에 못 미치는 수준이다. 평범한 가정이 의료비 부담으로 인해 빈곤층으로 떨어지는 경우가 발생하고 있으며, 저소득층의 의료비 부담도 더욱 가중되고 있다.

□ '문제인 케어'란 문재인 정부가 내세우는 건강보험 개편안을

지칭한다. 문재인 대통령 임기 내에 30조6,000억 원을 들여 모든 의학적 비급여를 국민건강보험에서 보장하여, 국민의 의료비 부담을 줄여주는 것을 의미한다. 즉 환자가 100% 부담을 해야 했던 약 3,800여 개의 비급여 진료항목에 건강보험을 적용한다는 것이다. 정부는 2022년까지 미용과 성형을 제외한 자기공명영상(MRI), 초음파 등 진료비를 단계적으로 급여 화할 계획이다.

이러한 건강보험의 보장성을 강화하는 '문재인 케어' 정책 집행을 두고 지지하는 단체와 그렇지 않은 단체 간의 입장 차이를 보이고 있는 상황이다.

> Q. '문재인 케어' 정책의 실행에 대한 찬성의 입장과 반대의 입장을 모두 기술하고, 이에 대한 본인의 생각을 논하시오.
> (1,500자 내외)

무엇을	어떻게	
	문제에서 제시한 내용	작성 요령
문재인 케어 정책실행	찬성과 반대 입장을 모두 기술 본인의 생각(견해)을 논하시오.	①낮은 자유도에 주의해서 ②제시문에 충실해서 ③해석력을 중심으로 서술

1. 문제의 전제와 분석

위와 같은 문제는 몇 가지 전제가 존재한다.

①찬성과 반대의 입장을 모두 기술할 것.

(모두 기술에 따라 구성은 허용하되, 모든 측면을 상세히 적어야

함을 원칙으로 한다)

②제시문에서 많은 소스를 제공하니, 다양한 견해나 방식을 모

두 포함시키지 말고, 제시문에서 나와 있는 내용을 참고해서
작성할 것.

③비급여와 급여의 개념, 문제인케어의 취지와 시사점에 대해 자
신의 견해와 의견을 반드시 작성할 것.

④본인의 생각이 찬성인지 반대인지 선택하는 것을 원칙으로 함.
선택에 따른 가점, 혹은 감점은 없음. 다만 자신의 견해를 애매
모호하게 회피하는 점은 피할 것.

⑤견해작성 시 선택을 하지 않는 경우 : 내용이 자신의 견해작성
을 찬성 혹은 반대가 아니라, 대안을 제시하는 방향성 제시의
방향으로 설정할 경우 네 번째의 전제는 반드시 따르지 않아
도 됨.

Q. '문재인 케어' 정책의 실행에 대한 찬성의 입장과 반대의 입
장을 모두 기술하고, 이에 대한 본인의 생각을 논하시오.
(1,500자 내외)

위의 문제를 보면 답안지에 작성해야 하는 내용은 다음과 같이
정리할 수 있다.

①정책실행에 대한 찬성입장 정리

②정책실행에 대해 반대하는 입장의 정리

③견해제시

2. 작성 준비. 개요를 준비하자. 문제에서 중요한 (답안지 작성에 필요한 핵

심어와 내용) **내용을 살펴보면 다음과 같다.**

우리 국민들의 Ⓐ 의료비 부담이 계속해서 늘어나고 있는 실정이다. 의료비로 연간 Ⓑ 500만 원 이상을 지출하는 국민이 476만 명에 달하고 있으나, 의료비 중 건강보험이 부담하는 보장률은 최근 Ⓒ 10년간 60% 수준에서 정체되어 있다. 이는 Ⓓ OECD 평균인 80%에 못 미치는 수준이다. 평범한 가정이 Ⓔ 의료비 부담으로 인해 빈곤층으로 떨어지는 경우가 발생하고 있으며, 저소득층의 의료비 부담도 더욱 가중되고 있다.

'문재인 케어'란 문재인 정부가 내세우는 Ⓕ **건강보험 개편안**을 지칭한다. 문재인 대통령 임기 내에 Ⓖ **30조6000억 원**을 들여 모든 의학적 비급여를 국민건강보험에서 보장하여, 국민의 Ⓗ **의료비 부담을 줄여주는 것을 의미**한다. 즉 환자가 100% 부담을 해야 했던 약 Ⓘ **3,800여 개의 비급여 진료항목에 건강보험을 적용**한다는 것이다. 정부는 Ⓙ **2022년까지** 미용과 성형을 제외한 자기공명영상(MRI), 초음파 등 진료비를 단계적으로 급여 화할 계획이다.

이러한 건강보험의 보장성을 강화하는 '문재인 케어' 정책 집행을 두고 Ⓚ **지지하는 단체와 그렇지 않은 단체 간의 입장 차이**를 보이고 있는 상황이다.

제시문에서 긍정적인 측면과 부정적인 측면에 대해 표를 통해 구분해서 살펴보면 다음과 같다.

	부정적인 상황	긍정적인 상황	견해
의료비 측면	Ⓐ 증가추세	① 비급여의 급여화	개인 부담의 감소
개인적 부담	Ⓑ 연간 500만 원 이상	Ⓕ 건강보험개편안 적용	선진국의 사례를 보면 개인보다 국가의 부담 이 높은 것이 선례가 많음
국가적 부담	Ⓔ 빈곤층으로 하락 현상	Ⓗ 저소득층의 부담 완화	
부담률	Ⓒ 10년간 60%비율 유지	Ⓓ 목표는 80%적용	특히 바이러스성, 전염 성의 경우를 대비하기 위한 국가부담 증가는 순기능이 기대
국가의 부담	Ⓖ 30조 이상(세금 부담)	Ⓗ 국민수혜자화	
		① 3,800여개의 비급 여화	노령화 사회 대비
		Ⓙ MRI,초음파,	
여론	Ⓚ 반대단체의 존재	Ⓚ 찬성단체의 존재	다만 의료비 악용에 대 해서는 안전장치 필요

하나의 간단한 표가 완성되었다. 이 부분에서 문제로 한번 회귀(回歸)해서, 문제에서 제시한 답안지에 작성할 내용을 확인하고자 하는 것이 가장 중요하다. 문제를 다시 한 번 읽어보면 '구성'의 영역에서 고민하지 않아도 된다. 문제를 살펴보자. (문제읽기-내용정리-개요작성-문제읽기)(2회)

※ 답안지를 작성하기 위해서 고민할 문제
① 찬성과 반대 입장 모두 기술하는데 우선 작성할 내용
  (찬성입장을 먼저 쓸 것인가? 혹은 반대 입장을 먼저 쓸 것인가?)
② 본인의 생각(견해)제시 내용과 구성 : 답안지에 써야하는 내용
  은 간단히 서로 다른 입장A, B입장, 그리고 자신의 견해 3단구

성이 나오는데, 이를 본론 1, 2, 3의 내용으로 본다면 입장에 대한 선택(옹호)에 대한 가점이나 감점은 없다. 효과적인 글쓰기를 위해서 어떤 내용으로 구성할 것인가? 에 대해서 수험자의 기획력, 논리력을 평가하기 좋다. 문제를 작성하는 방향이 찬성의 입장이라면 찬성이 뒤에 나오고, 반대의 입장이라면 반대 내용이 뒤에 작성되는 것이 결론(견해)의 부분과 이어지기 때문에 적절하다.

③견해의 내용은 찬반입장의 옹호 선택하는 방식을 작성하는 것이 수월한 문제이다.

3. 답안의 작성

'문재인 케어' 정책의 실행에 대한 찬성의 입장과 반대의 입장을 모두 기술하고, 이에 대한 본인의 생각을 논하시오. (1,500자 내외)

'문재인 케어'는 최근 국가기관이나 의료, 복지 기관 등 다양하고 포괄적으로 적용하고 있다. 시행의 취지는 사회적으로 노인계층 증가, 의료비 증가, 국민의 신뢰성 증가, 국가의 책임 증가 등을 원칙으로 시행하는 정책이다. 긍정적인 찬성의 입장과 부정적인 반대의 입장에 대한 논란이 공존한다.

긍정적인 상황을 살펴보면 건강보험이 보장하는 영역을 확대하는 것은 비급여의 급여화, 건강보험개편안 적용, 저소득층의 부담완화를 통해서 의료기관의 문 높이를 낮추려는 의도를 알 수 있다. 의료서비스의 국가책임을 증가해서 목표는 국가가 80%을 부담하고자 하는 취지이다. 의료비에 대한 건강보험 보장성이 높은 특성화를 통해 국민은 의료기관에 대한 신뢰감이 높아지는 추세로 환영하는 의견이 많다.

더 많은 국민에게 혜택을 주기위한 목적으로 3,800여개의 비급여화를 통해서 의료비 부담이 높았던 질병치료나 시술, 의료 특례를 통한 부담을 줄이고자 한다. 지금까지 고비용의 MRI와 초음파 등이 보험이 적용되면서 찬성의 입장도 있다. 국가는 질병치료에 책임을 높이고, 병원이용을 활성화시키는 동시에 4차 혁명이 활성화되는 시기이므로 예방치료를 주된 치료의 문화로 정착하려는 움직임으로 유추할 수 있다.

반면 이에 대해 반대하는 부정적인 입장도 존재한다. 제시 문에서 보면 비용(세금, 전체의 부담)의 증가가 가장 큰 원인이다. 의료비 측면에서 국민이 부담해야 하는 세금이 증가하는 추세에 있으며, 현재의 개인적인 의료비의 부담이 높아지면 빈곤층으로 하락하는 현상이 불가피 하고, 부담률이 10년간 60%비율 유지한다는 점에서 큰 상향조정은 실효성이 낮다는 주장이다. 국가의 부담이 높아지면 세금부담이 불가피한 상황이 되며 반대 의견도 존재한다.

하지만 통계청의 발표 자료에 따르면 개인부담이 다소 세금의 영역에서 증가해도 의료비의 개인 부담의 감소는 위급상황, 돌발 상황, 국가적 상황(바이러스성, 전염성) 질병에 대비하기 위한 경우의 수를 줄이기 위해서 필수적인 기초를 확립하는 등의 포괄적인 대비를 위해 순기능이 높다는 의견이 보편적이다.

선진국 사례를 보면 개인보다 국가의 부담이 높은 것이 긍정적이었던 선례가 많고, 현대 사회는 다양한 화학 관련 산업, 오염에 의한 상황에 대해서 대비가 부족하기 때문에 방사능이나 바이러스성, 전염성의 경우를 대비하기 위한 국가부담 증가는 순기능을 기대할 수 있다.

외부적인 질병이나 바이러스성 질환도 있지만 자연재해에 의한 질병도 국가적인 책임이 높을 때 보장과 안정성 측면에서 유리하다. 바이러스성 질병도 있었지만 한국은 지진이나 화산 등의 재해에 있어서도 자유로운 국가로 볼 수는 없기 때문이다.

또 우리나라는 노령화 사회를 대비하기 위한 노력이 불가피 하다. 이러한 국가적인 상황을 대비하기 위해서는 첫째, 의료비 악용에 대해서는 안전장치가 필요하다. 그리고 둘째, 사회적으로도 일부 세금부담이 높아지는 점에 대한 인식의 합의가 필요하다. 셋째, 치매질환의 문제나 세금부담의 주체인 청년층의 감소에 따른 사회문제를 해결하기 위해서는 국가의 장기적인 전략으로 대비해야 한다. (1,503자)

출제빈도	문제 난이도	제시문 활용도	작성난이도	연습난이도
★★★★☆	★★★☆	★★★★★	★★★★☆	★★★★☆

다음의 문제는 읽은 자료를 토대로 자료를 분석하고 그 이후 문제점을 작성하고, 해결방안에 대한 자신의 견해를 밝히는 문제이다. 일반적인 제시된 문제에 대한 필력을 평가하기 위한 문제가 아니다. 분석력과 그 시사점을 해석할 수 있는지, 그리고 논리적인 견해를 판단하기 위한 문제이다. 따라서 결과중심적인 논제의 서술보다 분석과 논리성을 밝히는 답안지를 작성해야 하는 문제이다. 문제를 먼저 살펴보면 다음과 같다.

〈문제〉

최근 취업준비생이나 직장인들 사이에서 부모의 연소득과 가정환경 등 출신배경을 수저로 빗대어 표현하는 이른바 수저계급론이 화제다. 수저계급론은 이제 취업뿐만 아니라 사회의 여러 측면에서도 통하는 유행어가 됐다.

2017년 1월 취업사이트에서 발표한 설문조사 결과에 따르면, 직장인 1940명 중에서 수저계급론에 동의하느냐는 질문에 92.0%가 부인할 수 없는 대한민국의 현실이라고 답했다. 응답자의 66.5%가 스스로를 흙수저라고 답변한 반면, 금수저라고 응답한 비율은 1.4%로 미미했다. 또한, 흙수저가 노력하면 금수저를 능가할 수 있느냐는 질문에는 67.6%가 어렵겠지만 불가능하지는 않다고 응답하였으나, 16.7%는 현실적으로 불가능하다고 응답했다.

> Q. 수저계급론이 등장하게 된 사회적 원인을 분석하고, 문제점과 해결방안에 대해 논술하시오. (2,000자 내외)
>
> – 2016, 2018, 2019년 기출

무엇을	어떻게	
	문제에서 제시한 내용	작성 요령
수저계급론의 사회적 원인을	분석하고 문제점 지적 해결방안 제시	① 문제에서 전제하는 것을 주의하고 ② 분석력과 시사점(일반화) 중심으로 ③ 사회현상의 해석력 ④ 숫자와 내용을 토대로 개요작성

1. 문제의 접근방식

위와 같은 문제는 사회의 갈등문제를 통해서 파생시킨 문제이다. 출제 유형이 포괄적인 문제를 다루는 기관에서 선호하는 문제 유형이며, 사회에서 일어나는 현상에 접근하는 방식은 일반적인 의견이나 사고(思考)를 묻는 것이 아니다. 분석력을 평가하는 문제이니, 감상적인 표현이나 수필형식, 혹은 개인적인 사례나 의견피력형식으로 작성하면 문제의 취지와 맞지 않다. 오히려 이와 같이 보편적 사회 문제가 출제되면, 더 분석적으로 접근하는 것이 타당하다.

2. 문제가 전제하고 있는 것

문제를 살펴보면, '수저계급론이 등장하게 된 사회적 원인을 분석하고, 문제점과 해결방안에 대해 논술하시오'라는 문제이므로, 첫째, 사회적 원인을 분석해야 한다. 이 분석의 개념이나 통계 등의 다양한 내용을 다룰 수 있겠지만 적어도 이 문제는 제시 문이 착실하게 문제의 소스를 제공하고 있기 때문에 제시 문에서 제시된 계수와 사회의 시사점과 연관관계를 살펴보는 것이 무엇보다 중요하다.

둘째, 문제에서 요구한 답변에 충실해야 한다. 답안지에 작성해야 하는 내용은 크게 세 가지이다. "사회적 원인을 분석하시오. 문제점에 대해 서술하시오. 그리고 해결방안에 대해서도 논술하시오"이다. 이 점을 작성하면서도 유념해야 한다.

셋째, 문제에서 전제된 단어 중에서 '서술하시오'가 아닌 '논술하시오'를 잘 읽어야한다. 이 문제는 왜 서술하시오가 아닌 논술하시오로 문제를 출제했을까? 그것은 바로 이 문제의 글자 수도 그렇지만, "하나의 완성된 글로 서술하시오"를 "논술하시오"로 제시했다고 보는 것이 타당하다. 서론-본론-결론을 밝혀서 서술해야 한다.

넷째, 문제를 구분했을 때, 이 세 가지의 구분을 하고 나면 구성이 필요하게 된다. 문제를 분석하는 부분, 어떤 문제점이 파생되는지 지적해야하는 부분, 그리고 해결 방안을 제시하는 부분을 작성해야 하므로, 자연스럽게 하나의 완성된 글을 만들기 위해서는 본문을 세 단락으로 구분해서 문제에서 제시한 부분을 작성해야 한다.

다섯째, 위의 제시문을 읽는 방법은 일반적으로 책을 읽거나 기사문을 읽거나, 혹은 문제를 풀기 위해서 읽는 방법과는 약간 다르다. 답안지에 작성하기 위한 단어를 읽으면서 선별해야 하고, 선별한 단어를 통해서 시사한 바가 무엇인지 꼼꼼히 살펴야 하고, 객관적 자료와 추론식 자료를 적절하게 분배해야 한다.

3. 문제에 기초한 소스(source)를 정리해보자.

위에서 제시된 다섯 가지 전제를 두고 문제의 제시문을 다시 살펴보면 위에서 제시된 문장에서 써야하는 (답안지에 작성해야 하는) 단어들을 살펴보면 다음과 같다.

최근 취업준비생이나 직장인들 사이에서 부모의 연소득과 가정환경 등 Ⓐ 출신배경을 수저로 빗대어 표현하는 이른바 ① 수저계급론이 화제다. 수저계급론은 이제 Ⓑ 취업뿐만 아니라 사회의 여러 측면에서도 통하는 유행어가 됐다.

2017년 1월 취업사이트에서 발표한 Ⓒ 설문조사 결과에 따르면, 직장인 1,940명 중에서 수저계급론에 동의하느냐는 질문에 Ⓓ 92.0%가 부인할 수 없는 대한민국의 현실이라고 답했다. 응답자의 Ⓔ 66.5%가 스스로를 흙수저라고 답변한 반면, Ⓕ 금수저라고 응답한 비율은 1.4%로 미미했다. 또한, Ⓖ 흙수저가 노력하면 금수저를 능가할 수 있느냐는 질문에는 Ⓖ 67.6%가 어렵겠지만 불가능하지는 않다고 응답하였으나, Ⓗ 16.7%는 현실적으로 불가능하다고 응답했다.

4. 범주화시키기 위한 단어정리(표)

《제시문을 활용한 소스와 내용정리》

	분석하시오	문제점	해결방안
1	Ⓐ 출신배경을 토대로 인식	Ⓘ 사회계급론 −사회갈등	Ⓖ 67.6%능가할 수 있다(불가능하지는 않다) −긍정적인 인식
2	Ⓒ 설문조사결과(객관적)	Ⓑ 취업과 사회분야에서 발생	
3	Ⓓ 92%의 현실인식	Ⓔ 66.5%는 흙수저로 인식	
4	Ⓕ 1.4%스스로 금수저로 응답	Ⓗ 16.7%는 극복이 불가능하다	
추론 (유추)	Ⓓ 대부분 사회의 계급론을 인정하고 있다.	(추론) 사회의 계급존재는 사회의 긍정적 기능보다는 부정적 갈등으로 발전할 가능성이 높다.	
	(추론) 1.4%가 금수저, 66.5%흙수저로 인식하면, 나머지 32.6%의 비율은 금수저인가, 흙수저인가?	(추론) 누락된 응답자는 금수저로 보는 것이 타당하다. 스스로 금수저임을 밝히지 않기 때문이다.	
	(추론) 개인적 노력보다 환경론에 치중한 응답이다.	(추론) 노력보다 환경 탓을 하면, 노력을 덜하거나 노력자체를 포기하는 사람도 존재한다.	
	(추론) 사회의 계급은 교육, 취업 등에 존재하므로 매우 부정적인 인식이다.	(추론) 교육이나 취업에서 환경론에 편중하면 사회인식은 건강하지 못하다.	

위의 내용을 살펴보면, 1차 소스를 범주화 시켰을 때, 위의 표와 같이 논리적인 답안지를 작성하기 위한 해결방안의 소스가 상대적으로 부족하다. 따라서 이에 대한 부분은 수험자의 추론이며, 추론에 의해 해결방안에 내용을 작성하기 위해서는 추가된 내용이 기입되어야 할 것이다. 이에 대해 해결방안의 대안을 추가로 표를 업데이트 해보면 다음과 같은 표를 작성할 수 있다.

《제시문의 내용과 유추내용을 토대로 확장시킨 작성개요》

원인을 분석 A	문제점을 제시 B	해결방안 C
32.6%는 누락된 인구비율 금수저의 계급으로 분석할 수 있으나 스스로 계급 인정하지 않은 통계(금수저는 1.4%에 불과하지 않다)	계급의 기준이 없음 차상위계층인지 기초수급대상자인지	67.6%는 극복가능하다는 응답 – 이는 적극적인 적극적이고 긍정적인 응답으로 볼 수 있으므로 긍정적인 마인드, 사회기능론의 측면에서 서술할 수 있다.
92%는 계급론의 존재에 대해 동의함. 응답자 66%는 자신을 흙수저로 인정. 1.4%만이 자신을 금수저로 응답. 24% 흙도 금도 아님 (무소속) – 이러한 인식의 차이가 너무 크다 – 2/3이 흙수저라 할 수 있는가(간단히 정리할 것)	주관적 판단임	출신과 성공의 객관적 상관관계를 증명하는 확률이나 통계자료를 바탕으로 사회계급의 절대론을 부정하는 매체활용(교육, 공익광고)
수저계급론의 계급 기준이 없음	실제 흙수저의 비율을 통계내기 힘들다	계급론의 사회계급의 명료한 기준 확보
태생의 환경론이 기반	노력보다 사회를 탓함	사례에 의한 발전 가능한 솔루션 제공
사회기능론을 거부	피해의식	소통네트워크 마련(구비)
	사회 갈등 론으로 발전	복지 정책 확보
	취업, 교육	자발적 재분배(교육, 솔루션,홍보)
	92%현실인정: 사회문제	
	66%가 흙수저로 인식	
	대부분의 사회가 1.4%만 금수저임을 인정하는가? 갈등을 유발	
	16%극복불가능 응답	
	자괴감. 노력포기	

위와 같이 하나의 표를 재차 확장 개요의 형태로 작성한 것은 각각의 답안지에 쓸 수 있는 항목에 내용을 업데이트하기 위한 소스의 추가과정이다. 따라서 이에 대한 내용을 작성하기 위해서 위의 표와 같이 하나의 개요가 작성되면, 이 소스를 바탕으로 완성된 글을 작성할 수 있다.

5. 답안의 작성

수저계급론이 등장하게 된 사회적 원인을 분석하고, 문제점과 해결방안에 대해 논술하시오. (2,000자 내외)

'수저계급론'은 사회에 계급이 존재한다는 계급론에 대해 '수저'라는 단어를 비유적으로 사용하고 있는 단어이다. 계급론을 인정하고, 이에 대한 비유를 수저로 한 단어이다. 제시문의 92%나 되는 응답자 대부분이 계급은 존재하는 것을 인정한다는 점. 과반 수 이상이 스스로 흙수저로 구분한 점을 보면 수저계급론이 통용되는 이유는 대부분의 사람들이 태생적 계급에 대해 동의하고 있기 때문이다.

하지만 설문조사의 통계는 논리적으로 분석해 볼 필요가 있다. 32.6%(100%-66%-1.4%)은 자료에서 누락된 인구이다. 이 비율은 금수저의 계급으로 분석할 수 있으나 스스로 계급을 인정하지 않은 통계에 해당한다. "금수저는 1.4%에 불과하지 않다"는 논제는 참이 아니다. 왜냐하면 92%는 계급론의 존재에 대해 동의하고 있고, 응답자의 66%는 자신을 흙수저로 인정하고 있는데도 불구하고 금수저의 계급이 1.4%로 너무 낮을뿐더러 32.6%의 기권(무소속)의 비율이 너무 높다.

흙도 금도 아닌 무소속에 해당하는 비율은 기권표로 간주해야 한
다. 그리고 이는 두 부류로 나눌 수 있다. 첫째, 금수저이지만 인정
하지 않는 부류. 그리고 둘째, 명백한 흙수저라서 밝히고 싶지 않은
부류로 유추할 수 있다. 후자의 경우는 충분히 설득력이 있다. 하지
만 기권표의 성격을 추론하면 금수저이면서 스스로를 인정하지 않
은 부류로 보는 것이 타당하다. 이 통계를 보면 응답자의 66%가 흙
수저라 할 수 있는가에 대한 신뢰성도 너무 낮다. 중산층 이상도 스
스로 흙수저로 응답할 수 있기 때문이다.

기권표(스스로 응답하지 않은)와 흙, 금수저의 비율, 그리고 66%의
흙수저 인정을 바탕으로 비율이 시사 한 점은 수저계급론이 근거가
없음에도 사회적으로 통용되고 있다는 것을 알 수 있다. 계급의 구
분에서 '기준이 없음. 그리고 매우 주관적임'을 시사한다. 태생의 환
경론을 기반으로 형성된 된 것. 그리고 사회의 계급이 상위계층으로
상승하기 위한 에너지이기 때문에 오히려 긍정적인 기능을 한다는
사회기능론을 거부한다는 점을 알 수 있다. 계급론 단어자체가 기준
이 없다는 점. 그리고 흙수저는 또 기준이 분명한 차상위계층인지,
기초수급대상자인지에 대한 기준도 반영되지 않았다는 점을 토대로
수저계급론은 신뢰성이 떨어진다.

이 결과는 매우 주관적 판단이며 현재 자신의 위치가 아니라 생태
적인 인식이다. 실제 흙수저의 비율을 통계내기가 힘들다. 수저계급

론이 확산되거나 일반적으로 통용되는 사례로 본다면 노력보다 사회를 탓하는 부작용이 있을 수 있고 피해의식이 높아진다. 사회에는 계급이 존재하고 그 계급을 극복하기 어렵도록 사회는 메커니즘을 운영한다는 사회 갈등 론으로 발전할 가능성이 높다.

취업이나 교육은 사회의 계급을 극복하거나 발전하고, 사회화하는 존재인데도 불구하고 92%현실을 인정한다는 것은 계급론을 보편적인 사회문제로 인식하고 있다고 할 수 있다. 66%가 스스로 흙수저로 보고, 대부분의 사회가 1.4%만 금수저임을 인정하지 않을 것이므로 사회 갈등 론은 사회의 갈등을 유발한다. 그리고 응답자의 16%는 이 계급을 극복하는 것이 불가능 응답했다. 구성원으로서 노력해도 극복할 수 없다는 자괴감과 노력을 포기하는 형태로 드러날 가능성이 높다.

하지만 문제점을 해결, 극복하기 위해서 긍정적인 면을 볼 수 있다. 그 가장 큰 근거는 응답자의 67.6%는 "극복 가능하다"고 응답했다는 점이다. 적극적, 긍정적인 응답으로 볼 수 있으므로 긍정적인 마인드, 사회기능론의 측면으로 볼 수 있다. 계급론을 인정하지만, 사회는 이러한 극복과정과 노력과정이 통용되고, 사회적으로 이 계급을 거슬러 올라가거나 극복할 수 있다는 인식이 해결의 핵심이다.

계급 수저 론은 출신과 성공의 객관적 관계를 증명하는 확률이나 통계자료가 아니다. 대단히 주관적이고 관념적인 계급론에 바탕을 둔 단어이다. 극복하기 위해서는 계급의 절대론을 부정하는 매체를 활용하고(교육, 공익광고) 계급론의 사회 계급이 통용된다면 명료한 기준을 활용해서 수저계급론이 얼마나 수의적이고 임시적인 단어인지를 증명하는 객관적 자료를 통해 얼마나 무의미한 현상임을 증명할 수 있어야 한다.

그리고 다양한 매체는 사례에 의해 개인의 발전이 가능하도록 솔루션을 제공하고, 현행법에 근거한 제도를 적극 활용해서 긍정적인 소통네트워크를 마련(구비)할 수 있다. 복지 정책, 예산을 통해서 건강한 사회의 구성원의 동기부여와 독려 문화를 활용할 수 있다. 그리고 교육적인 측면으로 선진국이나 자선, 혹은 솔루션 제공 등의 자발적 재분배(교육, 솔루션,홍보)를 통해서 건강한 사회로 발전할 수 있다. (2,170자)

〈제시문 활용형 문제 9. 악성댓글과 포털의 기능차단〉					
상세개요 활용방법과 사회 현상 해석 문제에 접근하는 방식 연습					
출제빈도	문제 난이도	제시문 활용도	작성난이도	연습난이도
★★★★	★★★☆	★★	★★★★	★★★☆

　　다음의 문제는 사회이슈에 대한 분석과 대안제시를 요구하는 문제이다. 사회적 개념이나 이론 등을 제시문에서 보면 요약 및 답안지에 작성할 수 있는 다양한 단어들을 활용할 수 있어서 편리하지만, 이러한 사례를 제시하는 문제는 오히려 쓰기 어렵다. 특히 사회적인 이슈가 많았기 때문에 배경지식이나 다양한 의견을 읽어보고, 접근하는 방식을 알고 있다면 충분히 좋은 글을 쓸 수 있을 것 같지만 실제로 답안지를 작성할 때는 더 어렵다. 글의 방향이 전혀 다른 방향으로 진행되기도 한다. 이와 같은 보편적인 사례는 오히려 상세개요가 필수적인 문제이다. 개요에 정리를 잘하고, 개요의 항목을 다채로운 단어로 구성할수록 높은 완성도의 답안지를 작성할 수 있다.

〈문제〉

다음의 제시문을 토대로 문제에 대한 문제에 답하시오.

　　국내 대형 포털의 하나인 ○○이 연예 뉴스의 댓글 달기 기능을 잠정 폐지하기로 했습니다. 연예 기사의 댓글 서비스는 이달 안에 폐지하고, 포털에서 인물 검색 관련 검색어는 올해 안에 없애기로 했습니다. ○○의 대표는 댓글 서비스가 건강한 공론장 마련이 목적이었지만 지금은 그에 따른 부작용 역시 인정하지 않을 수 없다고 말했습니다.

특히 연예 분야 뉴스 댓글에서 발생하는 인격 모독 수준은 공론장의 건강성을 해치는데 이르렀다고 덧붙였습니다. OO은 또 다음의 뉴스 서비스를 내년 상반기 구독 기반으로 전면 개편할 것이라고 밝혔습니다. 새로운 뉴스 서비스는 언론사 기사 뿐 아니라 영향력이 있는 개인들의 블로그 등을 개인의 취향에 맞게 제공할 방침입니다. 카카오는 이번 결정이 사회적 책임을 다하고 조금 더 건강한 사회를 만들어갈 수 있는 방법의 시작이라 믿는다고 밝혔습니다.

> Q. '댓글 달기 기능 폐지'에 대한 찬성의 입장과 반대의 입장을 모두 기술 및 분석해서, 악성 댓글에 대해 개선하는 방안에 대한 본인의 생각을 논하시오. (1,800자 내외)
>
> — 2017, 2019년 기출

무엇을	어떻게	
	문제에서 제시한 내용	작성 요령
댓글 달기 기능폐지에 대한 찬성과 반대 입장을	모두 기술하고 분석하고 악성댓글 개선방안의 견해를 제시	①상세하고 자세한 개요를 통해서 ②가능한 다양한 단어를 활용해서

1. 문제의 분석

위의 제시된 문제에 의해 답안을 작성하기 위한 요소(내용)를 살펴보면 다음과 같다.

①댓글 달기 기능 폐지에 대한 명료한 개관

②찬성의 입장과 근거 서술 및 분석(시사점)

③반대의 입장과 근거 서술 및 분석(시사점)

④악성댓글 개선 방향(대안) 제시

　문제에서는 위에서 제시된 네 가지의 항목을 답안지에 구체적으로 서술하도록 요구하는 문제이다. 따라서 이에 대한 근거와 이유를 작성하기 위해서 논리적으로 글을 작성하기 위해 개요를 살펴보면 다음과 같다.

2. 개요의 작성

　※항목이 많은 경우 단어위주로 작성하고, 개요의 단어에 말을 붙여서 작성하는 것이 일반적이나, 이번 문제에 대해서는 좀 더 상세개요에 구/절 단위로 작성해 보았다. 개요라고 해서 표/내용을 말로 이어적기 어렵다면 이와 같이 짧은 문장과 같이 답안지에 작성하기 좋게 작성하는 방법도 효과적이다.

상세 개요의 내용	
1. 서론 : 댓글 폐지의 취지와 발생 배경 사례 제시 1) 인사 사고의 연이은 폭력과 피해상황 (간략하게 제시) 2) 피해자가 무시 받거나 공격성향의 댓글을 받는 것은 자유로운 의견표현의 영역이 아니라는 인식의 문제 3) 사회적으로도 이러한 문제가 더 이상 발생해선 안 된다는 취지에서 포털의 대응이라는 취지와 배경 제시	
1. 찬성의 입장과 근거 서술 및 분석 (시사점)	2. 반대의 입장과 근거 서술 및 분석 (시사점)
악성 댓글에 의해 사회문제, 인명사고 발생 사례	자유로운 의견 표현 공간을 인위적으로 폐지했다는 의견
범죄의 영역에 대한 기준이 모호하므로 처벌 기준의 명료한 확립이전에 근원문제를 차단하기 위한 취지	우회적 접근이 가능하므로 실효성이 낮다

인사사고의 영역이 대안 없을 시 대처해야한다.	다양한 의견과 반응 파악이 어렵다는 소속(조직)의견
사회적 책임 필요하다는 점에 대해 대부분의 찬성입장	제도적 제한이 타당한가? 에 대한 형평성 문제
제도적 접근으로 해결할 문제	개인의 영역이므로 놔두어야 한다는 의견
더 이상 피해는 없어야 한다는 취지	이 문제는 제도보다 교육적 접근이 필요하다
사회적 문제임	개인의 문제임
3. 개선방향 – 교육적 접근	4. 개선방향 – 제도적 접근
기존 사건 교육	신뢰성 높은 기준 확립
언어폭력 교육	최소 제한(당사자 의견)수렴해서 삭제 가능 시스템 활용
건강한 사회의 근간이 되는 언어문화 순화 필요성 교육	현행법을 활용
공익광고 활용	다수결에 의해 공격성 의견 삭제 기능 활용
5. 결론 : 공통점과 대안 1) 인사사고의 피해는 더 이상 없어야 한다. 2) 인신공격, 신체부위 등의 자세한 언급, 비하성 언급, 과도한 표현은 자제해야 한다. 3) 자성한 개선 문화 필요성은 모두 공감하는 문화 형성	

위의 내용을 토대로 완성된 하나의 논술문을 작성해보자.

3. 답안의 작성

'댓글 달기 기능 폐지'에 대한 찬성의 입장과 반대의 입장을 모두 기술 및 분석해서, 악성 댓글에 대해 개선하는 방안에 대한 본인의 생각을 논하시오. (1,800자)

포털의 댓글 폐지기능이 시행된 원인은 악성댓글이 지난 인사 사고(人身事故)의 원인이 되었기 때문이다. 폭력은 타인을 향하면 폭력, 자신을 향하면 자해가 된다. 댓글에 의해 인식(문화)은 파생되고 연쇄성을 갖게 되면서 연이은 언어 폭력과 피해상황이 드러났다. 악성 댓글은 피해자가 인격적으로 무시 받거나 공격 성향의 댓글에 대한 위협을 받는다. 오고가는 표현에서 인사사고까지 이어질 경우에는 더 이상 댓글 문화를 '자유로운 의견표현의 영역'이 벗어났다고 보는 견해가 많다.

따라서 댓글 기능 폐지는 수적, 인적으로 법적 제재하기 어렵다고 판단. 보편적으로 댓글에 의한 마음의 상처를 통해 사건이 이어질 수 있고 이러한 문제가 더 이상 발생해선 안 된다는 취지에서 포털의 대응방식사례가 나타난 것이다.

그래서 이번 포털의 기능폐지 찬성과 반대의 논란입장을 살펴보면, 찬성의 입장과 근거는 사회문제로 인식할 수 있다는 점과 인명사고 사례가 가장 큰 원인이다. 댓글이 범죄인지 아닌지에 대해 논란이 있어왔지만 범죄의 영역으로 보는 것은 기준이 모호하다. 그리고 언어의 명료한 기준이 없으므로 처벌 기준 또한 모호할 수밖에 없어서 이러한 기준을 논하지 말고 근원문제를 차단하기 위한 취지로 볼 수 있다. 언이어 발생하는 인사사고에 대한 대응방식이나 대안이 없을 때에는 어떤 형태로든 대처해야한다. 결국 댓글문화에도 사회적 책임 필요하다는 점에 대해 대부분의 찬성입장을 보이고 있다.

반면 반대의 입장과 근거는 개인의 영역 문제로 보아야 한다는 취지이다. 의견 표현은 자유로운 의견 표현 공간을 인위적으로 폐지했다는 의견이며, 하나의 포털에서 금지할 경우에도 유사게시판의 우회적 접근이 가능하므로 실효성이 낮다는 주장도 있다.

차라리 대형 포털에서는 다양한 의견과 반응 파악이 어렵다는 근거로 유지하자는 주장이다. 그리고 댓글을 차단하는 것이 제도적으로 제한이 타당한가? 에 대한 형평성도 문제가 되고, 의견 표현과 수용은 개인의 영역이므로 놔두어야 한다는 의견도 존재한다. 그리고 이 문제는 오히려 제도보다 교육적 접근이 필요하다는 취지의 반대 의견을 볼 수 있다.

인사 사고의 문제를 차단해야 한다는 찬성의 입장과 개인의 영역으로 봐야한다는 반대의 입장으로 보면 댓글 문화 개선은 교육적/제도적 측면의 양립이 적절하다. 기존의 사건을 통해 댓글의 파급력에 대한 교육은 필요하다. 또 언어폭력 문화의 위험성, 건강한 사회의 근간이 되는 언어문화 순화의 필요성 교육과 공익 광고 등의 매체를 활용한 교육적 접근이 필요하다.

제도적으로도 최소한의 기준이 되는 신뢰성 높은 기준을 확립해야 한다. 포털의 기술을 활용하면 최소 제한(당사자 의견)을 수렴해서 댓글 삭제 가능 시스템을 활용할 수 있다. 그리고 현행법을 활용하는 제도도 활용할 수 있고, 게임 엔진을 사용하면 다수결에 의한 공격성 의견을 삭제하는 기능을 활용할 수도 있다.

찬반의 논란이 있다고 하더라도 지난 수회의 사건을 보면 사회적으로 대안이 필요하다는 것은 모두 공감하고 있다. 댓글의 문화가 인사 사고를 유발하는 피해는 더 이상 없어야 한다는 점. 댓글은 자유로운 의견표현이지만 인신공격이나 특정한 신체부위 등의 자세한 언급은 도덕적으로도 옳지 않고 순화되어야 한다는 점. 인격을 모독하거나 인간의 존엄성을 비하하는 언급이나 과도한 표현은 자제해야 한다는 점은 개선되어야 한다. 지난 사건들로 인해서 자성이 필요하다는 개선 문화 필요성은 모두 공감하는 문화가 형성되었고, 이에 대한 명확한 기준과 대안이 반드시 필요하다. (1,756자)

<제시문 활용형 문제 10. 성별 역할에 대한 고정관념>
요약과 유추 과정을 해결하면 90%가 해결되는 제시문 활용도가 높은 문제

출제빈도	문제 난이도	제시문 활용도	작성난이도	연습난이도
★★☆	★★★★	★★★★★	★★★	★★☆

요약하는 방법과 상세개요를 작성하는 법에 대해 살펴보기 위한 문제이다. 그리고 답안지에 작성할 수 있는 내용의 자유도가 매우 낮다. 따라서 이 문제에 대한 분석은 답안을 읽기 전에 스스로도 한번 개요를 작성해보고 예시답안과 자신이 구성한 개요를 꼭 비교해보는 것을 권장한다. 본 서(書)의 문제 사례 중 가장 자유도가 낮은 문제이다. (정답은 어느 정도 정해져있으며, 이 정답을 만점으로 산정하고 정답에서 멀어질수록 감점을 적용하는 문제)

아래와 같은 문제는 제시 형식의 문제이나, 제시문을 참고만 해서 작성하면 되는 문제가 아니다. 이러한 문제를 출제하는 유형이 전무(全無)하다면 모르되, 이러한 내용을 토대로 글자 수를 구성하고 출제하는 기관도 존재한다.

논술뿐만 아니라 제한 형식의 제시문 활용 면접문제로도 간혹 사용되기도 한다. 따라서 기존문제와 같이 참고와 서술 방식으로 작성하면 전혀 다른 방향의 논제와 답안지가 되어버린다. 아래의 문제는 유추의 과정과 요약, 그리고 제시문 자체에 충실하게 따라야 하는 자유도가 매우 낮은 문제이다. 이에 대한 완성된 논술문을 작성하면서, 논리적이면서 종합적인 글쓰기의 연습을 해보자.

※ 다음 제시문을 읽고 물음에 답하시오.

[가] 성 역할 고정관념은 여성과 남성의 본질에 관하여 사회에서 일반적으로 통용되는 신념이다. 그것은 과학적 검증을 받지 않은 채 사회 구성원에 의해 폭넓게 받아들여진다. 성 역할 고정관념은 여성과 남성이 실제 어떻게 다른가를 뜻하는 것이 아니라 세상 사람들이 생각하는 여성과 남성이 어떻게 다른가에 대한 관념을 가리킨다. 예를 들어 "여자는 시집을 잘 가려고 대학에 간다."라거나 "남자는 아내가 자기보다 소득수준이 높으면 부담을 느낀다."라는 인식이나 태도 등이다. 성 역할 고정 관념은 사회 구성원에게 너무나 익숙하여, 사람들은 특정 개인이 어떤 행동을 하거나 태도를 보이는 것을 그 사람의 성 때문이라고 종종 단정 짓곤 한다. 이처럼 성 역할 고정관념은 개인의 행동과 태도 및 생각을 지배한다. 사회를 구성하는 개인들은 자신의 성에 부여된 역할을 수행하려고 노력할 뿐만 아니라, 타인이 어떻게 행동하는가를 주의 깊게 관찰하며 행동하므로, 성 역할 고정관념에서 벗어나려면 개인의 주체적 노력이 무엇보다 중요하다.

[나] 성별에 따라서도 언어의 변이가 나타난다. 성별에 따른 변이는 남성과 여성의 생리적, 심리적, 문화적 차이가 언어에 반영된 결과이다. 사회 언어학에서 남녀 대화의 대표적 특성으로 지적된 것은 다음과 같다.

남성	여성
과묵성, 경쟁적 대화	다변성, 협동적 대화
동시 발화나 말 가로채기가 많다	동시 발화나 말 가로채기가 적다
맞장구치기나 찬사가 적다	맞장구치기나 찬사가 많다
단정 어법, 직접 명령이 많다	애매 어법, 간접 명령, 청유법이 많다
정중 법을 지향한다.	공손법을 지향한다.

Q. 제시문 [가]와 [나]를 참고로 하여, '남녀 대화의 대표적 특성'을 분석하고, 이에 대한 사례를 통해서 변화시킬 수 있는 요인에 대한 자신의 견해를 서술하시오. (1,500자 내외)

무엇을	어떻게	
	문제에서 제시한 내용	작성 요령
남녀 대화의 특성을	분석하고 사례를 제시 변화시킬 수 있는 요인의 견해	①내용을 제한해서 ②의견을 쓰지 말고 ③제시문을 분석해서 ④자유도는 최소화 ⑤내용에 충실하게

1. 문제의 분석

위의 문제에서 답안지를 작성할 때 참고할 내용을 보면 다음과 같다.

①제시문의 참고한 내용

②대표적 특성 분석 - (가)의 내용 / (나)의 내용

③사례를 활용한 변화요인 + 자신의 견해

이 문제는 기존 문제와는 다르게 작성해야 한다. 제시문의 소스(제시문과 항목)를 토대로 하나씩 살펴보면 그 내용은 다음과 같다.

2. 요약과 접근방식

①제시문을 종합, 요약하기 위해서 제시문을 가져와서 살펴보며, 답안지에 작성해야 하는 중요한 단어와 문장을 가져오기도 하고, 또 그 제시문을 치환하는 방식을 살펴보자.

성 역할 고정관념은 여성과 남성의 본질에 관하여 ④ **사회에서 일반적으로 통용되는 신념**이다. 그것은 ⑧ **과학적 검증을 받지 않은 채** 사회 구성원에 의해 폭넓게 받아들여진다. 성 역할 고정관념은 여성과 남성이 실제 어떻게 다른가를 뜻하는 것이 아니라 세상 사람들이 생각하는 ⓒ **여성과 남성이 어떻게 다른가에 대한 관념을** 가리킨다. 예를 들어 ⑩ **"여자는 시집을 잘 가려고 대학에 간다."**라거나 "남자는 아내가 자기보다 소득수준이 높으면 부담을 느낀다."라는 인식이나 태도 등이다. 성 역할 고정 관념은 사회 구성원에게 ⑥ **너무나 익숙하여, 사람들은 특정 개인이 어떤 행동을 하거나 태도를 보이는 것을 그 사람의 성 때문이라고** 종종 단정 짓곤 한다. 이처럼 성 역할 고정관념은 개인의 행동과 태도 및 생각을 지배한다. 사회를 구성하는 개인들은 ⑥ **자신의 성에 부여된 역할을 수행**하려고 노력할 뿐만 아니라, ⑥ **타인이 어떻게 행동하는가를** 주의 깊게 관찰하며 행동하므로, 성 역할 고정관념에서 벗어나려면 ⑭ **개인의 주체적 노력이** 무엇보다 중요하다.

위에서 표시한 문장(단어, 절)을 자세히 살펴보자. 위의 내용을 그대로 문제의 답안지로 작성할 경우보다는 이 내용을 스스로의 언어(자신의 말)로 치환시켜 보면 다음의 표와 같은 내용으로 확인할 수 있다.

	본문	치환시킨 언어
1	Ⓐ사회에서 일반적으로 통용되는 신념	사회적 현상, 사회의 보편적 인식
2	Ⓑ과학적 검증을 받지 않은 채	객관적이지 않다→주관적인 인식
3	Ⓒ여성과 남성이 어떻게 다른가에 대한 관념	생각이나 견해의 영역이지, 규범이나 규칙이 아님
4	Ⓓ여자는 시집을 잘 가려고 대학에 간다.	여성비하, 남성우월주의, 여성의 입장에서는 들을 때 갈등을 유발하는 내용
5	Ⓓ남자는 아내가 자기보다 소득수준이 높으면 부담을 느낀다.	
6	Ⓔ구성원에게 너무나 익숙하여	잘못된 관념이지만 통용되는 현상
7	Ⓕ자신의 성에 부여된 역할을 수행	성역할. 역할론.
	Ⓕ7의 유사한 사례	무거운 물건은 남성이 들어야지
		여성은 육아, 가사를 담당하는 역할
		남성은 가장의 역할을 당연시 등
8	Ⓖ타인이 어떻게 행동하는가를 주의 깊게 관찰하며 행동	모방행동(원인) 사회적으로 통용되었기 때문에 나타나는 현상으로 해석
9	Ⓗ개인의 주체적 노력이 무엇보다 중요	스스로의 노력
10	Ⓗ주체적 노력(개인의 노력사례)	나는 이러한 마음을 갖고 있지 않은가? 스스로 자문하는 노력
		여성비하/남성우월과 같은 언어에 대한 교정 및 개선, 언어순화의 노력
		스스로의 언행을 고치기 위한 여성과의 대화, 소통, 간담회 등의 다양한 시도, 노력이 필요

② 표의 해석

위의 문제(제시문)에 나타난 표를 잘 살펴보자. 이 영역은 유추의 영역으로, 이에 대한 하위어를 포함할 수 있는 핵심어(상위어)를 유추하는 분석력을 필요로 하는 영역이다.

남성대화의 특징	시사점
과묵성, 경쟁적 대화	여성의 협동과 대비됨. 경쟁적 태도 지향
동시 발화나 말 가로채기가 많다	먼저, 우선을 지향
맞장구치기나 찬사가 적다	다른 사람의 발언에 동의. 찬사 적음
단정 어법, 직접 명령이 많다	우회적 대화를 피하고, 직접대화 비율 높음
정중법을 지향한다	정중법(위-아래 사람에게 모두 사용가능)
여성대화의 특징	
다변성, 협동적 대화	모두 맞을 수 있다(다변성) ~해주지 않을래? (협동)
동시 발화나 말 가로채기가 적다	다른 사람 발언시 듣고 자신의 표현을 지향
맞장구치기나 찬사가 많다	맞아, 그래, 동의.. 등의 표현 지향
애매 어법, 간접 명령, 청유법이 많다	청유(~하자) 간접(좀 춥지 않니?) (문을 닫아줘) 등
공손법을 지향한다.	공손법은 윗사람에게 주로 사용함
	동년배, 후배에게는 편하게 말 놓는 표현을 지향

※ 위의 표에 나타난 표현 등을 고려할 때 생각해볼 문제

(유추과정을 통해 쓸 수 있으면 가산점, 작성할 수 없으면 기본점수의 영역)

A. 왜 남성들은 이러한 대화법을 지향하는가?

B. 그러면 대화의 특성으로 위의 내용을 추론하면 남성/여성의 대화 지향점은 어디에 있는지 살펴보자.

남성	남성대화 지향점
여성의 협동과 대비됨. 경쟁적 태도 지향	
먼저, 우선을 지향	목적지향의 대화를 지향함. (우선순위가 목적(업무)에 있음)
다른 사람의 발언에 동의. 찬사 적음	
우회적 대화를 피하고, 직접대화 비율 높음	
정중법(위-아래 사람에게 모두 사용가능)	

여성	여성대화의 지향점
"너도 옳고, 너도 옳다"(다변성) ~해주지 않을래?(협동) 다른 사람 발언시 듣고 자신의 표현을 지향 맞아, 그래, 동의.. 등의 표현 지향 청유(~하자) 간접(좀 춥지 않니?(문을 닫아줘) 등 공손법은 윗사람에게 주로 사용함 동년배, 후배에게는 편하게 말 놓는 표현을 지향	관계지향의 대화를 지향함(우선순위가 관계를 유지, 친밀감 등을 깨뜨리고 싶어 하지 않는다. 따라서 관계를 우선하는 데 있음)

위와 같이 하나의 가설에 의해 상위어를 정리해보면 남성은 목적 우선, 목적지향성의 특징을, 여성의 대화에 있어 관계지향에 있음을 알 수 있다. 그러면 위에 나타난 전체의 제시문과 표를 분석한 내용을 토대로 한다면, 위의 내용에 기초한 답안을 작성할 수 있는 간단한 개요를 만들 수 있다.

말머리를 첨가하면	제시문 (가)에서 정리한(치환시킨) 언어	
성역할의 고정관념은	사회적 현상, 사회의 보편적 인식	남성대화의 지향점은 목적을 우선순위로 한 대화 (우선순위가 목적(업무)에 있음)
	객관적이지 않다→주관적인 인식	
	생각이나 견해의 영역이지, 규범이나 규칙이 아님	
사회적으로	여성비하, 남성우월주의, 여성의 입장에서는 들을 때 갈등을 유발하는 내용	
	잘못된 관념이지만 통용되는 현상	
결국 이러한 성역할에 대한 고정관념의 원인과 형태는	성역할. 역할론.	여성대화의 지향점은 관계지향의 대화를 지향함
	무거운 물건은 남성이 들어야지	
	여성은 육아, 가사를 담당하는 역할	
	남성은 가장의 역할을 당연시 등	
	모방행동(원인) 사회적으로 통용되었기 때문에 나타나는 현상으로 해석	

그래서	스스로의 노력(필요)	
남성과 여성의 대화가 서로 변화하려면	나는 이러한 마음을 갖고 있지 않은가? 스스로 자문하는 노력	(우선순위가 관계를 유지, 친밀감 등을 깨뜨리고 싶어 하지 않는다. 따라서 관계를 우선하는 데 있음)
	여성비하/남성우월과 같은 언어에 대한 교정 및 개선, 언어순화의 노력	
	스스로의 언행을 고치기 위한 여성과의 대화, 소통, 간담회 등의 다양한 시도, 노력이 필요	
	남성에게는 관계를 지향하는 대화의 태도가 필요	
	여성에게는 관계를 유지하되, 스스로의 고유 업무나 중요한 목표에 대한 노력이 필요하다.	

제시문의 내용을 충실히 따랐을 때, 위와 같은 내용으로 개요(표)의 활용을 통해 전체 내용이 구성되면 하나의 논술문(글)이 완성된다. 위의내용을 토대로 완성된 답안지를 작성해보면 다음과 같다.

3. 답안의 작성

Q. 제시문 [가]와 [나]를 참고로 하여, '남녀 대화의 대표적 특성'을 분석하고, 이에 대한 사례를 통해서 변화시킬 수 있는 요인에 대한 자신의 견해를 서술하시오. (1,500자 내외)

남녀의 성여할에 대한 고정관념에 대한 제시문의 내용을 살펴보면 성역할은 보편적인 사회현상과 인식임을 알 수 있다. 과학적 검증 없이 사회에서 인식하는 주관적인 생각이나 견해의 영역이지, 규범이나 규칙이 아니다.

여성비하, 남성우월주의적인 발언은 갈등을 유발하기도 하며, 잘못된 관념이지만 사회에서는 통용되는 현상이다. 성별의 역할. 역할론으로 표현하는 이와 같은 사례는 "무거운 물건은 남성이 들어야지"나 "여성은 육아, 가사를 담당하는 역할이다"와 같은 표현으로 사용한다. 남성은 가장의 역할을 당연시하거나 여성은 가사의 역할을 단정 짓는 이러한 사회의 보편적인 원인을 제시 문에서는 모방 행동으로 보고 있다.

이를 해결하고 완화, 보완하기 위해서는 스스로 주체적인 노력이 필요하다. 예를 들면 "나는 이러한 마음을 갖고 있지 않은가?"와 "나도 모르는 사이 이러한 말과 행동을 하지는 않았는가?"와 같은 자성(自性)적인 재고(再考)가 필요하다. 여성비하, 남성우월과 같은 언어에 대한 교정 및 개선, 언어순화의 노력이 필요하다. 인지와 이해, 소통과 공감이 불가피한 문화라고 할 수 있으므로 스스로의 언행을 고치기 위한 여성과의 대화, 소통, 간담회 등의 다양한 시도와 노력이 필요하다.

표에서 제시한 자료를 통해 남성과 여성의 대화 특성을 살펴보면 서로의 성향(지향)이 다르다는 것을 알 수 있다. 남성대화의 지향점은 목적을 우선순위로 한 대화의 성격이 강하다. 따라서 우선순위가 목적(업무)에 있으므로 경쟁과 직접표현이 많으며, 목적을 우선으로 지향하기 때문에 손아랫사람에게 정중하게 부탁하는 정중 법을 활용하는 사례도 나타난다.

반면 표에서 제시한 여성대화의 특징을 살펴보면 지향점이 남성의 목적지향과 다르게 관계를 깨뜨리고 싶지 않은 특징을 읽을 수 있고, 관계지향의 대화를 진행한다고 할 수 있다. 우선순위가 관계를 유지하는데 있으며, 친밀감을 유지하기 위한 도구로서 대화를 유지한다고 볼 수 있다. 그래서 모두 맞을 수 있다는 다변성, ~해주지 않을래? 와 같은 청유형 문장을 통해 협동을 지향, 타인의 발언 시 듣고 자신의 의사를 표현하는 맞아, 그래, 동의… 등의 동의하는 표현을 지향한다. 특히 청유(~하자) 간접(좀 춥지 않니?(문을 닫아줘) 등의 간접적인 대화의 특징은 남성의 대화와 명백하게 대응되는 대화의 특징을 알 수 있다.

　공손법은 윗사람에게 주로 사용하는 동시에 동년배, 후배에게는 편하게 말을 놓는 표현을 지향한다는 점에서 관계를 친밀하게 유지하려는 특징을 볼 수 있다. 이와 같은 대화 언어특성을 변화시키기 위해서는 이성(異性)간의 대화를 늘리고, 소통과정에서 서로의 대화에 장점(남성은 관계를 유지하는 친밀감을 유지하는 노하우, 여성은 남성의 주인의식과 목적지향성의 진취성 등)을 배우고, 자신의 대화법에 대한 재고와 변화를 꾀하려는 의지가 필요하다. (1,401자)

〈제시문 활용형 문제 11. 노키즈존(No Kids Zone) 찬반 논란〉 다항 요구 유형 문제로 서로 다른 관점의 내용을 개요에 구현하는 방식을 연습				
출제빈도	문제 난이도	제시문 활용도	작성난이도	연습난이도
★★★☆	★★★★	★★☆	★★★★☆	★★★

아래 문제는 선택형 문제이다. 제시문에서 시사 한 내용을 주제로 설정하고 서로 다른 견해(노 키즈 존 운영에 대한 찬성과 반대의 입장)의 분석력과 논리적인 문장을 평가하는 문제이다. '노 키즈 존' 사회현상을 보는 관점의 논리성, 명료한 견해(입장)의 당위성을 작성해야 한다. 문제를 살펴보자.

〈문제〉

제시문을 읽고, 질문에 답하시오.

> 앙팡루아(enfant roi)라는 말이 있다. 프랑스어로 '왕 아이', 즉 가족 안에서 왕처럼 군림하는 아이를 말한다. 언제든 자기가 원하는 것을 얻어낼 수 있고, 떼만 쓰면 뭐든 용인되며, 스스로가 우주의 중심이 된 듯 느끼며 행동하는 아이를 의미한다. 프랑스에선 "댁의 아이는 앙팡루아군요?"라는 말이 최고의 모욕이다.
>
> 프랑스의 아동발달 심리학자 디디에 플뢰는 좌절과 결핍을 배우지 못한 이런 작은 독재자는 빠른 시간 안에 부모의 권위를 빼앗고 '폭군'이 된다고 지적했다. "우리 애는 아무도 못 말려요"라며 쉽게 항복하고 아이의 비위를 맞추는 부모 밑에서 큰 아이

는, 행복하지도 않을뿐더러 결국 자제력 부족으로 고통 받는 충동적인 '성인 아이'가 된다는 것.

(중략)

얼마 전 한 영국인이 자국에 카페를 개업하며 "개와 청소년은 환영하지만, 12살 이하 어린이의 입장을 금지한다."는 간판을 내걸어 갑론을박이 벌어진 일이 있다. '개는 되지만, 어린아이는 안 된다'는 '노키즈존' 선언 문구는 자극적이지만, 행간의 뜻은 선명하다. 어쨌든 사회적 예절을 가르치는 데 있어서, 애견인이 '권위를 빼앗긴' 부모보다 더 낫다는 것.

한때 TV에서는 경쟁하듯 비슷한 프로그램을 방영했다. '우리 개가 달라졌어요.'와 '우리 아이가 달라졌어요.' 집 안팎에서 말썽을 일으키는 통제 불능 '문제견'과 '문제아'들이 전문가의 손길만 닿으면 얌전해졌다. 훈육 방식의 틀은 같았다. "안 돼"와 "기다려" 기다림을 알게 하는 훈련의 밑바닥엔 '너를 길들이겠다'는 완력보다 '함께 살아가기 위해 너와 내가 견뎌야 할 품위 있는 고통'에 대한 공감이 자리했다.

Q. 노키즈존의 운영에 대해 사업자의 권리 측면과 어린아이의 권리 측면을 분석하고, 이에 대해 하나의 입장을 지지하여 자신의 견해를 서술하시오. (1,500자 내외)

– 2019년 기출

1. 문제의 분석

답안지에 작성해야 하는 항목은 다음과 같다.

①노키즈존의 운영에 대한 사업자의 권리 분석

②노키즈존이 불합리하다의 견해로 아이(키즈)의 권리 분석

③입장지지 선택 → 지지하는 논리와 명분(근거) 제시

2. 개요의 작성

위의 답안지에 요구하는 항목을 토대로 하나의 개요를 작성해보면 다음과 같다.

사업자의 권리 측면	어린아이의 권리	입장을 지지하는 이유	
		사업자 지지	어린이권리
정신적 고통	태생(이용권리)박탈 상황	재산권리	자유 권리
안전사고 노출에 대한 부담	관리자 부재 시에는 위험노출	운영자의 권리	행복추구권리
사유재산(업소)의 운영 권리	노키즈존 여부를 확인 해야 하는 부담	안전사고 면책불가	아이의 성향 미적용 기준
불특정다수 대상으로 사업자는 희망했으나, 입장인원의 통제권리	부모의 권리 중요성	보호를 전제로 운영해야 만 합리적임	연령기준 업소마다 다름
무리한 요구(어린이메뉴, 할인)등에 요구받지 않을 권리	통제 가능시 불합리한 상황	사업자의 자유	불편함을 요구함
안전사고 시 사업자의 책임영역	연령은 기준이 모호함		
관리에 대한 부담감	영아의 경우 해당 없음 에도 적용가능		
부모의 통제에 없을 경 우 제지 불가	얌전한 아이의 경우 불합리		
관리자로서 권고에 한계성	특징이 기준이 아니라 나이가 기준임		

> **3. 답안의 작성**
>
> 노키즈존의 운영에 대해 사업자의 권리 측면과 어린아이의 권리 측
> 면을 분석하고, 이에 대해 하나의 입장을 지지하여 자신의 견해를 서
> 술하시오. (1,500자 내외)

노 키즈 존(No Kids Zone)에 대해서는 아이의 권리를 차단하는 것과 사업자의 자유를 침해하는 것이라는 논란이 있다. 아동에게는 자유로운 이용이 제한되는 권리 침해, 사업자에게는 운영자의 자유 침해 관점이 서로 상반되기 때문이다.

다양한 안전사고에 의해서 위험요소의 책임논란이 발생하는 이유도 같은 맥락이다. 아동의 안전사고도 문제였지만 특정행동에 의한 피해자가 존재할 경우 법의 기준에서 그 가해자와 피해자를 명백하게 나눌 수 없다. 이 논란의 중심에는 표면적으로는 아이와 어른의 권리 충돌로 보이지만, 사실 내포하고 있는 논란의 기준은 책임의 기준논란이다.

사업자의 권리 측면을 보면 아동들의 제재 받지 않는 과도한 자유는 이용객, 운영자에게 적지 않은 정신적 고통을 준다고 했다. 안전사고 노출에 대한 부담감이 있을뿐더러 영업장은 사유 재산(업소)이므로 운영자의 권리에 의해서 이러한 부담에서 벗어나고자 한다는 취지였다. 불특정다수를 대상으로 사업자는 매장운영을 선택(희망)했으나, 입장 인원의 통제 권리는 운영자에게 있다는 것이다.

그리고 아동을 동반한 많은 이용객이 아이들을 위해서 무리한 요구(어린이메뉴, 할인) 등에 요구받지 않을 권리를 주장하는 의견도 있었다. 안전 사고시의 사업자의 책임영역도 문제였다. 명백한 불찰(미비한 바닥 청소나 뜨거운 물, 숯 등의 위험 요소 등)은 업자의 책임이지만 뛰거나 부딪히는 아동의 관리에 대한 부담감에서 자유로울 수 없다는 점. 부모의 통제에 없을 경우에는 제지가 불가한 점. 관리자로서 권고에 한계성을 느꼈다는 점도 노 키즈 존 운영의 근거였다.

반면 노 키즈 존이 타당하지 않다고 보는 반대의 관점은 어린아이의 권리 이용 권리 박탈은 부당하다는 주장이다. 문제를 갖지 않은 이용자가 태생시기(이용권리)에 의해 권리는 박탈당하는 상황을 반대하는 것이다. 관리자 부재 시에는 위험에 노출되지만 이용자로서 노 키즈 존 여부를 확인해야 하는 부담감, 아동의 연령이 기준이 되고, 아동의 행동을 충분히 재제가 가능할 경우 불합리하다는 논리의 주장이다.

운영자가 정하는 연령 기준이 모호하고, 영아(걸음마 수준)의 경우에는 위험요소라는 기준에 해당 없음에도 불구하고 노 키즈 존은 이용할 수 없는 경우도 존재한다는 점. 아이의 성향이 얌전한 아이인 경우. 특징이나 행동의 성향이 기준이 아니라 나이가 기준이라는 점이 제한을 주기에는 부당하다는 것이다.

노 키즈 존의 논란을 분석해보면 사업자의 권리보다 아이의 권리를 보호하는 것이 타당하다. 이 문제는 재산의 권리와 자유의 권리

문제이기 때문이다. 연령을 선택의 기회 없는 본질적 특성이고, 사업자권리는 선택에 의한 업소운영이다. 따라서 노 키즈 존은 부당하다. 안전사고에 대한 면책이 불가한 운영자의 부담과 아이의 성향이 미 적용된 연령 기준이라는 문제라는 점을 감안해도 이미 많은 업소에서도 위험환경에 주의를 주는 공지와 주의를 적극 활용한 선례가 많다.

기준의 명확성, 책임의 명료성, 이용객의 책임 등에 대해 이용자(아동과 부모)와 사업자(운영자)가 합의할 수 있는 기준의 확보, 효율적인 운영이 반드시 필요하다. 대안으로는 수칙의 준수와 합의, 규칙의 인지와 협의가 우선이며, 제도적(운영 및 교육)인 협의도 필요하다. (1,573자)

〈제시문 활용형 문제 12. 한반도 비핵화와 인도적 지원〉 내용의 비약하는 방식을 숙지하고, 찬반입장 분석과 대안제시 방식				
출제빈도	문제 난이도	제시문 활용도	작성난이도	연습난이도
★★★★☆	★★☆	★★★☆	★★★★★	★★★☆

비약(飛躍)의 방식을 먼저 알고 연습하자.

다음의 문제는 논리적 비약이 필요한 문제이다. 논리의 비약은 논리적으로 서로 맞지 않다는 뜻이다. 설명의 논리 구성이 빠졌을 때 사용한다. 하지만 논술에서는 간혹 이러한 의도적인 비약을 작성해야만 작성하기 수월한 경우가 있다. 그래서 의도적인 비약을 논리적 비약이라 하며, 비의도적인 실수에 의해 논리적으로 맞지 않는 것을 논리의 비약이라 한다.

비약을 쓰는 경우는 바로 제한된 글자 수와 현재의 내용이 구성에서 어려울 때, 그리고 너무 자세하게 설명하면 글자 수와 내용이 오히려 사족(蛇足)인 경우가 그렇다. 아래의 문제는 비교문제와 대안제시 문제이다. 하지만 문제의 내용을 보면 인도적 지원체제의 찬반입장과 성공적인 이행을 위한 제시이다. 즉 찬반입장을 작성할 때의 분량을 작성하되, 이행을 전제로 하고 있으므로 내용면에서 옳고 그름을 따져서는 문제의 취지에 맞지 않다. 바로 논리적 비약이 필요한 부분이다.

이러한 문제를 해결하기 위해서는 다음과 같은 몇 가지 논술에서 자주 쓰이는 기술(技術)이 필요하다.

①더 작성하면 구체적이고 논리적으로 작성할 수 있지만, 문제에 의해 과감하게 비약하는 결단성

②논리적인 비약을 사용해야 하는 것이 전제(前提)인 문제이므로, 특정 부분에서 사용해야하는 집중력

③평소 작성하던 개요보다 훨씬 더 자세하게 써야하는 꼼꼼함(논리의 비약이 나타나지 않도록)

개념	성격	사용하는 이유	결론
논리적 비약	의도적인 비약	찬반(贊反), 가부(可否)를 증명하다가 구성에서 무너지므로 뛰어넘어 주제로 접근할 때 사용함	구성을 위해 사용함
논리의 비약	비(非)의도적인 실수(失手)	설명이 부족해서 논리적으로 맞지 않음	감점요인
예시	"과연 신뢰유지와 사회 안정을 위해서 인도차원의 지원은 지속하는 것이 타당한가?"에 대해서 분석하지 않고, 인도적 차원의 지원은 찬성하는 방향으로 논제를 작성하는 방식(의도적인 비약)		

제시문을 읽고, 문제에 답하시오.

북한의 핵실험 및 미사일 발사체 실험은 국제평화와 안전을 위협하는 행위이다. 이에 유엔 안전법상이사회는 강력한 대북제재 조치를 실시하는 결의안을 채택하여, 북한에 대한 경제제재 및 금융제재 등을 실시하고 있다. 또한, 우리나라는 2010년 3월 발생한 천안함 폭침사건을 계기로 남북교역 중단, 대북신규투자 금지, 대북지원 사업의 원칙적 보류, 국민의 방북 불허 등 북한과의 교류 및 지원중단을 내용으로 하는 2010년 5.24 조치를 발표하여 시행하고 있다. 극단적 대립으로 치닫던 남북관계는 2018년 4월 27일 남북정상회

담을 계기로 비핵화를 통한 한반도 평화정착의 기대가 높아지고 있는 상황이다.

이를 계기로 남북분단 대치국면에서 평화공존의 시대로 전환하기 위한 다양한 방안들이 논의되고 있다. 구체적인 방안으로는 인도적 대북지원 등 비정치적 분야에서의 상호교류 실시, 전쟁이 없는 비핵화 실현을 통한 남북 간 신뢰 확보, 남북 간 자유로운 왕래 및 협력 확대 등이 있다. 이들 방안 중 단시일 내에 실행 가능성이 높은 정책은 인도적 대북지원의 재개이다.

인도적 대북지원 정책을 찬성하는 입장에서는 비핵화 논의가 진행되는 현 시점에서 인도적 대북지원을 재개할 것을 주장한다. 하지만 과거의 경험을 볼 때 섣부른 인도적 대북지원 재개가 한반도 비핵화의 실현을 통한 평화정착에 장애요인으로 작동한다는 반대의견도 팽팽하게 제기되고 있다.

Q. 인도적 대북지원 정책에 대한 찬성의 입장과 반대의 입장을 모두 기술하고, 인도적 대북지원 정책의 성공적 이행을 위한 구체적인 방안을 논하시오. (1,200자 내외)

– 2017, 2019년 기출

무엇을	어떻게	
	문제에서 제시한 내용	작성 요령
인도적 대북정책 찬성/반대 입장을	모두 기술하고 인도적 지원을 이행하기 위한 방안	①논리의 비약을 조심하고 ②논리적 비약을 사용해서 ③평소의 개요보다 자세하게

1. 문제의 분석

위의 문제에서 답안지에 반드시 작성해야 하는 내용을 살펴보면 다음과 같다.

①대북지원의 인도적 정책에 대한 개관을 밝히고

②찬성의 입장을 분석하고 정리할 것

③반대의 입장을 분석하고 정리할 것

④인도적 지원정책의 성공적인 이행을 위한 방안제시

※ 위의 내용을 살펴보면, 일반적인 찬성과 반대 입장의 선택은 누락되고, 결국 찬성(성공적인 이행을 위해 필요한 요소를 분석하고 대안을 제시하도록)의 입장으로 문제에서 설정하고 있는 바가 일반적인 논술문제와 다른 점이다. 전형적으로 논리적인 비약이 필요한 부분이다. 찬성을 전제로 하고 있으므로, 반대의 입장을 너무 길게 작성하거나, 반대 입장을 옹호하는 방향의 논술을 피하고 대안제시에 대해 힘을 실어줘야 한다.

2. 제시문 분석

제시문에서 나타난 다양한 내용을 밝히고 개요 표를 완성해보면 다음과 같다.

제시문에 나온 핵심내용		
기존의 지원체제(목적우선)	인도적 지원체제(과정우선)	시사점
기존의 협력체계(목적과 취지)	인도적지원의 취지	
국제평화와 안전을 위협하는 행위	인도적 대북지원	정치적배제한 인도차원

경제제재 및 금융제재	비정치적 분야에서의 상호교류	목적은 존재하나, 우선되지 않는 지원
교류 및 지원중단	남북 간 신뢰 확보	근본적인 목적
비핵화를 통한 한반도 평화정착의 기대	왕래 및 협력	장기적 목표에 따른 지원체제
평화공존의 시대로 전환	목표를 제외하고 우호적관계유지	평화의 포괄적 가치 중요시
인도적 지원 체계 진행	찬성입장	비핵화 논의가 진행되는 현 시점에서 인도적 대북지원을 재개할 것을 주장
	반대 입장	평화정착에 장애요인으로 작동한다는 반대의견

위의 내용을 토대로 작성하면 서론-본론-결론으로 위의 내용을 구성하되, 그 내용의 대안에 대해서는 개인의 의견을 추가로 작성해야 한다. 답안에 대한 개요를 작성하기 위해서 추가할 내용을 유추해보면 당위성 강조, 논리적인 요소의 유추, 명료한 근거 제시가 필요할 것이다. 개요의 확장은 다음과 같이 나타날 수 있다.

서론의 내용 :
1. 지원체제에 대해 이전의 정치적/국내적 사건과 상황에 따라 가변성이 존재했던 것이 사실이다.(전제)
2. 하지만 인도적 차원의 지원은 인명피해나 국가적 위기상황이 아니라면, 어떤 상황에서도 유지한다는 대원칙을 준수하는 이유는 평화시대와 비핵화라는 궁극적 목적이 변동 없이 존재하기 때문에 인도차원의 지원체제는 유지되는 제도적인 장치와 인도적인 인식이 필요하다.
3. 이를 실현하기 위해서 인식개선, 제도 확보, 나아가 대외협력 등의 복합적 요소가 필요하다.

본론의 내용		
기존의 지원체제(목적우선)	인도적 지원체제(과정우선)	시사점
기존의 협력체계(목적과 취지)	인도적지원의 취지	
국제평화와 안전을 위협하는 행위	인도적 대북지원	정치적배제한 인도차원

본론3의 내용	결론의 내용 :
안정된 인도적 지원체계 협의	위의 내용을 이행 시 기대할 수 있는 긍정적 효과 강조
인도차원의 지원을 유지하는 인식의 개선	체제 확립의 당위성
평화체제 안정적인 운영을 위한 제도적 장치 확보	인도차원의 지원은 변동성이 없어야 하는 안정성 유지의 당위성 강조
이행에 대한 양국의 협의(공식기록, 협약) 필요	
장기적 계획 수립	

3. 답안의 작성

인도적 대북지원 정책에 대한 찬성의 입장과 반대의 입장을 모두 기술하고, 인도적 대북지원 정책의 성공적 이행을 위한 구체적인 방안을 논하시오. (1,200자)

분단 상황의 국가에서 대북 지원 체제에 대해 정치적이나 사건, 상황에 따라 유동적이다. 제도적 차원의 지원체제는 국가의 시급한 문제에 따라 달라지기도 한다. 하지만, 지켜야 할 도리나 도덕에 바탕을 두고 지지하는 인도적 차원의 지원은 인명피해나 국가의 위기상황이 아니라면, 어떤 상황에서도 유지한다.

이러한 대원칙을 준수하는 이유는 평화시대와 비핵화라는 궁극적 목적에는 변동이 없기 때문에 인도적 지원에 대한 사회적 합의와 당위성에 대한 인식이 필요하다. 이를 실현하기 위해서는 인식개선, 제도 확보, 나아가 대외협력 등의 복합적 요소가 전제되어야 가능하다.

기존의 지원체제는 지원의 조건은 대가(목적)를 전제한 지원이었다. 국제평화와 안전을 위협하는 행위를 줄이기 위해서 경제제재 및 금융제재를 통해서 경제발전과 보편적인 자원 교류가 제한적이었다. 국가의 안보가 위험하면 교류 및 지원을 중단해서 비핵화를 통해 평화공존의 시대로의 전환과 한반도의 평화정착을 기대하는 제재를 진행했다.

하지만 인도적 지원체제는 목적보다는 과정을 우선으로 보는 관점이다. 인도적지원의 취지는 정치적인 관점을 배제하고 비정치적 분야에서의 상호교류나 남북한의 기본적인 신뢰를 확보하기 위해서 지원하는 근원적인 지원정책이다. 목적은 존재하나, 목적이 우선되지 않는 지원이다. 남북의 왕래 및 협력을 통한 장기적 목표(평화, 통일을 위한 서로의 신뢰조성)에 따른 지원체제이므로 먼저 우호적인 관계를 유지하고 평화의 포괄적 가치를 중요시한다.

인도적 지원은 논란이 존재한다. 찬성하는 입장에서는 비핵화 논의가 진행되는 시점에서 인도적 대북지원을 재개할 것을 주장하고 있으며, 반대 입장은 평화정착에 장애요인으로 작동한다는 의견도 존재한다. 성공적인 이행하기 위해서는 안정된 인도적 지원체제에 대한 협의가 전제되어야 한다. 그리고 인도차원의 지원을 유지하는 인식의 개선도 필요하고, 평화체제 안정적인 운영을 위한 제도적인 장치를 확보해야 한다. 이행에 대한 양국의 협의(공식기록, 협약)가 필요하고, 장기적 계획을 수립해서 과정을 공유해야 한다.

신뢰감을 바탕으로 위의 내용을 이행하게 된다면 경제적, 효율적인 궁극적 목표(평화, 공존)의 과정에서 사회적인 안정감을 기해할 수 있고, 인도적 지원체제는 그 당위성을 확보할 수 있다. 그래서 인도적 지원은 변동성이 없어야 하는 안정성을 기반으로 진행해야만 사회의 긍정적 효과를 기대할 수 있다. (1,198자)

출제빈도	문제 난이도	제시문 활용도	작성난이도	연습난이도
★★★☆	★★☆	★★	★★★★	★★★

다음의 문제는 찬반논란에 대한 문제이다. 형평성, 찬반논란, 과학기술, 기술의 활용 등의 단어는 논술에서 선호하는 단어이다. 찬반논란, 과학기술, 활용 등의 논술의 성격을 반영한 주제가 유사한 형태로 자주 출제된다. 이 문제에서는 각각의 개념에 해당하는 사례와 VAR기술에 대한 기사문을 통해 해석하는 이해력, 그리고 이 단어들을 배열하는 구성력, 판정과 당위성에 대해 설명하는 분석, 해석력을 평가하기 위한 문제이다.

사례를 중심으로 제시문이 출제되었을 때에는 대부분 상세개요가 필요하다. 익히 잘 알고 있으니 부연설명을 작성하다가 글자 수 배분에 실패하거나 통일성이 떨어지는 답안지를 작성하기 쉽다. 오히려 꼼꼼하고 세심하게 상세개요를 작성해서 글쓰기(답안지 작성)과정이 오히려 가독성 좋게 구성하는 것이 중요하다.

〈문제〉
제시문을 토대로 논술문을 완성하시오.

올 시즌 메이저리그의 야구 측정 시스템이 한 단계 더 발전한다. 이전에 쓰이던 '트랙맨'이 '호크아이'로 바뀐다. 호크아이는 국제 테니스 경기에서 공의 인, 아웃을 판정하는 시스템이다. 축구의 '비디

오 판독'(VAR)과 배구 국제경기의 VAR 시스템에도 쓰인다. 스포츠
계에서 '심판 판정'의 한계를 극복하기 위한 VAR이 대세로 자리 잡
고 있는 가운데, 프리미어 리그에서는 그 반대로 폐지론이 나오고
있어 주목된다.

VAR(Video Assistant Referees)은 10대 이상의 초고속 카메라가 찍은
영상으로 경기 과정을 판독하는 시스템이다. 쉽게 풀이하면 '영상
보조 심판'. 배구와 농구, 축구, 테니스 등 다양한 종목에서 잇달아
도입되고 있다. 축구의 경우 2016년부터 국제축구연맹(FIFA)가 주관
하는 경기에 이 시스템을 도입했다.

모든 스포츠 경기에는 심판이 있다. 하지만 심판도 인간이기에 놓
치는 부분이 발생할 수 있다. VAR 시스템은 '오심도 경기의 일부'라
는 관행을 없애기 위해 등장했다. 그런데 이 비디오 판독 제도는 '판
정의 100% 정확성'이 목표가 아니다. VAR은 보다 객관적인 자료를
갖춰 주관적 판단의 개입을 막고, 모두가 받아들일 수 있는 공정한
판정을 내릴 수 있게 도움을 주는 시스템이다.

축구에서는 VAR 폐지론 등장 : IFAB는 이달 말 VAR 관련 가이드
를 재정비할 계획이다. VAR을 도입했던 IFAB가 만약 VAR 폐지를 결
정한다면, 전 세계 리그와 FIFA 월드컵 등 각종 대회에서 VAR이 사
라진다.

메이저리그는 야구의 신세계가 열릴 수 있다는 기대로 부풀어 있

다. 2020년 개막부터 '호크아이'가 포함된 새로운 시스템이 사용되기 때문이다. 트랙맨이 '음파'를 사용하는 레이더 시스템이라면, 호크아이는 카메라를 이용하는 광학 시스템이다.

Q. 비디오판독시스템(VAR)의 장단점을 사례를 참고해서 서술하고, 이에 대한 자신의 견해를 논리적으로 논술하시오.
(1,800자 내외)

– 2017, 2019년 기출

무엇을	어떻게	
	문제에서 제시한 내용	작성 요령
비디오 판독시스템을	장단점의 사례 자신의 견해를 논리적으로 서술	①상세개요를 통해 ②보편적 내용은 더 꼼꼼하게 ③사례와 개념의 연결에 주의해서

1. 문제의 분석

문제에서 답안지에 작성하기 원하는 서술구성의 항목을 정리하면 다음과 같다.

①비디오판독 시스템의 취지와 개관

②취지와 시스템의 장점

③오류의 가능성과 시스템의 단점

④자신의 견해

2. 개요의 작성

위의 내용을 토대로 답안지를 작성하기 위해 만들 수 있는 상세개요

서론 1. VAR의 취지는 신뢰도 높은 판정시스템으로 도입된 배경
2. 오심으로 인한 경기의 결과 비중이 큰 경기일수록 신뢰도를 높여야 한다는 취지에서 도입된 시스템
3. 논란 개관 : 신뢰도와 정확도를 위해 활용찬성의 입장과 오히려 오심의 가능성이 높아질 수 있는 우려의 반대의견 개관서술

본론 1. 장점	본론 2. 단점 + 사례와 시사점	
육안구별이 어려운 판정에 대한 신뢰도 확보	시뮬레이션, 연기 등의 영역까지는 오심가능성이 오히려 높음	심판의 악용가능성 불가피
기술은 현재 기술을 활용하는 경제성과 효율성이 높은 시스템	오심비율은 시스템 도입 후에도 존재	VAR허용하는 심판의 역량이 존재
엄연한 반칙은 심판도 적용 가능하지만 신뢰도 높은 시스템	심판의 위상은 감소	악명 높은 심판도 존재(오히려 취지와는 반대의 성향)
지금까지 육안 심판 시스템에 대한 불신 문화 존재	심판 불신 문화에서 파생	
심판의 수를 늘리는 대안이 가능함	흐름이 끊기는 상황	편파판정이 오히려 더 악용되는 경우도 존재했음
반대의 목소리도 높음	편집의 악용 가능 시 신뢰도 하락	같은 상황의 다른 상황 적용사례도 존재함(신뢰 높은 판정의 취지에 합당하지 않은 비합리성)
오심도 경기의 일부라는 문화 존재	비용증가는 불가피	
네트, 선(라인)을 판정하는 시스템에서는 적극적으로 VAR찬성	시장성 높은 축구는 반대 의견이 높다	
정확도의 상승		

결론 1. 견해의 서술 취지
2. 선택의 당위성
3. 선택한 관점의 강조, 그리고 맺음말 서술

위의 상세개요 내용을 토대로 예시 답안을 작성해보면 다음과 같다.

3. 답안의 작성

비디오판독시스템(VAR)의 장단점을 사례를 참고해서 서술하고, 이에 대한 자신의 견해를 논리적으로 논술하시오. (1,800자 내외)

비디오판독시스템(VAR)의 시행 취지는 신뢰도가 높은 판정시스템을 카메라(녹화된 화면)를 참고해서 더 높은 정확성과 신뢰도를 위해 도입하였다. 지금까지 스포츠에서는 "오심도 경기의 일부이다"라고 할 정도로 중요한 오심이 존재했다. 이러한 판정으로 인해 결과의 비중이 큰 경기일수록 논란이 있다. 판정에는 신뢰도를 높여야 한다는 목소리가 높았고, 신뢰도와 정확도를 높이기 위해서는 논란에도 불구하고 비디오판독을 활용해야 오심을 줄일 수 있다는 전제하에 도입된 시스템이다.

도입에 대해 많은 논란이 있어왔지만 장점을 보면, 심판이 경기 중에 육안으로 구별하기 힘든 판정에 대해서 신뢰도를 확보하고 투입되는 기술이 고비용 저효율이 아니라면 활용해보고자 했다. 특히 오심을 줄이고 스포츠 저변의 확대에 유익하다는 취지에서 방송과 카메라 기술이 현재 기술을 활용하는 경제성이 뛰어난 점을 근거로 시행했다. 방송과 녹화는 각각의 카메라에서 이미 이루어지기 때문에 새로운 지원을 투자하는 것이 아니라 있는 자원을 활용한다는 높은 효율성 또한 큰 장점이라 할 수 있다.

엄연한 반칙은 심판도 적용 가능하지만 과학적으로도 확인할 수 있는 신뢰도 높은 시스템이 도입되었다. 지금까지 육안에 의지했던 심판의 판정에 대한 불신 문화를 극복할 수 있는 대안이 되고 있다. 물론 심판의 수를 늘리는 대안도 가능하지만 육안을 늘리는 것보다 기술을 이용하자는 목소리가 높았다. 전통적으로 심판을 신뢰하는 문화도 존재하는데, "오심도 경기의 일부다"라는 문화도 적지 않다. 비디오판독 시스템은 네트, 선(라인)을 판정하는 점에서는 신뢰도가 대단히 높기 때문에 적극적으로 VAR을 찬성한다.

반면, 기술의 활용과 신뢰도를 높이기 위해 도입한 시스템도 우려의 관점은 존재한다. 경기 중 선수의 시뮬레이션 행위, 접촉에 대해 피해자를 연기하는 등의 영역까지는 비디오 판독 시스템을 도입해도 오심가능성이 오히려 높다는 점이 단점이다. 선호하는 팀에게 너그러운 심판이 존재할 때 시스템의 악용가능성은 불가피하다는 점도 있다. 오심을 줄이기 위해 도입한 시스템은 여전히 존재하고 논란은 늘어나고 있다는 점도 비디오판독을 반대하는 이유다. VAR을 허용하는 심판의 역량도 존재한다는 점 등이 도입에 대해 재고해야 한다는 주장의 근거이다.

비디오판독은 신뢰도를 높이기 위해서 도입했다는 취지임에도 부정적인 관점이 유지된다면 심판과 VAR모두의 위상은 감소하는 것이 불가피하다. 시스템의 도입 이후에도 악명이 높은 심판은 여전히 존재한다는 점(오히려 취지와는 반대의 성향)도 재고의 여지를 준다.

비디오판독 시스템의 도입은 심판의 육안판정을 불신하는 문화에서 파생된 체제이다. 그럼에도 불구하고 경기 중 임시정지시간을 갖고 판정을 하는 과정에서 비디오판독 시스템 도입 이후 흐름이 끊기는 상황이 발생하거나 편파 판정에 오히려 더 악용되는 경우도 존재했다는 의견도 있다. 이러한 상황에서 비디오판독 시스템은 편집의 악용이 가능하므로 도리어 신뢰도가 하락하거나 같은 상황의 다른 상황 적용사례도 존재한다. 더 높은 신뢰도를 위한 투자는 지속적으로 유지하므로 비용증가가 불가피하고 시장성이 높은 축구는 그래서 반대의견이 높다.

비디오판독 시스템이 순기능을 유지하는 경기의 종목을 보면 경기시간에 너그러운 야구. 라인(선)과 점(루상)의 판정, 판독시스템 도입 이후 명료한 판정을 기해할 수 있는 네트와 라인 등의 제한적 요소가 많은 배구, 배드민턴이나 테니스와 같은 종목은 스포츠의 신뢰도를 높이고 정확도를 높였던 취지에 타당하다는 의견이 지배적이다. 이와 같은 시스템이 정착하기 위해서는 취지와 결과, 과정이 모두 부합하고 건전한 스포츠 문화를 형성하는 기대감과 시스템 도입 이후의 판정에 대한 신뢰도 등을 종합적으로 판단하는 것이 타당하다. (1,867자)

〈제시문 활용형 문제 14. 환경문제와 국제기구의 역할〉				
요약과 중심문장 찾기				
(문제의 분석을 따라 작성 계획을 세워야 작성할 수 있다)				
출제빈도	문제 난이도	제시문 활용도	작성난이도	연습난이도
★★★☆	★★☆	★★	★★★★	★★★

아래와 같은 문제는 정답이 정해져있고, 그 정답의 소스를 제시문과 문제에서 충분히 제공하는 문제 충실도가 높은 문제이다. 그래서 주제 또한 문제에서 요구하는 방향을 토대로 설정해야 하고, 이에 대한 답변이 없다면 기본점수도 기대하기 어려운 문제이다. 최근 취업(승진)논술은 이와 같이 출제기관의 역량을 높이고, 요구하는 사고력을 따라 정확한 답안지를 작성해야 한다. 이 문제에서 요구하는 중심문장 찾기와 분석방식을 연습해보자.

※ 다음 제시문을 읽고 물음에 답하시오.

【A】국제 사회의 상호작용은 국가 내부의 상호작용과 달리 국가의 영역을 초월하기 때문에, 국제 사회의 행위 주체들은 국제관계에 큰 영향을 미친다. 이러한 국제 사회의 행위 주체들 중 가장 기본적인 주체는 국가이다. 국가는 고유한 영토와 국민, 주권을 요소로 하는 정치 집단이다. 국제 사회에서 국가는 공식성과 대표성을 가지기 때문에 국제 사회의 상호 작용은 대부분 주권국가를 단위로 이루어져 왔다. 국가는 정상 간의 회담이나 외교, 국교 수립, 조약 체결, 국제기구 설립이나 가입, 동맹 형성 등을 통해 국제 관계에 가장 큰 영향을 미친다. 최근에는 세계화와 교통·통신의 발달로 국제 사회에서

국가 이외의 행위 주체들이 부각되고 있다. 그중 하나가 국가를 초월하여 하나의 집단으로서 활동하는 국제기구, 다국적 기업 등 초국가적 행위 주체이다. 오늘날에는 세계화로 인해 한 국가가 독립적으로 해결할 수 없는 국제문제가 증가하고 있기 때문에 국제기구의 역할이 한층 강화되고 있다. 국제기구는 국제 연합(UN)과 같이 국가를 가입 주체로 하는 정부 간 국제기구와 그린피스와 같이 민간단체나 개인을 가입 주체로 하는 비정부 국제기구(INGO)로 분류된다. 비정부 국제기구는 정부 간 국제기구와 구분하여 국제단체라고도 불린다.

【B】지구 온난화로 대륙의 빙하가 녹으면서 바다로 많은 양의 물이 유입되고 있다. 그러나 이와는 반대로 일부 지역에서는 점점 말라가고 있는 호수와 바다가 있다. 중앙아시아의 아랄 해, 아프리카의 서부 차드 호, 중국의 차칸 호 등이 대표적이다. (……) 나무들이 타버린 숲은 매캐한 냄새와 회색연기로 가득 차 있었다. 아무렇게나 내팽개쳐진 나무들은 잿더미로 변했다. (……) 1966년 인도네시아의 밀림은 1억 4,400만ha였고, 숲은 인도네시아 면적의 77% 정도를 차지했다. (……) 그러나 지구의 허파와도 같았던 이곳은 불모의 땅으로 변해가고 있다. (……) 또 개발하는 과정에 숲이 타면서 엄청난 양의 이산화탄소를 내뿜는 배기가스의 출구로 전락해 버리고 말았다. 그 결과 인도네시아는 최근 20년 사이 삼림 파괴국 1위, 중국과 미국에 이은 이산화탄소 배출국 3위라는 불명예를 안게 되었다. 열대우림 파괴의 주범은 다국적 기업과 기름야자 농장이다. 이들은 대규모 플랜테이션을 위해 인공운하를 만들고 곳곳에서 법으로 금지된 삼림방화를 자행하였다. 또한 기름야자에서 나오는 팜유를 생산

하려고 농장을 만들면서 열대림을 파괴하고 있다. 팜유는 과자, 아이스크림, 초콜릿, 식용유, 화장품, 비누, 윤활유에 이르기까지 다양한 용도로 사용된다. (……) 이곳에서 4대째 살고 있는 주민 유수프는 "예전부터 물고기를 잡고 숲에서 열매를 땄는데 어느 날부터인가 강에서 이상한 냄새가 나고 물도 더 탁해졌다."라며 "이 숲은 우리 조상들의 유산이다. 숲이 없어지면 우리 자존심도 사라진다."라고 하며 눈물을 흘렸다. 숲을 개간해 야자수 경작지로 만드는 데에서 벌어들이는 이득은 대다수 농민들이 아니라 재벌 기업과 이들의 사유재산 탈취를 눈감아 주는 정부에 돌아간다. 재벌 기업은 경찰과 군인의 도움을 받아 소농들의 삶의 터전을 빼앗아 야자수 경작지로 전환하였다. 마을 사람들 대다수는 토지를 잃고 소득도 줄어들었으며, 근처에서 쉽게 구할 수 있던 과일과 채소도 모두 구매해야 하는 처지가 되었다.

> Q. 【A】에 나타난 행위주체들이 【B】에 제시된 지구촌 문제를 어떻게 해결할 수 있는지를 서술하시오. (1,500자 내외)
>
> – 2017년 기출

1. 문제의 분석

제시된 문제에서 요구하는 답안지의 요소는 다음과 같다.

① A에 나타난 행위주체들이 : A의 행위 주체들은 어떤 사람들인가

② B에 나타난 지구촌 문제를 어떻게 해결할 수 있는가

답안지에 작성해야하는 것은 위의 두 가지 요소인데, 문제가 가진 전제를 제외한 내용이다. 전제된 요소는

③A의 행위의 주체 자는 누구(①)이며, 어떤 특징을 갖고 있는가?

④B의 지구촌 문제는 어떤 문제인가? 그리고 그 문제를 어떻게 해결할 것인가(②)

이 요소를 살펴보면 작성 순서는 다음과 같다.

①A의 행위 주체 자들은 누구인가

②이들의 특징은 어떤 특성을 갖고 있는가?

③B에 나타난 지구촌 문제는 어떤 문제인가

④만일 A는 이 문제를 어떻게 해결하겠는가?

문제에서 요구한 내용을 토대로 각각의 제시문에 대한 상세개요를 작성하면 다음과 같다.

2. 개요의 작성

문제에서 요구하는 요소에 대해 충실하게 답변하고, 작성하기 위해서 제시문의 내용을 살펴보자.

【A】국제 사회의 상호작용은 국가 내부의 상호작용과 달리 국가의 영역을 초월하기 때문에, 국제 사회의 ⓐ **행위주체들은** 국제관계에 큰 영향을 미친다. 이러한 국제 사회의 행위 주체들 중 가장 ⓑ **기본적인 주체는 국가**이다. 국가는 고유한 영토와 국민, 주권을 요소로 하는 정치 집단이다. 국제 사회에서 국가는 ⓒ **공식성과 대표성**을 가지기 때문에 국제 사회의 상호 작용은 대부분 주권국가를 단위로 이루어져 왔다. 국가는 정상 간의 ⓓ **회담이나 외교, 국교 수립**, 조약 체결,

국제기구 설립이나 가입, 동맹 형성 등을 통해 국제 관계에 가장 큰 영향을 미친다. 최근에는 ⓔ **세계화와 교통 · 통신의 발달**로 국제 사회에서 국가 이외의 행위 주체들이 부각되고 있다. 그중 하나가 국가를 초월하여 하나의 집단으로서 활동하는 ⓕ **국제기구, 다국적 기업 등 초국가적 행위 주체**이다. 오늘날에는 세계화로 인해 한 국가가 독립적으로 해결할 수 없는 ⓖ **국제문제가 증가**하고 있기 때문에 국제기구의 역할이 한층 강화되고 있다. 국제기구는 ⓗ **국제 연합(UN) 과 같이 국가**를 가입 주체로 하는 정부 간 국제기구와 그린피스와 같이 민간단체나 개인을 가입 주체로 하는 비정부 국제기구(INGO)로 분류된다. 비정부 국제기구는 정부 간 국제기구와 구분하여 ⓘ **국제단체**라고도 불린다.

① A의 행위 주체 자들은 누구 인가?	Ⓐ주체들은 국제관계 형성	국가를 가입 주체로 하는 정부 간 국제기구
	Ⓑ기본적인 주체는 국가	
	Ⓗ국제 연합(UN)	
	Ⓗ그린피스와 같이 민간단체	민간단체와 범국가적 기구
	Ⓗ개인을 가입 주체로 하는 비정부 국제기구(INGO)	
	Ⓘ국제단체	
	국가를 기반으로 한 국제기구와 민간, 범국가 단체가 행위 주체 자들이다.	
② 이들의 특징은 어떤 특성을 갖고 있는가?	Ⓒ공식성과 대표성	신뢰성과 공익성을 기준으로
	Ⓓ회담, 외교, 국교 수립, 조약 체결,	국제기구 설립이나 가입, 동맹 형성
	Ⓔ세계화와 교통 · 통신의 발달	국가 이외의 행위 주체들이 부각
	정보통신과 세계화를 통한 국제기구는 가입, 동맹의 형식을 통해서 신뢰성과 공익성을 갖게 되었다.	

【B】Ⓐ지구 온난화로 대륙의 빙하가 녹으면서 바다로 많은 양의 물이 유입되고 있다. 그러나 이와는 반대로 일부 지역에서는 점점 말라가고 있는 호수와 바다가 있다. 중앙아시아의 아랄 해, 아프리카의 서부 차드 호, 중국의 차칸 호 등이 대표적이다. (……)

Ⓑ 나무들이 타버린 숲은 매캐한 냄새와 회색연기로 가득 차 있었다. 아무렇게나 내팽개쳐진 나무들은 잿더미로 변했다. (……) 1966년 인도네시아의 밀림은 1억 4,400만ha였고, 숲은 인도네시아 면적의 77% 정도를 차지했다. (……) 그러나 지구의 허파와도 같았던 이곳은 ⓒ 불모의 땅으로 변해가고 있다. (……) 또 개발하는 과정에 숲이 타면서 엄청난 양의 이산화탄소를 내뿜는 배기가스의 출구로 전락해 버리고 말았다. 그 결과 인도네시아는 최근 20년 사이 Ⓓ 삼림 파괴국 1위, 중국과 미국에 이은 이산화탄소 배출국 3위라는 불명예를 안게 되었다. Ⓔ 열대우림 파괴의 주범은 다국적 기업과 기름야자 농장이다.

이들은 대규모 플랜테이션을 위해 인공운하를 만들고 곳곳에서 법으로 Ⓕ 금지된 삼림방화를 자행하였다. 또한 기름야자에서 나오는 팜유를 생산하려고 농장을 만들면서 Ⓖ 열대림을 파괴하고 있다. Ⓗ 팜유는 과자, 아이스크림, 초콜릿, 식용유, 화장품, 비누, 윤활유에 이르기까지 다양한 용도로 사용된다. (……) 이곳에서 4대째 살고 있는 주민 유수프는 "예전부터 물고기를 잡고 숲에서 열매를 땄는데 어느 날부터인가 강에서 이상한 냄새가 나고 물도 더 탁해졌다."라며 "이 숲은 우리 조상들의 유산이다.

숲이 없어지면 우리 자존심도 사라진다."라고 하며 눈물을 흘렸다. 숲을 개간해 야자수 경작지로 만드는 데에서 벌어들이는 Ⓘ 이

득은 대다수 농민들이 아니라 재벌 기업과 이들의 사유재산 탈취를 눈감아 주는 정부에 돌아간다. 재벌 기업은 경찰과 군인의 도움을 받아 소농들의 삶의 터전을 빼앗아 야자수 경작지로 전환하였다. 마을 사람들 대다수는 ⑪ 토지를 잃고 소득도 줄어들었으며, 근처에서 쉽게 구할 수 있던 과일과 채소도 모두 구매해야 하는 처지가 되었다.

③ B에 나타난 지구촌 문제는 어떤 문제인가?	Ⓐ지구 온난화(녹는 빙하-마르는 토양)	자원의 양극화
	Ⓑ나무들이 타버린 숲	산림방화
	Ⓒ불모의 땅으로 변해감	이산화탄소 배출
	Ⓔ열대우림 파괴의 주범	다국적 기업과 기름야자 농장
	Ⓖ열대림을 파괴 현상	다양한 용도로 사용
	Ⓘ재벌 기업과 이들의 사유재산 탈취	눈감아 주는 정부
	Ⓙ토지를 잃고 소득도 줄어	과일과 채소도 모두 구매해야 하는 처지
	이와 같은 다양한 지구촌의 문제에 대해서 일어나는 환경파괴가 지구촌의 문제이다.	
④ 만일 A는 이 문제를 어떻게 해결하겠는가?	제시문 1의 Ⓓ 회담	제시문 1에서 제시한 국가가 중심이 되는 외교와 회담, 공익성을 기반으로 국교와 조약 등을 체결해서 (방법)
	외교	
	국교 수립	
	조약 체결	
	제시문 1의 Ⓒ 공식성과 대표성 강조	권력과 공식지위를 부여하고, 국제연합과 국제기구 등의 활발한 활동을 보장해서 공익성이 높은 문제해결의 권리를 보장(구체적 방안)
	국제 연합(UN)	
	국제기구와 그린피스	
	비정부 국제기구(INGO)	
	이 문제를 해결하기 위해서는 국가 간의 협조와 소통, 공익을 위한 권리부여 등을 연합과 조약 등을 체결해서 국가의 문제가 아닌 지구의 문제임을 인정하고, 국제기구와 단체에도 이를 막을 수 있는 권력을 부여해서 해결해야만 한다.	

위의 개요를 토대로 기본문장을 구성하고, 부연설명에 개요에서 구현된 세부사항을 뒷받침 문장으로 작성하면 완성도 높은 답안지를 작성할 수 있다.

3. 답안의 작성

Q. 【A】에 나타난 행위주체들이 【B】에 제시된 지구촌 문제를 어떻게 해결할 수 있는지를 서술하시오.

문제에서 요구하는 질문과 각각의 중심문장	
①A의 행위 주체 자들은 누구인가?	국가를 기반으로 한 국제기구와 민간, 범국가 단체가 행위 주체이다.
②이들의 특징은 어떤 특성을 갖고 있는가?	정보통신과 세계화를 통한 국제기구는 가입, 동맹의 형식을 통해서 신뢰성과 공익성을 갖게 되었다.
③B에 나타난 지구촌 문제는 무엇인가?	다양한 지구촌의 문제에 대해서 일어나는 환경파괴가 지구촌의 문제이다.
④만일 A는 이 문제를 어떻게 해결하겠는가?	국가 간의 협조와 소통, 공익을 위한 권리 부여 등을 연합과 조약 등을 체결해서 국가의 문제가 아닌 지구의 문제임을 인정하고, 국제기구와 단체에도 이를 막을 수 있는 권력을 부여해서 해결해야만 한다.

제시문 A를 보면 국가를 기반으로 한 국제기구와 민간 및 범국가 단체를 설명하고 있다. 기본적인 주체는 주권과 영토를 가진 국가이지만, 국가는 가입이나 동맹 등의 형태로 국제단체 및 기구 등의 활발한 기능을 하고 있다. 그리고 개인적인 자선, 봉사 등의 형태인 개인(민간)단체의 역할도 부가되고 있다. 이러한 행위 주체 지들은 국가내의 문제뿐만 아니라 범 국가, 지구의 공익성을 위해 활동하는 단체로, 비정부 국제기구(INGO)와 국제 연합(UN)등이 대표적이다.

이들이 이전의 세계와 달리 공식적인 권한과 대표성을 갖게 된 이유는 세계화의 추세에 맞게 교통과 통신, 공익을 위한 활동이 지구의 문제를 해결하는데 큰 도움을 주고 있기 때문이다. 본래 민간단체는 공식성과 대표성의 성격이 부족해서 회담, 외교, 국교 등의 영역에 접근하기 힘들었지만 지구촌의 문제가 심각하게 발전하면서 이러한 범국가적 단체의 활동이 오히려 활발하게 진행되고 있다. 연합의 형태는 국제기구 설립, 동맹, 외교, 조약 등의 형태로 국가와 같은 공식성과 대표적인 특성을 갖게 된다.

제시문 B에 나타난 문제는 지구온난화와 방화를 통한 환경파괴의 문제이다. 방화로 인해 산림이 파괴되고 자원이 양극화 되어서 사막화가 진행되거나 불모의 땅으로 변하는 열대우림은 이익을 추구하는 재벌기업과 사유재산을 탈취하는 기업들의 행태이다. 또 원주민들은 토지를 잃고 소득도 줄어들기 때문에 토지의 사막화는 인류의 자연 파괴로 이어질 수밖에 없다. 이에 대해 발생하는 문제는 행태를 눈감아주는 정부의 탓이기도 하다. 따라서 이러한 환경파괴를 더 이상 진행할 수 없도록 막기 위해서 국가는 사회적 책임을 다해야하고, 원주민들이 열매를 맺지 못해 오히려 구매해서 살아야하는 처지를 방관할 수 없다.

범국가적 단체와 국가를 초월하는 민간 활동을 활성화시키고 공익성을 기반으로 권리를 부여받으면 이를 해결할 수 있다. 국가만이 가지고 있던 공식성과 대표성의 권리가 회담, 조약 등을 체결할 수 있도록 권한을 부여하면 국제연합, 국가협조, 소통, 네트워크 구축, 방송과 미디어의 활용을 통해서 문제점을 전 세계적으로 인식하고 환경파괴가 비단 한 국가만의 문제가 아니라는 사실을 공감할 수 있게 된다.

환경파괴는 이제 더 이상 국가만의 문제가 아니다. 제시문에서 밝힌 바와 같이 열대우림은 지구의 허파 기능을 충실하게 하고 있으며, 환경이 파괴되면 자연스럽게 토지는 사막화가 진행되므로 다양한 생태계의 파괴가 불가피 해질 것이고, 그로 인해서 파생하는 환경문제와 바이러스, 전염성이 높은 질병이나 연쇄반응에 대해서 자생력이 떨어질 수밖에 없다. 따라서 지구촌의 문제는 모든 인류의 문제임을 인식하고, 공식성과 대표성을 부여받은 단체에게 활발한 활동을 보장해서 적극적으로 대응할 수 있어야만 환경의 파괴를 자행하는 기업의 이익을 견재할 수 있다. (1,452자)

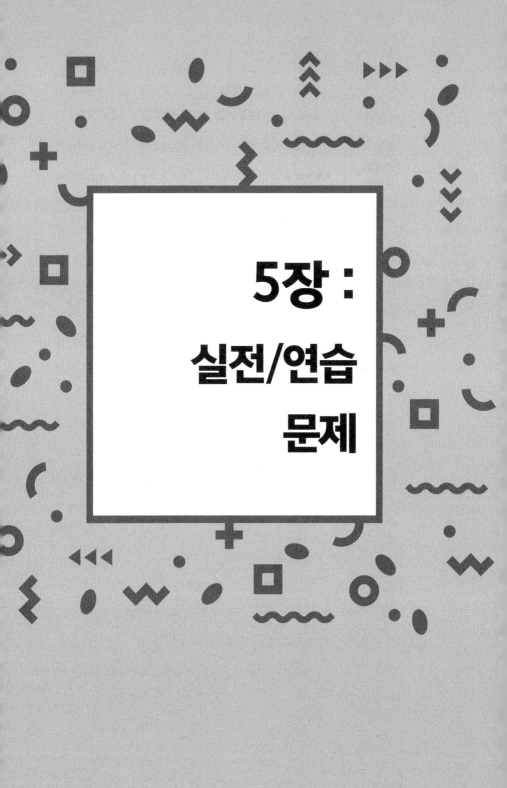

5장 :
실전/연습
문제

출제빈도	난이도	해석력	논제충실성	지식필요성
아직 없음, 중요함	★★★★★	★★★★★	★★★★★	★★☆

이 문제는 이 책의 내용을 바탕으로 충실하게 연습했을 때 "나의 논술 준비는 충분히 완성되었는가?"에 대한 의구심을 해결할 수 있도록 모든 영역을 아우르는 문제입니다. 문장의 구성과 개요연습, 수정 및 퇴고, 제시문을 충실하게 읽고 분석하는 사고력이 충분히 되었는지에 대해 확인할 수 있는 문제입니다. 이와 같은 문제를 차근차근 고민해서 해결할 수 있다면 충분한 연습이 되었다고 자부할 수 있습니다.

쉽게 해결할 수 없는 문제이며, 어떤 기관에서도 출제할 수 있지만 아직까지 이와 같은 고난이도의 문제를 출제한 적은 없습니다. 다만 이 문제를 책에서 제시한 모든 영역의 연습이 충분하다면 충분히 해결할 수 있는 문제입니다.

※제시문을 읽고 물음에 답하시오.
(가)

변씨(卞氏)를 말해 주는 이가 있어서, 허생이 곧 변씨의 집을 찾아갔다. 허생은 변씨를 대하여 길게 읍(揖)하고 말했다.

"내가 집이 가난해서 무얼 좀 해 보려고 하니, 만 냥(兩)을 빌려 주시기 바랍니다."

변씨는

"그러시오."

하고 당장 만 냥을 내주었다. 허생은 감사하다는 인사도 없이 가버렸다. 변씨 집의 자제와 손들이 허생을 보니 거지였다. 실띠의 술이 빠져 너덜너덜하고, 갖신의 뒷굽이 자빠졌으며, 쭈그러진 갓에 허름한 도포를 걸치고, 코에서 맑은 콧물이 흘렀다. 허생이 나가자, 모두를 어리둥절해서 물었다.

"저이를 아시나요?"

"모르지."

"아니, 이제 하루아침에, 평생 누군지도 알지 못하는 사람에게 만 냥을 그냥 내던져 버리고 성명도 묻지 않으시다니, 대체 무슨 영문인가요?"

변씨가 말하는 것이었다.

"이건 너희들이 알 바 아니다. 대체로 남에게 무엇을 빌리러 오는 사람은 으레 자기 뜻을 대단히 선전하고, 신용을 자랑하면서도 비굴한 빛이 얼굴에 나타나고, 말은 중언부언하게 마련이다. 그런데 저 객은 형색은 허술하지만, 말이 간단하고, 눈을 오만하게 뜨며, 얼굴에 부끄러운 기색이 없는 것으로 보아, 재물이 없어도 스스로 만족할 수 있는 사람이다. 그 사람이 해 보겠다는 일이 작은 일이 아닐 것이매, 나 또한 그를 시험해 보려는 것이다. 안 주면 모르되, 이왕 만 냥을 주는 바에 성명은 물어 무엇을 하겠느냐?"

허생은 만 냥을 입수하자, 다시 자기 집에 들르지도 않고 바로 안성(安城)으로 내려갔다. 안성은 경기도, 충청도 사람들이 마주치는 곳이요, 삼남(三南)의 길목이기 때문이다. 거기서 대추, 밤, 감, 배며 석류, 귤, 유자 등속의 과일을 모조리 두 배의 값으로 사들였다. 허생이 과일을 몽땅 쓸었기 때문에 온 나라가 잔치나 제사를 못 지낼 형편에 이르렀다. 얼마 안 가서, 허생에게 두 배의 값으로 과일을 팔았던 상인들이 도리어 열 배의 값을 주고 사 가게 되었다. 허생은 길게 한숨을 내쉬었다.

"만 냥으로 온갖 과일의 값을 좌우했으니, 우리나라의 형편을 알 만하구나."

- 《허생전》(박지원)

(나)

신종 코로나 바이러스 감염이 확산하면서 마스크를 구하지 못한 소비자 불만이 폭주하고 있다. 그동안 현행법 상 마스크 사재기를 제재할 근거가 없다는 점도 문제다. 이에 따라 정부는 마스크 매점매석 금지 고시를 마련해 5일부터 시행키로 했다. 4일 한국소비자원에 따르면 마스크 가격이 급등하거나 판매자가 판매를 일방적으로 취소하면서 마스크 관련 민원이 급증하고 있다. 지난달 28일 12건이었던 민원은 29일 75건, 30일 217건, 31일 532건으로 크게 늘었다. 불과 나흘 만에 44배 늘어난 셈이다. 28일부터 3일까지 접수된 총 민원 건수만 879건에 달한다. 온라인에선 마스크를 구매하려는 소비자 불만이 쏟아지고 있다. 품절로 마스크를 구매하지 못하는 사례나, 판매자가 판매를 취소한 경우가 다반사다.

공정위 입장에선 마스크 제조·유통업체 간 담합이나 카르텔을 포착해야만 본격적인 조사에 임할 수 있지만, 내부적으로 회의적인 반응이 나온다. 마스크 업계가 독과점적 성격을 띠는 시장이 아니라는 점도 문제다. 공정위 관계자는 "작은 업체들 사이에서 담합 행위를 찾아내기란 쉽지 않다."고 말했다.

-《기사문 발췌》

(다)

독과점(獨寡占)의 정의 : 상품의 공급에 있어서 경쟁자가 하나도 없는 경우인 독점, 경쟁자가 있기는 하지만 소수인 경우의 과점을 합친 용어로서, 경쟁이 결여된 시장 형태를 말한다. 일반적으로 독점이나 과점일 경우에는 완전 경쟁 상태보다 가격이 높아지는데, 이것은 시장의 수요 공급 상의 결과가 아니라 독과점 기업의 의도적인 폭리 추구 때문으로, 시장의 기능이 제대로 작동하지 않는 사례이다.

Q. (가)와 (나)에 나타난 이해를 바탕으로 사례를 종합하여 [다]의 독과점 기준에 대해 서술하고, (가)와 (나)의 사례를 독점(獨占)과 과점(寡占)으로 구분·설명하고 이와 같은 사태에 대한 자신의 견해를 논하시오. (1,500자 내외)

1. 문제의 분석

①(가)에 나타난 내용과 (다)의 독과점 기준 적용

②(나)에 나타난 내용과 (다)의 독과점 기준 적용

③※독점과 과점의 적용과 설명 필수

④사례의 해석

⑤자신의 견해 제시

2. 개요의 작성

작성요소	③ 독점과 과점의 기준과 구분		근거
	기준	구분	
① (가)의 사례	허생(개인)	독점	2배의 값으로 구매》 10배의 값으로 판매
② (나)의 사례	매점매석의 세력(다수)	과점	제조와 유통에서 다수의 사재기 세력 (매점매석)
④ 사례 해석	경쟁의 결여 → 물가상승		수요와 공급 시장 혼란
	정부의 개입 → 보급마스크 확보		시장혼란, 위급사태시의 정부의 개입
	타국가의 생필품 부족사례		마스크 대란과 동일한 현상
	휴지, 물, 음료, 가공식품, 통조림		확대되면 전기, 유류 등에 파급력이 높음
⑤ 견해제시	정부의 개입은 상황에 따라 필요함		국가 소속감의 원천은 국가의 안정감
			국가기능 상실되면 이탈현상발생
			국가의 정체성에도 영향을 주는 사태는 국민의 생명에 위협이 되는 사태 : 화산, 지진, 질병 및 바이러스성 질병

3. 답안의 작성

　(가)에 나타난 허생이 변씨의 돈을 빌어서 과일 및 시장에서 물품을 2배의 값으로 구입하여 10배의 값으로 판매한 전략은 전형적인 독점형태의 구매와 판매 전략이다. "만 냥으로 나라전체의 시장을 솨시우지(左之右之)힐 수 있으니 이 니라의 경제를 알 만하다"라고 탄식한 것은 당시의 경제 구조와 크기가 작다는 것을 파악하고 행한 허생의 시험이다. 그리고 독점과 과점의 기준에서 보더라도, 허생이

혼자 행한 행태를 보면 과점보다는 물품의 독점의 형태이다.

반면, (나)에 나타난 마스크 대란은 마스크를 독점하려는 세력이 제조와 유통에 있어서 세력을 형성하고 있고, 그 또한 한명(하나의 업체)가 아닌 유통과 제조업의 세력은 유일한 것이 아니라 다수의 세력으로 보는 것이 타당하다. 따라서 제시문 (다)에 나타난 경쟁이 결여된 기준에 합당하다. 따라서 제시문 (가)의 허생의 행태는 독점, 제시문 (나)의 행태는 과점으로 볼 수 있다.

이러한 사례가 조선시대 후기의 형태도 그러하지만, 2020년 상반기에 나타난 행태인 점은 사회의 구조가 위기에 직면했을 때 나타나서는 건강한 사회의 경제구조라고 보기 어렵다. 왜냐하면 특정 산업에 대한 독점이나 과점이 나타난다면, 경쟁이 결여되고 그 결과 가격을 세력 마음대로 좌지우지할 수 있기 때문이다.

독점과 과점은 수요와 공급의 원칙에 따라 형성된다. 수요가 많은데도 불구하고 공급이 적어진다면 자연스럽게 나타나는 현상인 것이다. 특정 세력을 자본을 통해서 독점하거나 과점하면 자연스럽게 인플레이션(물가상승)의 현상이 일어나고, 물량의 공급이 제한적일수록 그 가치의 상승은 불가피하다.

따라서 이러한 현상을 막기 위해서는 전적으로 정부의 시장 개입이 필요하다. 지난 마스크 대란을 통해서 국가가 나서서 마스크의 적정 물량을 확보하고, 그 물량을 약국이나 우체국 등에 배분하여 구매가 가능하도록 조치한 것은 독과점의 우려 때문이다.

이러한 시장개입의 안전장치는 국민의 생명과 직결된 문제일수록 필요하다. 이번 코로나 사태에 대해서 미국이나 중국, 일본 및 다수 국가들에서 발생한 생필품의 부족현상도 같은 맥락이다. 위급사태에 의해서는 자연스럽게 생활의 필수요소인 휴지, 물, 음료, 통조림 등의 매점과 매석이 먼저 발생하고 확대되면 전기, 유류, 산업전반에 파생될 우려가 높다.

국가와 같은 집단은 소속감과 애국심과 같은 가치가 국가의 안정감을 기반으로 형성되는 가치이다. 이러한 안정감이 확보되지 않는다면 이탈현상이 나타나는데, 이러한 이탈현상이 지진, 쓰나미, 전쟁 등이 일어날 때 세계적으로 나타나는 현상이다. 따라서 국가가 존속되는 기본 가치인 안정감을 유지하기 위해서 국가의 적극적인 개입과 선제적 조치는 법률이나 대통령령을 통해서 유지해야만 한다.

(1,418자)

출제빈도	문제 난이도	제시문 활용도	작성난이도	연습난이도
★★★★☆	★★★☆	★★★★	★★★	★★★

〈연습문제 Ⅱ〉
고난이도 문제로 자신의 논술 준비를 가늠 · 확인할 수 있는 문제

아래의 문제는 사례를 제시하고, 답안지에서 활용할 수 있는 소스를 제공하며, 문제의 내용을 바탕으로 내용을 서술하는 문제이다. 완성된 답안지를 작성하기 위해서는 내용을 유추해서 작성해야하는 전형적인 80%의 제시문 기반 20%의 활용 문장 유추문제이다. 이 답안지를 작성하기 위해서는 문제에서 충분한 소스를 읽어내고, 각 항목을 작성할 때 필요한 상세 개요를 완성해야만 목표 글자수에 근접한 답안지를 작성할 수 있다. 이 문제는 최근 사회적인 이슈를 활용한 문제이다. 제시된 사례가 산업 전반에 영향을 줄 수 있는 내용을 해석해야하고, 공급과 수요의 측면으로 설명하기 위해서는 유추가 필요한 문제이므로 상세개요의 작성과 답안의 적용과정을 살펴보도록 한다.

※ 제시문을 읽고 물음에 답하시오.

코로나19가 전 세계로 빠르게 확산하면서 우리나라뿐만 아니라 해외서도 '원격의료'가 재조명 받는다. 국내와 달리 이미 법적으로 원격의료를 일부 허용하고 있는 미국, 프랑스 등이 이번 전염병 사태를 계기로 원격의료를 일부 전면 허용하는 등 빠른 확산 움직임을 보인다. 전염병 사태를 계기로 향후 원격의료 시장 성장이 기대된다.

원격 의료는 국내서 여전히 규제로 시행되지 못하고 있으나 시장 성장 기대감은 높다. 2018년 유럽위원회는 2021년까지 전 세계 원격의료 시장이 370억유로(50조4,700억원)에 이를 것으로 전망했다. 연간 성장률은 14%다. 코로나19 확산을 계기로 이들 성장을 넘어설 것이라는 전망까지 나온다.

국내서도 코로나19를 계기로 원격의료 논쟁이 불붙기 시작했다. 환자가 의료기관을 직접 방문하지 않고도 전화 상담과 처방을 받을 수 있도록 한시 허용했다. 홍남기 부총리 겸 기획재정부 장관은 자신의 소셜네트워크서비스(SNS)를 통해 이번 전염병 사태를 계기로 원격의료에 대해 다시 논의하자는 의견을 개진하기도 했다.

다만 여전히 의료계는 원격의료에 대해 반대 입장이다. 국내 의료 상황에서는 원격진료가 필요 없을뿐 아니라 기술적 성숙도도 준비 되지 않았다는 설명이다. 게다가 12일 2014년 의사협회가 진행한 원격의료 · 의료민영화 관련 집단휴진 관련 재판에서 노환규 전 대한의사협회장 등에 대해 무죄가 선고돼 향후 반발은 더 거세질 전망이다.

의사협회는 "정부 보건의료정책 추진에 의사협회 의견을 더 경청하고 협의하는 과정을 거쳐야 할 것"이라면서 "앞으로도 정부의 부당한 정책결정에 전문가로서 강력한 입장을 천명할 것"이라고 덧붙였다.

Q. 원격진료를 공급과 수요 관점에 대해 설명하고, 이를 바탕으로 원격진료의 도입에 대한 찬성과 반대의 입장을 모두 기술하시오. (1,500자 내외)

1. 문제의 분석

위의 문제에서 답안지 작성에 필요한 요구 사항은 다음과 같다.

① 원격진료 개념

② 공급의 관점 설명

③ 수요의 관점 설명

④ 원격진료 도입 찬성 입장 기술

⑤ 원격진료 도입 반대 입장의 기술

이 문제는 이와 같은 다섯 가지의 요구사항을 충실하게 이행하도록 유도하고 있다. 따라서 이 다섯 개의 요구사항을 각각 글자수 배분하기 어렵기 때문에 각각의 구성을 통해서 개념을 간단하게 설명하고, 나머지 4개(2~5)의 항목을 적절하게 350~400자를 배분해서 작성해야만 문제의 요구에 따라 이행했다고 할 수 있다.

2. 개요의 작성

ⓐ 공급	ⓑ 수요	ⓒ 도입찬성	ⓓ 도입반대
①미국과 프랑스는 허용 ②코로나 전화상담 가능 ③SNS진료 논의 중 (비상사태) ④한국은 원격진료 반대입장이었음 - 하지만 이번 사태로 인해 일부 허용된 상태	①국내 수요증가 ② 시장형성 (a)전염성 질병 (b)이동시 오염가능성 (c)거동이 불편한 장애인 (d)노인과 사회적 약자 (e)물리적인 거리 ③외적 수요 (a)방사능지역 (b)천재지변	①사회적 약자 ②노인 ③거동 불편 장애인 ④시급한 진료가 필요한 24시간 의료서비스 ⑤응급실 입원보다는 경미하고, 실제적이고 시급한 의료 서비스를 원하는 사례(야간 고열, 약처방만 원하는 심야시간)	①의료계의 반대 ②필요성이 아직 논의되지 않음 ③의사협회는 시기상조라는 의견 ④부당한 정책결정으로 비판함. ⑤소수 오프라인, 직접진료를 선호하는 환자 ⑥신뢰성의 문제 ⑦관습
50조 4700억(기대비용) 14%성장 (성장률)	①물리적 거리가 없어질 때 원격진료 수요는 늘어남 ②의료서비스 범위확대는 사회적 자본이 증가함(의료서비스의 수혜자 증가는 이용자 증가)	⑥일부 대면을 기피하는 질환이나 성향의 환자 (a)정신과 (b)전염성 질병(피부염) (c)외부외출 거부 환자 (d)병원과 먼 지역의 도서지역, 섬지역 (e)개인적인 사유로 외출거부 사례	⑧단기적 타격 분명히 존재함 ⑨장기적인 관점에서는 원격진료는 바이러스성 질병의 타개책으로 활용가능 ⑩기술적인 비용 발생은 불가피함

3. 답안의 작성

원격진료는 환자가 병원에 가지 않고도 인터넷과 매체를 통해 의사와 연결하여 받는 진료이다. 이러한 원격진료에 대해서 현재 미국과 프랑스는 허용(공급)하고 있다. 선례를 통한 데이터는 원격진료의 연간 성장률을 14%로 보고, 총 비용은 50조 4,700억으로 기대하고 있다. 한국은 이번 코로나 사태로 인해서 전화 상담이 가능하도록 허용하고 있으며, 현재 국가의 비상사태나 전염성이 높은 질병, 바이러스 성 질병에 대해서는 SNS를 통해 원격진료의 필요성이 논의되고 있는 상황이다. 한국은 이번 사태 이전에는 본래 반대의 입장이었다.

하지만 이번 코로나 사태로 인해서 비대면 진료에 대한 필요성이 논의되었고, 국내에서도 지금까지 부정적이었지만 일부 인정해야만 한다는 사회적인 동의가 필요해졌다. 따라서 원격진료에 대한 수요가 증가하고 있다.

시장이 형성되고 전염병이나 오염이 진행된 상태에서도 진료가 가능하며 물리적인 거리가 접근하기 불편한 환자는 언제나 존재했다. 거동이 불가한 환자, 장애인, 방사능, 천재지변에 의해서 병원에 접근하기 힘든 환자는 원격진료의 수요자라고 할 수 있다. 물리적인 거리가 사라지면 수혜자는 이러한 불편을 평소 느꼈던 사람들이므로 수요와 시장성은 모두 긍정적으로 보고 있다. 수혜자의 범위가 확대되면서 사회적인 자본이 늘어날 것이다.

도입에 찬성하는 입장은 수요와 서로 대응되는 면이 일치한다. 사회적인 약자, 거동이 불편한 노인, 장애인. 그리고 시급한 의료서비스를 받아야 하는 환자이다. 특히 응급실에서 치료를 받기는 어렵지만 시급하게 약처방이 급한 고열환자, 응급실 입원이 필요하지 않지만 증상을 문의하는 24시 의료서비스가 시급한 도서지역에서도 원격진료를 찬성하는 입장이다. 그리고 일부 대면진료를 기피하는 수혜자(정신과, 전염성 피부염, 외부 출입을 거부하는 환자)는 모두 원격진료의 수혜자이며, 원격진료를 찬성하는 입장이다.

반면 의료서비스를 제공하는 의료계에서는 반대하는 입장이다. 기술적인 성숙도 부족, 필요성이 아직 시기상조임을 근거로 반대하고 있는데, 오히려 원격의료 서비스는 부당한 정책이라는 목소리가 높다. 소수의 의견이지만 오프라인, 대면 진료, 직접 진료가 효과적이라는 의료인식도 존재한다. 그리고 원격진료가 도입되면 기술적인 비용과 서비스의 형태에 대해 낯선 의료 제공자와 수혜자 모두 반대할 가능성도 높다.

하지만 의료계의 반대 입장이 전환된 것은 에볼라, 메르스, 코로나-19바이러스와 같은 전염성 바이러스 질병사태에서 드라이브 스루 검진서비스나 원격진료 등이 진행되면서 인식변화가 이루어졌다. 원격의료의 찬성과 반대의 입장은 시장의 증가(시장성장률과 기대수치)와 서비스 신뢰도(관습, 의사의 의견, 직접의료를 원하는 수요자)의 갈등이다. 따라서 이번 코로나 사태와 같은 천재지변, 바이러스 성 질병에 의해 대두된 의견에 대한 논의가 필요한 시점이므로 단기적인 의료인의 타격과 장기적인 시장의 확장성에 대해서 심도 있는 논의와 검증이 필요하다. 또한 앞으로도 이러한 상황이 없을 것이라는 가정은 힘들기 때문에 향후에는 원격진료의 필요성이 더욱 가중될 것이다. (1,530자)

	〈연습문제 III〉			
	고난이도 문제로 자신의 논술 준비를 가늠·확인할 수 있는 문제			
출제빈도	문제 난이도	제시문 활용도	작성난이도	연습난이도
★★★★☆	★★★	★★★☆	★★★	★★☆

　아래의 문제는 2020년 2월 발생했던 코로나-19 사태에 대한 문제를 한중일 3개국이 공통적으로 논의하고, 이에 대한 적절한 대응방안을 공유하는 과정에 대한 기사문이다. 이 기사문에서 답안지에 작성해야 하는 소스를 분석하고, 그 내용을 토대로 유추할 수 있는 내용에 대해서 향후의 방향성과 자신의 견해를 밝혀야 하는 문제이다. 최근 이슈가 된 내용을 취업과 승진에 필요한 논술문제로 활용한다는 점에서 볼 때, 기출문제로 연구하고 분석할 만한 내용이다. 따라서 이러한 문제를 작성할 때에는 기사문에서 최대한 작성에 필요한 소스를 분석해야 하고, 나머지 내용에 대해서는 수험자가 논리적으로 그 다음의 작성 내용을 유추해야하는 문제이다. 최근 논술문제의 경향이 유추의 영역을 포함한다는 점. 그리고 최근 사회적인 이슈를 문제로 출제한다는 점에서 출제 빈도도 앞으로 높아질 것이다.

　다음 제시문을 읽고 물음에 답하시오.

　한중일 외교장관은 세 나라 각각의 코로나19 확산 및 대응상황에 대해 정보를 공유하고, 코로나19 확산상황이 국가 간의 교류협력과 세계경제에 끼치고 있는 부정적 영향에 대해서도 논의하는 한편, 코로나19의 보다 효과적인 확산 차단과 조기 종식을 위한 3국 협력의 중요성을 재확인했다. 특히 코로나19 대응을 위한 우리 정부의 노력 및 그간 성과를 설명하는 한편, 인접한 한중일 세 나라가 각기 코로나19 대응을 위해 최선의 노력을 경주해나가는 가운데서도 이번 사태로 인한 역내 교류협력의 위축과 경제·사회적 충격을 최소화하기 위해 노력할 필요성을 강조했다.

각기 국제사회와의 경험공유와 협력강화, 세 나라간 보건당국 협력강화 필요성 등을 언급했다. 또 세 장관은 이번 회의시 제시된 방안들에 대해 3국 외교당국 간 계속 긴밀히 검토해나가기로 했다. 한중일 외교장관은 현 사태 대응을 위해 3국 보건장관 회의를 비롯한 세 나라간 기존 체계를 활용한 3국 관계당국 간 협력이 더욱 긴밀히 이루어질 수 있도록 노력하겠다는 의지를 확인하면서 3국 보건장관 회의 개최에 대한 지지 입장을 표명했다.

또 한중일 외교장관은 사우디아라비아가 내주 개최를 추진 중인 G20 특별화상정상회의 논의방향에 대해서도 의견을 교환했다. 이와 함께 도쿄올림픽의 완전한 형태의 개최에 대한 지지 입장도 표명했다. 이번 한중일 외교장관 회의는 외교부가 최근 미국, 캐나다, 독일 등 주요국들과의 연쇄 전화협의를 통해 코로나19 대응을 위한 국제협력을 강화해나가는 가운데 이루어진 것이며, 특히 동북아 역내 핵심 3개국 간 상황에 대한 정보공유와 협력의 모멘텀을 강화하는 계기가 됐다는 평가다.

> Q. 전염성 질병과 관련하여 국가들이 논의하는 점에 대한 한계성과 긍정적인 요소를 각각 분석하고, 향후 지구촌 사회가 공유해야하는 초국가적인 문제에 대해 대응하기 위해 반드시 필요한 요소는 무엇인지 자신의 견해를 밝히시오. (1,500자 내외)

1. 문제의 분석

답안지에 구현해야하는 내용에 대해 먼저 생각해보면 다음과 같다.

①전염성 질병(공통의 문제점)을 논의하는데 존재하는 한계성

②긍정적인 의미

③지구촌 사회 문제점에 대응하기 위한 요소

④스스로의 견해

2. 개요의 작성

문제의 내용, 답안지의 요구사항과 제시문을 통해서 활용할 수 있는 개요를 작성하면 다음과 같다.

답안지의 요구내용	작성 내용	구성
전염성 질병 논의의 한계성	전염성 질병의 특징과 대응의 중요성	서론
	한계성 명시 (신뢰성과 투명성)	본론
	대응체계의 필요성 제시	
	일본/중국/한국의 대응체계와 차이점 명시	
	논란의 존재 (발원지, 확진자의 수, 대응 방식의 차이)	
긍정적인 의미	문제 해결에 대한 의지와 협력의 필요성을 동의한 점	
	현상의 중요성과 국민의 생명보호에 대한 의지	
	의료문제에서 과학, 기술, 문화영역으로 확대(파생) 가능성 제시	

지구촌 문제점의 대응요소	실시간 공유의 필요성 제시	본론
	정보, 교통 등의 발달에 의한 협조의 용이성	
	미세먼지, 환경 문제 확장 가능성	
견해	인류문제는 자국의 이익을 우선하지 않을 것(전제1)	결론
	생명과 안전을 우선순위로 할 것(전제2)	
	지구촌 사회의 문제 공유의 필요성 강조	

3. 답안의 작성

> Q. 전염성 질병과 관련하여 국가들이 논의하는 점에 대한 한계성과 긍정적인 요소를 각각 분석하고, 향후 지구촌 사회가 공유해야하는 초국가적인 문제에 대해 대응하기 위해 반드시 필요한 요소는 무엇인지 자신의 견해를 밝히시오. (1,500자 내외)

전염성 질병은 사스, 에볼라, 메르스, 코로나-19등으로 전염되면 생명과 안전에 치명적이다. 바이러스는 발병의 근원을 찾기 힘들고, 치사율이 높을수록 현대사회에서는 국가 간의 협력체계가 반드시 필요한 질병이다. 발생빈도도 최근 대단히 높으며, 전 세계적으로 생명의 위협을 받고 경제적으로도 파급효과가 높기 때문에 대책과 대응방안에 대해서는 국가에 한정되어있지 않은 국가를 초월한 대응체계가 필요하다.

국가가 이러한 바이러스 전염성 질병에 대해서는 협력과 소통이 필요한데, 이러한 협력체계가 효과를 기대하려면 먼저 신뢰성과 투명성이 전제되어야 한다. 제시문에서 밝힌 바와 같이 중국과 일본,

한국의 대응체계의 논의가 그 취지와 배경은 긍정적이지만, 신뢰성과 투명성이 밑바탕에 전제되어있다는 점에서는 한계성이 있다.

왜냐하면 발병조사와 확진자의 수, 대응방식과 치료에 필요한 의료기관 등의 대응체계는 서로 다르기 때문이다. 상대적으로 한국은 특정지역이 다수 발병하였고, 그 전체적인 확진자의 수를 파악하기 위해서 전 국민이 이에 동참해서 자원봉사와 금전적인 기부문화가 형성되었기 때문에 투명성이 높았지만, 일본과 같은 경우는 확진자의 수에 대해서 미국과 갈등이 발생할 정도로 그 신뢰성이 낮은 상태에서 이러한 논의가 있다는 것은 투명성이 확보되지 않았다고 할 수 있다. 또한 중국과 같은 경우에는 발원지 논란이 있었고, 또 확진자의 수가 늘어나면서 적절한 파악과 투명성이 높은 통계를 제공했다고 보기 힘들다. 따라서 이러한 국가 간의 신뢰성이 확보되지 않는 경우에는 협의의 대상국이 아무리 좋은 취지에서 이를 대응한다고 하더라도 신뢰성을 전제로 협력했다고는 보기 힘들다.

하지만 국가 간의 협력에 대해 논의하고 동의한 점은 긍정적으로 볼 수 있다. 사태의 심각성과 국민의 생명을 보호하기 위한 취지가 동일하게 때문이다. 이러한 협력체계에서 효과적인 실효성이 보장되려면 각국이 협력체계를 형성하기 이전에 투명성을 확보하는 시스템이 필요하다. 국가 내에서 발생한 발병자의 정보호환에 대해서 협력 국가에서 실시간으로 확인할 수 있도록 협조할 수 있다면 그 투명성과 신뢰성을 보장받을 수 있다. 이러한 국가 간의 문제를 바탕으로 환경문제와 의료문제, 기술과 과학부분까지 발전할 수 있는 신뢰가 필요하다.

　지구촌 사회는 정보와 교통이 발달하고 접근성이 용이해져서 논의되고 있는 부분이다. 가까이 중국과 한국은 미세먼지와 같은 환경 문제로 논란이 있어왔고, 일본과 한국은 물리적으로 가까운 나라이기 때문에 이러한 환경문제에 뒤늦게나마 합류하게 되었다. 이러한 문제는 국가 내에서만 해결할 수 있는 문제가 아니다. 주변국과 협력과 소통을 통해서 범국가적으로 해결해야만 근원적인 문제를 해결할 수 있다.

　서로 이익관계를 우선으로 자국만의 이익을 도모하지 않아야하고, 시급한 문제로 확대되기 전에 투명성 있는 정보의 공유와 대응 방식에 대한 공통 매뉴얼이 필요하며, 국민의 생명과 그 이외의 요소에 대해서 우선순위를 동일하게 공유해야하는 점을 전제로 협력하고 향후 지구촌 사회에서 공존하기 위해서 기간, 체계, 형식 등의 다양한 측면에서 공유하고 노력해야한다. (1,536자)

※ 논술 시험 응시 유의점에 대한 당부!

일반적인 취업과 승진 논술에서 작성하기 전에 유의점을 숙지하고 작성하자. 공통적인 유의점 사항에 대해서 가장 많은 실수의 사례는 다음과 같다.

1. 답안지에 문제를 작성하지 마시오. (위반비율 : 4/100명)

분명하게 명시했는데도 불구하고 문제를 답안지에 작성하는 경우가 많다. 습관적인 문제쓰기는 유의점에서 명시되어있을 경우 반드시 지켜야한다.

2. 답안은 흑색 혹은 연필(샤프)로만 작성하시오. (위반비율 : 2~3/100명)

파랑색 볼펜을 2015년 전·후에 한시적으로 허용했었기 때문에 아직 파랑색으로 작성하는 경우가 있다. 유의점에 있는 부분은 명백한 위반이므로 명시한 대로 따라야한다.

3. 어문 규정에 따라 수정하시오. (100명 중 치명적 오류 2명 내외/ 감점오류 10명 내외)

가장 많은 오류를 범하는 것이 바로 여기에서 나타난다. 특히 한 문단을 모두 수정할 경우 특이한 표시를 하는 경우가 있는데, 자신만 알아볼 수 있는 표시로 기입하면 치명적인 감점이다. 따라서 어문규정에서 답안지의 작성 방식을 숙지해야 한다. 원고지 작성법의 규정을 따르는 것이 타당하다. (줄글답안지, 공란, 원고지 모두 동일하게 원고지의 기입방법에 따르는 것을 원칙으로 한다)

4. 글의 길이는 띄어쓰기를 포함하여 000자(±000자)가 되게 할 것

　(기준 글자수 평균 1,500자의 경우 100자 초과 글자수 비율은 8명 내외/100명 중, 글자수 부족 비율은 5명 내외/100명 기준) : 글자수의 제한을 둔 경우이다. 글자수는 감점에 해당한다. 이 책에서 명시한 한 문장의 평균 글자수를 살펴보고, 이를 토대로 신중하게 작성한다. 밑줄 형식의 답안지의 경우도 존재하는데, 이 경우에 자신이 답안지 작성 시 띄어쓰기 포함 평균 글자수를 파악하고 작성해야 한다. (줄글 답안지를 교부받아도 들여쓰기, 문단 나누기는 필수이다)

5. 자신의 신원을 드러내는 표현을 하지 마시오.(0점 처리) (1명 내외/100명 중)

　가장 치명적인 단점은 메모와 낙서이다. "누가 중요한 답안지에 신원을 드러내는 낙서나 쓸모없는 표시를 하겠나?"라며 그럴 리가 없겠다고 웃을 수도 있겠지만 무의식적으로 그림이나 특정한 낙서 등도 종종 등장한다. 쓸모없는 낙서로 감점을 당하지 않도록 주의해야한다.

마치며

  이 책은 오로지 "논술문제 답안지를 작성하기 위해서는 어떻게 작성하는가?"의 목적에 충실하고자 하였습니다. 사회적인 변수가 많은 시기입니다. 사건사고 사례도 유난히 많았고, 바이러스성 질병에 노출되면서 건강과 위생이 이슈가 된 적도 있었으며, 인공지능과 4차 산업(혁명)이 또 중요하게 시험문제로 출제되기도 하였습니다. 취업이나 승진논술은 이와 같이 이슈화된 사건이나 사례에 따라서 출제경향이 달라지기도 하며, 취업과 승진 논술에서는 충분히 이러한 사회적인 이슈를 반영해서 출제할 수 있습니다.

  하지만 취업(승진)논술을 준비하면 사회적인 이슈를 따라서 가변적인 준비를 할 수 없습니다. 논술(論述)의 기본 원칙을 따라야합니다. 최근 문제에서 가장 선호하는 문제의 유형은 무엇이며, 공통적으로 적용할 수 있는 작성 과정을 연습한다면 어떤 문제유형도 대비할 수 있을 것입니다. 그래서 이 책은 논술을 준비하는 분들이 그 원칙을 숙지하고, 개요 작성에 힘을 써야하며, 개요를 답안지에 구현하기 위해서는 구성의 과정을 거쳐야한다는 점을 강조하고 싶습니다.

  흔히 논술은 70%의 구성과 30%의 작성에 그 비율을 맞추어서 준비하고 답안지를 작성하면 틀림없다는 속설(俗說)이 있습니다. 연습과정에서도 문제 분석과 내용이해, 개요 작성의 연습을 70%로 설정하고, 답안지 작성 연습을 30%로 준비하면 적절합니다. 그리고 답안지 작성에서도 부여받은 시간의 70%를 할애하고, 30%를 작성에 투자하면 정확한 답안지를 작성할 수 있을 것입니다.

취업(승진)논술은 쓰기의 평가로 오해할 수 있는 여지(餘地)가 많지만, 오히려 구성과 전략의 평가에 가깝습니다. 쓰기는 구성과 전략의 결과물입니다. 그래서 많이 쓰려고 노력하는 것보다 정확하게 쓰기 위해 노력하고 투자하는 것이 논술 준비에 이로울 것입니다. 10개 문제를 연습하는 것보다 1개의 문제를 여러 번 작성하면서 완성도 높은 한 편의 답안지를 구현하는데 힘쓰기를 권장 드립니다. 그 최초의 1회 완성도 높은 답안지 구현이 논술준비에 있어서 가장 큰 도움이 될 것이기 때문입니다.

필자가 항상 논술을 준비하는 분들에게 조언 드리고 싶은 것은 논술(論述)은 이 책의 서두에서 밝혔듯이 지식적인 접근을 피해서 기술(문장을 잘 다룰 수 있는 방법이나 능력. 테크닉)을 지향해야한다는 점입니다. 노력을 투자했음에도 불구하고 결과가 좋지 못하고, "논술 평가는 주관적이다"라고 하는 분들이 지식적으로 공부를 해서 문장으로 구현하지 못한 경우가 많습니다. "쓸 수 있다"의 기준은 너무 포괄적입니다. 목표는 '쓸 수 있다'에 있지 않습니다. '문제에서 요구하는 취지에 맞게 읽고 분석해서, 작성의 계획을 세워서 제한에 어긋나지 않도록 정확히 쓸 수 있다.'가 목표가 되어야합니다.

문제를 읽는다 → 문제를 분석한다 → 계획을 세워서 개요를 작성한다
→ 문제와 개요가 일치하는지 확인하고 글을 작성한다

이 과정을 충분히 연습한다면, 출제된 문제가 준비한 내용과 전혀 다른 문제를 만난다고 하더라도 충분히 수월하게 작성할 수 있을 것입니다. 부디 많은 독자들이 훈련의 과정을 충분하게 준비하셔서 좋은 결과를 얻고 목표를 달성할 수 있기를 진심으로 기원하며 응원합니다.

감사합니다.

2020년 4월
여러분의 합격 멘토 김정엽

취업 승진 합격 논술

초판 1쇄 발행 2020년 4월 20일
지은이 김정엽
펴낸곳 글라이더 **펴낸이** 박정화

등록 2012년 3월 28일(제2012-000066호)
주소 경기도 고양시 덕양구 화중로 130번길 14(아성프라자 6층 601호)
전화 070)4685-5799 **팩스** 0303)0949-5799 **전자우편** gliderbooks@hanmail.net
블로그 http://gliderbook.blog.me/
ISBN 979-11-7041-035-5 13320
ⓒ 김정엽, 2020

책값은 뒤표지에 있습니다.
잘못된 책은 바꾸어 드립니다.

이 도서의 국립중앙도서관 출판예정도서목록(CIP)은 서지정보유통지원시스템 홈페이지
(http://seoji.nl.go.kr)와 국가자료공동목록시스템(http://www.nl.go.kr/kolisnet)에서 이용
하실 수 있습니다.(CIP제어번호: CIP2020013605)

글라이더는 독자 여러분의 참신한 아이디어와 원고를 설레는 마음으로 기다리고 있습니다.
gliderbooks@hanmail.net으로 기획의도와 개요를 보내 주세요. 꿈은 이루어집니다.